환상 상품

소비자의 마음을 사로잡는
히트 상품의 비밀

환상
상품

김방희 지음

토트

같은 물건을 네 배 더 비싸게 파는 비결

〈경매하는 녀석들(Storage Wars)〉은 2010년대를 풍미한 미국 히스토리 채널의 인기 프로그램이다. 주인공은 방치된 창고를 사들이는 전문 경매꾼들. 그들은 창고 내용물을 두고 도박을 한다. 창고 내용물은 경매로 사서 직접 뒤져 보기 전까지는 그 가치를 결코 알 길이 없다. 몇 해 전 이 프로그램에서 한 경매인이 외쳤던 이야기를 또렷이 기억한다. 그가 스쳐 지나가듯 했던 한마디에서 지금의 문제의식이 생겨났다. 그는 값어치가 별로 안 나갈 것 같은 잡동사니를 앞에 두고 말했다. "이건 포켓스퀘어(pocket square 남성 양복 상의 주머니에 꽂는 장식 수건)로 팔면 40달러는 족히 받을 테고…."

그가 집어든 것은 평범해 보이는 손수건이었다. 아무리 기를 쓰고 팔아도 1만 원 이상 받기 힘들어 보였다. 그런 물건을 단지 카테고리만 바꿔 판다고? 그것도 손수건으로 팔 때보다 네 배나 더 비싼 가격에?

상식적으로나 경제학적으로나 불가능한 이야기처럼 들렸다. 하지만 실제로 일어나는 이야기다. 누구보다도 내가 잘 안다. 그 비슷한 가격에 포켓스퀘어를 몇 번 산 적이 있다. 이름 모를 한 전문 경매인의 주장에 무릎을 탁 쳤던 이유는 바로 그 때문이었다.

언젠가 온라인 해외직구로 포켓스퀘어를 배송 받고 불현듯 이런 생각을 했다. 훨씬 싼값에 손수건을 사서 양복 윗주머니에 꽂아도 되었을 텐데라는 생각 말이다. 뒤늦은 후회에 애써 아쉬움을 뒤로 하고 이 포켓스퀘어는 값싼 손수건과는 다른 종류일 것이라며 소중히 간직했다. 하지만 자주 쓰지 않는다. 가끔 양복을 입을 때 거울 앞에 서서 포켓스퀘어를 이리저리 꽂아 보기만 할 뿐이다. 대부분은 너무 과하게 보일 것이라는 생각에 장식을 포기한다.

똑같은 재질과 디자인의 상품이 카테고리가 다르다는 이유만으로 엄청난 가격 차이가 나는 것은 무엇 때문일까? 대체 손수건과 포켓스퀘어는 무엇이 다른 것일까?

손수건과 포켓스퀘어는 언제 운명이 갈렸을까?
손수건 혹은 포켓스퀘어의 역사는 고대 이집트로 거슬러 올라간다. 당시 붉은 가루로 염색한 리넨은 실용적인 목적보다 장식이나 상징이라는 요소가 강했다. 그리스나 로마 시대의 검투사 대결에서는 승부를 결정짓는 행위가 천을 떨어뜨리는 것이었다. 중세에 접어들면서는 왼손에 하얀 천을 들고 다니는 것을 일종의 신에 대한 헌신이나 충성 맹세로 여겼다.

15세기에 이르러서야 손수건은 유럽 전역에서 유행했다. 오물을 닦거나 냄새를 보완한다는 실용적인 목적이 뒤늦게 추가된 것이다. 프랑스 귀족들은 목욕 시설 부족으로 인한 몸 냄새를 극복하기 위해 향기 나는 천을 지니고 다녔다. 유럽 전역의 상류층은 실크 소재에 가문의 문장을 새겨 넣음으로써 이 천을 액세서리로 간주한다는 점을 분명히 했다. 16세기에 이르러서는 이탈리아 피렌체 소재의 멋진 돋을새김을 한 상품이 유럽 전역에서 최고로 인정받았다. 영국 튜더왕조가 왕가의 문양을 새긴 손수건을 새해 선물로 제작하기 시작한 것도 이때부터다.

오늘날 통용되는 손수건의 모양과 크기가 정해진 것은 프랑스 루이 16세 때다. 루이 16세의 아내 마리 앙투아네트 왕비는 손수건의 모양이 제각기 달라 들쭉날쭉한 것을 견딜 수 없어 했다. 그 결과 한 변의 길이가 16인치(40cm)인 정방형으로 통일되었다.

　대부분의 사람들은 손수건이 오물을 닦기 위해 만들어졌을 것이라고 생각한다. 그 후 점차 고급 버전으로 포켓스퀘어가 등장해 액세서리 역할을 했다고 믿는다. 실제로는 반대다. 손수건 혹은 포켓스퀘어는 실용적인 목적보다 환상을 자극하는 상품으로 더 오래 기능했다. 왕가와 상류층은 이를 오랫동안 자신들의 부와 지위를 상징하는 물건으로 여겼다. 정작 실용적인 목적은 중세 이후에야 추가되었다. 왕가와 상류층의 액세서리를 대중이 따라 하는 과정에서 실용적인 손수건이 탄생했다. 그리고 액세서리로서의 목적을 충실히 계승한 포켓스퀘어 역시 대중에 널리 퍼지면서 새로운 시장이 형성되었다.

　손수건은 품질과 실용성을 기조로 한 보통 상품이다. 반면 포켓스퀘어는 품질과 실용성과는 무관한 상품이다. 심리적이거나 심미적인 목적이 더 크다. 남자의 패션을 완성한다는 환상을 자극하는 상품이다. 이런 부류의 상품을 보통 상품(ordinary goods)과 구분한다는 점에서 환상 상품(fantasy goods)이라고 부르려고 한다. 사람들의 환상에 기반해 상식과 경제학 법칙을 무시하는 상품이다.

혁신적 마케팅 전략을 구상하는 영감의 원천

이 책은 환상이 어떻게 이 시대 상품의 본질이 되었나를 다룬다. 소비자는 더 이상 품질과 실용성만 따지지 않는다. 실체와는 무관하게 이미지를 소비한다. 폭우에 비가 새기 시작한 명품 우산을 들고 판매처에 따지러 갔다가 "저희 우산은 쓰라고 만든 것이 아닙니다"라는 반박만 들었다는 유명한 이야기가 있다. 환상 상품은 소비자의 마음속 깊은 곳에 있는 욕망을 자극하는 상품이다. 최근 소비 지상주의와 낭만주의가 결합하는 세계적 시장 추세에 모든 소비자가 간절히 원하는 소비 대상이다.

이 책은 세계화와 소셜미디어가 큰 영향을 미치는 오늘날 소비 환경하에서 소비자의 기대나 환상이 어떻게 같아졌는지, 또 얼마나 높아졌는지를 탐구한다. 왜 미국의 중·상류층 10대와 서남아프리카 빈민 가구 자녀가 자신의 처지와 상황과 관계없이 모두 같은 환상 상품을 갈구하는지를 파헤친다. 이 점을 판매와 유통, 마케팅에 적극 활용해 성공한 기업과 브랜드, 인물과 그들의 전략을 추적한다.

　모든 성공담이 지나치게 동화 같아서 믿기 어려울지도 모른다. 하지만 그 환상적인 이야기에는 그보다 숱하게 많은 오판과 불운, 실패가 함축돼 있음을 잊어서는 안 된다. 오늘날 마케팅 핵심은 전 세계 소비자가 가지고 있는 다양한 환상이며 마법처럼 그 환상을 건드리는 방안을 찾아낸 극소수만이 성공을 누릴 수 있다. 동화는 보통 사람들의 평범한 이야기가 아니고 말 그대로 판타지다.

　나는 우리 경제와 기업, 자영업자들이 이 책에 나오는 각 분야의 세계적 환상 상품 사례를 통해 환상이 혁신적 마케팅 전략을 구상하는 영감의 원천이 된다는 것을 인지하기를 바란다. 무엇인가를 제대로 팔겠다는 환상을 실제로 구현할 수 있기를 바란다.

- 김방희 생활경제연구소장

차례

2부

환상 상품은 어떻게 다른가

3장

**상품이 아니라
환상을
파는 것이다**

3부

환상 상품은 어떻게 만들어지는가

1부

환상 상품이란
무엇인가

1장

경제학 법칙의
사각지대에 등장한
환상 상품

규칙은 소멸하고 살아남은 것은 예외다.

- 칼 세이건(Carl Sagan 1934~1996 미국의 천문학자)

가격 법칙이 무너지고 있다

여기 가방이 2개 있다. 둘 다 합성섬유를 주조로 손잡이 부분만 가죽으로 덧댄 제품이다. 색마저 검은색으로 같다. 품질이나 기능 면에서도 대동소이하다. 몇 가지 디테일을 자세히 확인해 보지 않으면 두 제품을 바로 구분하기 힘들다. 하지만 두 제품의 결정적인 차이는 가격이다. 둘 중 하나는 다른 것의 다섯 배나 비싸다. 가짜 명품을 뜻하는 짝퉁 이야기가 아니다. 짝퉁은 명품이라는 환상을 값싸게 충족시켜 주기라도 한다.

몇 해 전 국내에서 논란이 된 2개의 가방 가격은 명품과 짝퉁의 문제가 아니었다. 명품과 국내 브랜드 간의 가격 차가 쟁점이었다. 같은 검정 합성섬유 가방에 프라다라는 브랜드가 붙는 순간 가격이 국산 브랜드의 다섯 배 이상이 된 것이다. 요즘 페이스북이나 인스타그램에는 이런 불만을 토로하는 사람들이 넘쳐 난다. 하지만 이런 논란은 대부분 비슷한 내용의 댓글 한 줄로 허망하게 끝난다. "비싸면 안 사면 그만이지."

명품은 탄생 이후 줄곧 가격 논쟁에 시달렸지만 언제나 수요가 넘친다. 국내 브랜드 가방이 품질과 기능을 소비하기 위한 것이라면 명품에는 그 이상의 것이 있다. 명품은 소비자가 원하는 환상의 근원에 무엇이 있는지를 다른 어떤 상품보다도 더 잘 보여준다.

명품은 환상을 소비하기 위한 것이다. 명품 브랜드 자체가 환상의 일부다. 명품 기업은 디자이너, 브랜드, 스토리텔링, 심지어 높은 가격을 통해 환상을 자극한다. 거꾸로 소비자는 그런 요소를 통해 환상을 구축하기도 한다. 현실적 필요, 즉 실용성은 환상 상품에서 핵심 요소가 아니다. 환상 상품은 실제로 필요할 수도, 필요하지 않을 수도 있다. 고가의 피규어나 레고 모델에 빠진 소비자는 실용적인 목적에서 구매하는 것이 아니다. 물론 투자 혹은 투기 목적으로 사들이는 어른들의 이야기는 여기서 예외다.

셀린느에 등장한 명품 비닐봉지

최근 패션 업계는 전례 없이 싸구려 재료에 심취해 있다. 예전 같으면 거들떠보지도 않았을 재료를 사용한다. 합성섬유가 주재료로 쓰인 지는 오래됐고 요즘은 명품 기업에서도 투명한 PVC 비닐 의류나 액세서리를 많이 만든다.

몇 해 전 프랑스 명품 제국 LVMH 소속 셀린느는 한정판 비닐 가방을 내놓았다. 슈퍼마켓에서 흔히 사용하는 비닐봉지까지는 아니지만 해변가에서 흔히 볼 수 있는 투명 비닐 가방과 다를 바 없었다. 셀린느 로고가 큼지막하게 찍혀 있는 것 정도가 달랐다. 이 가방의 가격은 60만 원. 이탈리아 명품 캐주얼 모스키노는 아예 세탁소 비닐 커버를 연상하게 하는 비닐 옷을 내놓았다. 이 신종 의류 가격도 만만치 않은 70만 원. 캘빈클라인은 분홍색 고무장갑과 판박이인 40만 원대 장갑을 내놓았다.

국내 언론은 이것을 보고 일찌감치 비닐 바지를 입었던 박진영 패션의 재림이라거나 세상에서 제일 비싼 비닐봉지, 주방용 고무장갑이라고 조롱했다. 하지만 이 상품들은 모두 출시 직후 동이 났다. 소비자는 옷의 재질이나 품질, 심지어 실용성을 소비한 것이 아니다. 논란이 일어나 화제가 된 그 상품을 소유하고 싶어 했다. 다르게 말하면 그 상품이 주는 이미지와 환상을 사고 싶었던 것이다. 이 경우는 비닐에 찍힌 명품 로고가 이미지와 환상의 핵심일 것이다.

명품 패션 브랜드가 싸구려 원단에 흥미를 보이는 이유는 그런 재료의 상품이라도 충분히 소비자를 자극할 수 있다는 자신감이 생겨서다. 대침체에도 불구하고 중국을 비롯한 신흥국의 새로운 부유층이 급격하게 늘어나면서 명품에 대한 환상은 더 폭넓고 빠르게 확산되고 있다. 이를 반영하듯 모스키노의 비닐 커버 옷에 쓰인 문구는 '우리는 고객을 사랑합니다'였다.

명품 패션 브랜드 의류와 액세서리도 본래의 용도로 사용 가능하다. 하지만 자기만족이나 타인으로부터의 인정이 명품 소비의 주목적 가운데 하나다. 쉽게 말하자면 최고의 상품을 소비할 수 있는 자신을 보여줌으로써 자신도 최고라는 환상을 즐기는 것이다.

명품 브랜드는 소비자가 이런 환상을 충분히 누릴 수 있도록 한다. 엄청나게 비싼 가격을 매겨 아무나 살 수 있는 상품이 아니라는 점을 분명히 한다. 구하기 힘들고 다른 상품과는 근본적으로 다르다는 느낌을 가지도록 하는 장치를 한다. 이는 상품의 존재 가치를 필요에서 찾는 상식이 통하지 않는 세계다. 기존의 논리나 이성이 통하지 않는 환상 상품의 세계, 환상 특급이다.

환상 상품의 대표 격인 명품과 필요의 관계에 대해서 프랑스 명품 시계 브랜드 까르띠에의 CEO 시릴 비네롱이 잘 설명한 바 있다.

럭셔리란, 불필요하면서도 필요한 것입니다. 사람들은 누구나 기본적인 필요가 충족되면 그 이상을 찾게 됩니다. 그 이상은 사실 실제 쓰임에 비하면 불필요한 것이지요. 이것이 럭셔리입니다. 사람마다 정도가 다르지만 누구나 추구하는 법입니다. 누군가에게는 보석이고, 또 누군가에게는 예술, 그림, 집, 자동차, 악기일 수 있지요. 처음에는 불필요한 것이었지만 익숙해지면 어느새 필요가 되고 그러면 또다시 그 이상을 찾게 됩니다. 결국 인간은 영원히, 끝없이 럭셔리를 추구하게 되어 있습니다. 어떻게 보면 럭셔리는 인간 본성의 한 부분일 것입니다. 어떤 이유로 지구상에 다이아몬드가 하나도 안 남았다고 합시다. 그러면 우리는 다른 종류의 럭셔리 돌을 기어코 찾아내고야 말 것입니다.(〈Financial Times〉, Sep. 3, 2016, 'Cyrille Vigneron returns to Cartier to clean house')

세계에서 가장 비싼 와인, 페트루스

와인 애호가들끼리 어울리면 반드시 화제에 오르는 이야기가 있다. 어떤 와인까지 마셔 봤는지에 대해서다. 희귀 와인과 고가 와인,

컬트 와인(cult wine 특징과 개성이 강한 신흥 명품 와인으로 주로 미국 캘리포니아산을 일컫는다)이 주요 관심사다. 그때 빠지지 않는 와인이 바로 페트루스(Petrus)다.

보르도 포메롤(Bordeaux Pomerol) 지역에서 소량 생산되는 이 와인은 같은 지역에서 생산되는 르팽(Le Pin)과 함께 세계에서 가장 비싼 와인으로 꼽힌다. 빈티지에 상관없이 병당 평균 판매 가격이 300만 원을 훌쩍 넘어선다. 800년이나 되는 역사를 간직한 소규모 와이너리의 와인 가격이 이렇게 급등한 것은 비교적 최근의 일이다. 다양한 이야기가 전해지지만 사실과 신화의 경계가 모호하다.

아마도 다음의 이유가 이 와인을 환상 상품으로 만들었을 것이다. 1956년 극심한 서리로 보르도 지역 포도나무의 3분의 2가 타격을 입었을 때 샤토 페트루스의 여주인은 다른 와이너리처럼 포도나무를 다시 심지 않았다. 생산량이 줄어들더라도 오래된 포도나무를 그대로 활용하기로 한 것이다. 이 농작법은 훗날 가지치기라고 불리며 다른 와이너리에서도 따라 한다. 결정적인 시기에 발상의 전환을 통해 희소성을 높인 것이 주효했다.

특히 이 와인은 1960년대 미국에서부터 큰 인기를 끌었다. 당시 뉴욕에서 인기 있던 레스토랑 르 파비용(Le Pavillon)의 오너 앙리 술레(Henri Soule)의 역할이 컸다. 외식업과 와인 분야에서 영향력이 컸던 그는 자신의 레스토랑 한쪽 구석에서 오나시스(Aristotle Socrates Onassis 그리스 선박왕으로 훗날 미망인이 된 재클린 케네디와 결혼했다)가 페트루스를 마시곤 한다는 이야기를 입버릇처럼 했다. 당대 최고의 부자가 즐겨 찾는 와인이라는 명성은 희소성 높은 이 와인을 환상 상품의 반열에 올려놓았다. 국내 와인 시장에서 '이건희 와인'이 누렸던 영향력을 생각해 보라.

2000년대 들어 두 차례에 걸쳐 원래 페트루스라는 상표권을 사들인 다른 와이너리와 상표 사용을 두고 법적 분쟁이 벌어졌다. 그 결과 엄청나게 비싼 페트루스보다 훨씬 싼 페트루스-가야(Petrus-Gaia)가 나오기도 했다. 하지만 이 소동마저도 원래 페트루스 와인의 명성에 전설 하나를 추가했을 뿐이다.

이 보르도 와인을 실제로 마셔 본 와인 애호가는 많지 않다. 귀하기도 하지만 워낙 가격이 비싸서다. 누구나 쉽게 마실 수 없어서 오히려 환상 상품으로 장수하는 것인지도 모른다. 운 좋게 시음할 기회가 있었던 사람들 중에는 고개를 가로젓는 이도 적지 않다. 하지만 그건 개인의 와인 취향이나 선호일 뿐이다. 엄청난 가격에도 기꺼이 사려고 하는 이들이 결코 적지 않다.

와인은 사소한 품질 차이를 위해 엄청난 가격 차를 감당해야 하는 상품이다. 소비자는 와인뿐만 아니라 좋아하는 기호품, 더 나아가서 환상 상품에 대해 별것 아닌 것 같은 품질과 취향 차이에 기꺼이 엄청난 가격을 지불한다. 소비자에 따라 품질이나 취향 차이가 그만한 가치가 있다고 믿기 때문이다. 더러는 그런 품질과 취향에 엄청난 가격을 지불할 수 있다는 점 자체가 소비자를 자극하는 요인이 된다.

기업이나 자영업자 입장에서 이런 소비자를 발굴하는 일은 금맥을 찾는 일과 같다. 세상에서 가장 높은 충성도를 자랑하는 소비자 집단은 땅속에 묻힌 금처럼 늘 그 자리에 있다. 특별한 실망을 안기지 않는 한 말이다. 더욱이 진짜 금처럼 찾기 힘든 곳에 숨어 있는 것도 아니다. 그들은 무엇인가를 팔고자 하는 이의 바로 눈앞에 있다.

허영과 허세를 채우는 베블런재

가격이 비싸지면 수요가 줄어든다는 수요의 법칙은 미시경제학의 근간을 이루는 법칙이다. 이 법칙하에서는 소득과 수요가 비례한다. 소득이 높아질수록 구매가 많아진다. 하지만 이런 법칙의 예외 현상이 보고된다. 일반화시키기에 크게 무리가 없을 정도로 일상적인 경제생활에서 언제라도 경험할 수 있는 일이다.

환상 상품이 사고팔리는 시장에서 수요 법칙은 맥없이 무너졌다. 환상 상품에 대한 수요는 가격과 무관하며 심지어 비싼 가격이 환상의 원천이 되기도 한다. 비싼 가격 때문에 더 잘 팔린다는 말이다. 소득과 비례하기는커녕 아예 소득과 무관해지기도 한다. 미국의 경제학자 소스타인 베블런(Thorstein Veblen)은 허영과 허세를 위한 유한계급의 소비를 일찌감치 지적한 바 있다. 후대 경제학자들은 이런 상품을 베블런재라고 이름 붙였다. 오늘날의 베블런재는 유한계급만 소비 대상으로 국한하지 않는다. 거의 모든 계층이 꿈꾸는 소비다. 전통적 경제학 법칙이 적용되지 않는 사각지대는 지속적으로 확대되고 있다.

20대 초반 구직자 서너 명과 한나절을 같이 보낸 적이 있다. 그 시간 내내 쉬지 않고 명품 이야기를 해서 깜짝 놀랐다. 그들이 거론하는 브랜드 가운데 몇몇은 처음 듣는 것도 있었다. 생소한 명품 브랜드는 대개 국내에 처음 수입되기 시작했거나 세계적으로도 이제 막 떠오르기 시작한 브랜드였다. 그런 브랜드 제품에 대해 막연하게 언급만 하는 것도 아니었다. 그들은 실제로 명품 브랜드 제품을 많이 구매해서 사용하고 있었다. 자신이 입은 옷이나 스마트폰에 저장된 사진 속 의류를 일일이 꼽으며 브랜드를 설명했다. 몇 살 때는 어떤 브랜드가 유행했고 또 언제는 어떤 브랜드 인기가 추락했노라는 이야기도 빠지지 않았다.

궁금했다. 딱히 신통한 수입이 없는 학창 시절과 구직 활동 중에 어떻게 30만 원을 웃도는 티셔츠를 선뜻 사 입을 수 있었을까? 그들은 왜 그런 것을 따져 묻느냐는 불쾌한 표정을 지었다. 유행 중인 명품은 그들의 환상 상품이다. '등골 브레이커'라는 말은 그들의 환상 때문에 적지 않은 희생을 치러야 했을 부모나 가족에 관한 이야기다.

럭셔리 카의 대담한 생존 전략

프랑스 영화 〈언터쳐블: 1%의 우정〉은 상위 1퍼센트의 백인 갑부와 하위 1퍼센트의 흑인 사이 우정을 그린 영화다. 실화를 바탕으로 한 이 영화에서 부호는 불의의 사고로 하반신이 마비돼 휠체어 신세를 져야만 했다. 졸지에 그의 간호인이 된 무일푼의 흑인은 어느 날 자신이 근무하게 된 집에서 이제는 자신의 고용주에게 무용지물이 돼 버린 것을 발견한다. 먼지 커버만 씌운 채 처박아 둔 럭셔리 카. 약간 난폭하고 불안정한 성향의 그는 고용주를 옆자리에 태우고 질주한다. '이 차는 이렇게 내버려두면 안 될 차'라며 말이다. 처음에는 불안해하던 옆자리의 고용주도 나중에는 명차의 포효에 환호한다. 위태롭던 둘의 우정은 이 일, 간호인이 고용주의 환상을 현실화시켜 준 일을 계기로 새로운 단계에 접어든다. 이 장면에서 등장한 차가 바로 이탈리아 럭셔리 카인 마세라티다.

럭셔리 카 가운데서도 마세라티가 차지하는 위상은 독특하다. 메르세데스-벤츠와 BMW 같은 독일 럭셔리 카가 세계 자동차 시장의 상위 시장을 독점하다시피 하는 와중에도 마세라티는 꼿꼿하게 소수의 마니아급 소비자를 거느리고 있다. 바다의 신 포세이돈의 상징이자 마세라티 로고인 삼지창은 어쩌면 대중이나 시장과 타협하지 않는 회사의 정체성을 상징한다. 마세라티는 엔진 소리와 배기음을 위해 사운드 매니저까지 고용해 조율한다. 이는 럭셔리의 이상을 추구한다는 방증이다. 엔진이나 카뷰레터가 내뱉는 소리까지 신경 쓰는 브랜드의 품질을 굳이 왜 따지겠는가?

마세라티가 2000년대 후반 10만 달러 이하의 대중적인 모델인 기블리를 내놓자 상황이 급변했다. 기블리는 1970년대 초반 마세라티의 전설적 모델명을 재활용한 것이었다. 하지만 소비자는 이 상황에 호의적이지 않았다. 소수의 재력가가 중심을 이루는 소비자 집단은 자신들의 정체성을 흐릴지도 모를 하위 소비자가 추가되는 것을 원하지 않았다. 더 많은 어중이떠중이가 타기 시작했다는 이유로 메르세데스-벤츠나 BMW를 떠난 것이 그들이다. 결과적으로 기블리가 실패한 라인업이었는지는 불확실하지만 마세라티는 경영전략상 어쩔 수 없는 선택이었다는 분석이 지배적이다.

독일 럭셔리 카 포르쉐도 비슷한 시기 카이엔이라는 SUV 라인업을 추가했다. 출시 당시에는 카이엔이 포르쉐의 정체성을 흔들지 모른다는 우려가 컸다. 하지만 이 전략은 대성공을 거두었다. 두 브랜드의 성패를 가른 것은 무엇일까?

카이엔은 저가나 보급형 SUV가 아니다. SUV 시장이 세계적으로 확대되는 상황에서 이 시장의 상층부를 선점한다는 전략이었다. 카이엔은 대당 10만 달러 이상의 SUV 시장을 빠르게 잠식하면서 새롭게 고가 럭셔리 시장을 형성해 나갔다. 카이엔 성공 이후 세계의 주요 럭셔리 카 브랜드는 대부분 SUV를 출시했다. 마세라티 역시 르반테를 출시했지만 카이엔 이후 10여 년이나 흐른 후였다.

한계효용체감의 법칙 vs 세이의 법칙

소비자의 환상을 충족시켜 주는 상품은 기존 경제학 법칙의 사각지대에 있다. 가격이 떨어지면 수요가 느는 수요의 법칙대로 움직이지 않는다. 오히려 소비자는 가격 하락을 환상 상품에서 평범한 상품으로 전락하는 신호로 받아들일 수 있다. 수요 법칙의 기반은 한계효용체감의 법칙에 있다. 빵을 1개 먹었을 때보다 2개나 그 이상을 먹었을 때 만족도가 떨어진다는 가설이다. 환상 상품 시장에서는 이 기본적인 전제가 성립하지 않는다.

전 재산을 자동차 수집에 쓰는 토크쇼의 제왕

한때 미국 심야 토크쇼의 제왕이었던 제이 레노(Jay Reno)는 여러 논란 끝에 왕좌에서 내려왔다. 하지만 열렬한 자동차 수집광의 영예는 포기하지 않았다. 그의 차고에는 세계에서 가장 희귀한 차와 오토바이가 100여 대 이상 늘어서 있는 것으로 유명하다. 자동차에 대한 그의 열정은 그가 열세 살 처음 낡아 빠진 차를 샀을 때부터 불타오르기 시작했다. 뉴잉글랜드 시골 출신인 그는 주로 트랙터를 수리하면서 차에 대한 환상을 일부 충족시키곤 했다.

마침내 원하는 차를 마음대로 살 수 있는 위치에 서게 됐을 때부터 레노는 쉼 없이 사들였다. 타고난 입담꾼답게 그는 그가 자동차 수집에 열을 올리게 된 이유를 이렇게 설명했다.

고등학교 시절 소녀를 상상해 보십시오. 지금도 당시와 외모는 똑같고, 그들 모두가 당신을 기다린다고 말이지요. 내가 차에 대해서 느끼는 감정이 정확히 그렇습니다. '오, 난 이 차가 얼마나 멋진지 잊고 있었어.' 그런 열정이 여전히 살아 있습니다.(《SuperFly Autos Magazine》, Jan. 26, 2018, 'Jay Leno's Garage…We Take A Tour Of The World's Most Exclusive Garage')

레노가 자동차 수집가가 되기로 작심했던 것은 아니다. 멋진 차가 등장하면 일단 몰아 보았고 마음에 들면 샀다. 그럼 또 다른 매력적인 차가 등장한다. 그렇게 모은 차는 결코 되팔지 않았다. 레노는 오랫동안 차를 보관해도 녹이 좀처럼 슬지 않는 캘리포니아 날씨에 고마워한다. 심지어 고교 동창들과 달리 자동차는 한꺼번에 여럿과 사랑해도 문제가 되지 않는 점에도 감사해야 할 것이다.

환상 상품은 소비할수록 만족도가 더 크게 증가하거나 적어도 상품 하나하나가 완전히 제각각인 환상을 충족시켜 준다. 소비가 는다고 만족도 증가 폭이 줄어들지 않는다. 레노는 자신의 자동차 수집품 목록이 늘어날수록 더 즐거울 것이다. 환상 상품 시장에서는 현대 경제학 법칙 대신 보다 고전적인 세이의 법칙(Say's Law 공급이 수요를 창출한다는 근대경제학 가설)이 적용되는 분야일지도 모른다. 환상 상품으로 분류되는 제품을 만들기만 하면 소비자가 스스로 쓸모와 만족감을 찾아 나선다.

고부가 가치를 지닌 안목 프리미엄

일본 주요 백화점에는 1층을 포함해 가장 목 좋은 곳에 유나이티드 애로우즈(United Arrows)라는 점포가 있다. 젊은 관광객이 자주 찾는 일본 오사카 도톤보리(道頓堀) 지역의 다이마루 백화점에는 1층과 4층, 5층에 각각 이 브랜드의 남성복 정장과 캐주얼, 생활용품 매장이 있을 정도다. 유나이티드 애로우즈를 일본 명품쯤으로 지레짐작한 고객이라면 매장에 들어가 라벨을 확인하는 순간 당황하게 된다. 품목마다 각기 다른 브랜드가 적혀 있기 때문이다.

유나이티드 애로우즈는 일본을 대표하는 편집숍(일본에서는 select shop이라고 한다)이다. 편집숍은 여러 브랜드 제품을 취급하는 매장을 뜻한다. 흔히 부티크 형태의 소규모 독립 점포로 유독 일본에서 발달한 유통업체다. 여러 브랜드를 취급하는 매장이라는 점에서 국내 하이마트나 ABC마트 등도 편집숍이라고 할 수 있지만 일본에서는 일반적으로 패션 분야에서 통용된다.

유나이티드 애로우즈는 일본에서도 편집숍이 막 생기기 시작하던 1989년에 설립됐다. 일본의 거품경제가 극에 달했던 당시 편집숍은 국제적인 패션 브랜드를 알리는 역할을 했다. 각종 잡지나 인터넷으로 다양한 브랜드가 널리 알려지기 전이다.

유나이티드 애로우즈에 열광하는 이유

유나이티드 애로우즈는 혁신적인 성장 전략을 구사했다. 우선 글로벌 브랜드뿐만 아니라 일본 브랜드 가운데서도 구하기 힘든 아이템을 선보였다. 덕분에 회사는 패션 애호가 사이에서 레어템으로 이름을 얻었다. 동시에 자신의 소규모 독자 브랜드를 잇달아 출시했다. 편집숍 매장 근무자 역시 멋진 스타일을 보여주는 것으로 유명하다. 이는 의류 매장 근무자가 걸어 다니는 마네킹으로 고객의 주목을 받는다는 데 착안해 이루어진 전략이다. 창업 당시부터 회사는 매장 근무자의 삶의 질을 높이기 위해 복리 후생을 강화했다. 이는 서구 의류 매장 근무자가 자신이 파는 의류 이미지와 달리 무미건조하고 심드렁한 태도와 스타일을 보이는 것을 보았던 공동 창업주들의 문제의식 때문이었다.

현재 유나이티드 애로우즈는 일본 내에만 256개(2017년 기준) 매장을 운영하는 상장사다. 특히 256번째 개장한 롯폰기점은 이 상권 중에서도 가장 화려한 지역에 있고 면적이 일본 내 어떤 패션 브랜드보다 크다. 매장이 입점한 54층짜리 건물에는 미술관과 멀티플렉스 영화관, 특급 호텔 등이 있다. 빌딩 상층부 아파트는 월세가 2,500만 원에 달하는 것으로 유명하다. 유나이티드 애로우즈는 최근 온라인 쇼핑몰도 인기를 끌고 있고 미국 진출도 본격화하고 있다.

여기서 의문이 하나 생긴다. 편집숍은 각기 다른 브랜드 제품을 모아 놓은 것만으로도 해당 브랜드 매장보다 가격이 비싸다. 그렇다면 직접 해당 브랜드에서 구하면 되는 것을 왜 굳이 추가 비용을 지불하면서까지 편집숍에서 구매하는 것일까? 사실 소비자는 좋아하는 브랜드라도 취향에 꼭 맞는 제품을 제때 구하기가 쉽지 않다. 그렇다고 매번 일일이 해외를 돌아다니며 사는 것도 어렵다. 편집숍이 취급하는 상품은 국내에서는 대개 구하기 쉽지 않다. 편집숍은 대중적인 브랜드나 잘 알려진 명품 브랜드는 피한다. 즉 편집숍은 브랜드나 제품 구색 면에서 일종의 틈새시장을 노리는 것이다. 그 결과 특정 편집숍이 어떤 라이프스타일이나 취향을 대변하거나 상징할 때가 많다. 언뜻 보기에 성립하거나 성공할 수 없어 보이는 이 패션 유통업은 사실 '누군가 나를 대신해 내 취향에 꼭 맞는 옷을 전 세계에서 구해줬으면 좋겠다'는 욕구에 기반한다. 따라서 편집숍에 지불하는 가격은 해당 브랜드 의류 가격에 부대 비용을 더하고 소비자의 안목을 포착하여 관련 상품을 구해준 프리미엄이 더해진 것이다.

안목 프리미엄은 환상 상품 가격의 상당 부분을 이루는 중요한 구성 요소다. 그런 상품을 가지는 것만으로도 자신의 수준 높은 취향과 스타일을 드러낸다는 의미가 있다. 오늘날 소비자는 자기표현을 위해 안목 프리미엄을 지불할 각오가 충분하다.

양보할 수 없는 나만의 가치

남편의 사업 실패로 형편이 어려워진 나이 지긋한 주부가 찬거리를 사러 들른 대형 마트 앞에서 펑펑 울었다는 이야기가 있다. 가정 형편이 한창 좋았을 때는 대형 마트에서 결코 장을 본 적이 없었다. 대부분 백화점 식품부에서 장을 보았다. 대다수가 이해하기는 어렵겠지만 그 주부에게 대형 마트는 어려워진 자신의 처지를 상징하는 중산층 이하의 쇼핑 공간이었던 것이다.

환상과 보통 상품 사이의 심리적 거리는 굉장히 멀다. 주부 입장에서는 백화점 식품부가 환상 상품이라면 대형 마트는 보통 상품이다. 어디서 쇼핑을 하느냐가 개인의 신분과 지위를 말해 주는 시대다. 무엇을 사느냐도 마찬가지다. 일단 보통으로 분류된 매장이나 제품,

기업은 좀처럼 환상 상품의 범주에 끼지 못한다. 환상 상품을 주로 구매하는 소비자는 웬만하면 같은 영역의 보통 상품으로 바꾸지 않는다. 두 상품 사이에는 교차로가 없다.

월마트의 성공 비하인드

미국의 월마트는 독보적인 세계 최대 유통업체다. 매출 650조 원, 미국에만 4,600개의 매장을 가지고 있다. 이런 규모의 회사도 흔들린 적이 있다. 온라인 충격, 더 구체적으로는 온라인 유통 괴물 아마존 때문이다. 뒤늦게 월마트도 온라인 쇼핑 시장에 뛰어들었다. 월마트의 온라인 쇼핑 부문은 2022년 기준으로 16조 원 규모의 사업이 되었고 연평균 성장률도 두 자릿수를 유지하고 있다. 그러나 월마트는 이 정도 규모나 속도에 만족하지 못했다. 아마존에 비하면 크게 뒤처졌고 너무 느렸기 때문이다.

월마트는 온라인 사업을 시작하면서 소비자군 가운데 상위 시장을 노리기로 했다. 모든 분야에서 아마존과 전면전을 벌이는 것은 쉽지 않다는 판단에서다. 이때부터 월마트의 어려움은 자신의 표적이 아니었던 세분 시장을 잡아야 한다는 것이었다. 더 젊고 도회적이고 훨씬 수입이 많은 소비자를 겨냥해야 했다. 월마트는 고심 끝에 2016년 제트닷컴(Jet.com)이라는 회사를 4조 원에 인수했다. 이 온라인 쇼핑몰은 월마트가 겨냥한 소비자층을 이미 장악한 기업이다.

놀라운 것은 제트닷컴을 인수한 후 월마트가 내린 결정이다. 많은 시장 분석가가 기존 온라인 쇼핑몰 월마트닷컴(walmart.com)과 제트닷컴의 통합을 예상했다. 브랜드를 합치고 거대한 플랫폼을 형성해서 비용은 줄이고 시너지는 증대시키는 것이 전통적인 인수 합병 방식이니 말이다. 하지만 월마트는 두 브랜드와 플랫폼을 별도로 유지하기로 했다. 제트닷컴이 가진 환상 상품 이미지를 놓치고 싶지 않아서였다. 2014년 월마트의 CEO로 취임한 더그 맥밀런(Doug McMillon)은 환상 상품과 나머지의 차이를 직관적으로 이해했다.

"제트닷컴은 도시에 사는 밀레니엄 세대 소비자를 월마트보다 많이 거느리고 있지요. 소득이 많은 상위층 소비자도요. 월마트를 통해서는 자신들의 상품을 팔지 않으려는 몇몇 브랜드와 좋은 관계도 유지하고 있습니다."

하지만 4년 후, 같은 CEO가 내린 결정은 최초 인수 당시와는 달라졌다. 이때는 월마트의 온라인 사업이 본궤도에 올라 있었다. 월마트가 비교적 싼 제품만 취급하고 지방 소도시 중심 유통업체라는 이미지를 벗어났다. 더구나 아마존이 시장을 전방위로 압박하고 있었던 탓도 있다. 맥밀런은 제트닷컴이라는 브랜드를 없앤다고 발표했다. 회사의 인력과 자원은 월마트 온라인 사업부가 흡수한다고 했다. 전자상거래 플랫폼 자체의 이미지보다는 상품의 이미지가 더욱 중요하다는 사실을 뒤늦게 깨달은 듯했다.

"제트닷컴 인수로 월마트는 지난 몇 년간 추진한 일에 가속도가 붙었습니다. 채소를 넘어서 의류나 가구 같은 분야의 택배나 포장이 급증했기 때문입니다."

프리미엄 ≠ 명품 ≠ 환상 상품

환상 상품은 사실 프리미엄이나 럭셔리 제품과 미묘한 차이가 있다. 이미 산업계와 유통업 분야에서 널리 쓰이고 있는 프리미엄과 럭셔리 제품도 사실 명확히 구분되지 않았다. 최근 들어서야 둘을 구분하는 나름의 합의가 이루어지고 있다.

프리미엄 제품은 각기 세분화된 소비자로 이루어진 시장마다 존재하는 고가의 상위 시장을 의미한다. 가격으로 치면 평균 가격대에 비해 20~30퍼센트 정도가 더 비싼 제품이다. 일부 소비자들은 프리미엄 제품이라는 카테고리를 제조업자 혹은 유통업자가 가격을 더 받기 위해 소비자를 현혹시키는 방식이라고 생각한다. 품질 차이는 거의 없거나 아예 없는데 가격 차이가 크기 때문이다. 사실 거의 모든 시장과 가격대에 프리미엄임을 자처하는 제품이 넘친다.

럭셔리 제품, 즉 명품은 단순한 프리미엄과 달리 상위 소비자만을 대상으로 하며 제품에 역사와 전통, 스토리가 가미되어 있다. 명품 브랜드 에르메스의 경우 그 기원이 중세 마구(馬具) 제작자 집단에까지 거슬러 올라가기도 한다. 사실 여부는 불명확하더라도 사람들은 이런 점 때문에 명품에 여러 의미와 가치, 상징성을 부여한다.

프리미엄과 달리 명품은 기업이 스스로 선언한다고 인정되는 것이 아니다. 문구 시장을 예로 들면 몽블랑(Mont Blanc)은 명품으로 공인된 브랜드다. 이 회사는 1906년 프랑스 파리에서 독일 금융가와 문구상, 장인이 힘을 합쳐 만들었다. 회사 출범 몇 해 후 이들은 유럽 최고의 산 몽블랑을 상표로 등록했다. 장인 정신을 바탕으로 가장 질 좋은 문구를 만들겠다는 의지를 표명하기 위해 몽블랑산의 높이인 4810을 펜촉에 새겨 넣었다. 1930년대 중반 이후 데스크 액세서리나 가죽 제품으로 사업 범위를 넓혔고 최근 시계나 패션 용품 등으로도 확장하고 있다.

환상 상품은 때때로 프리미엄과 럭셔리 제품과 겹치기도 한다. 하지만 꼭 상위 소비자만을 대상으로 하는 것은 아니다. 프리미엄 제품처럼 각 세분 시장별로 존재하는 경우도 있다. 또한 럭셔리처럼 스토리를 가지고 있는 경우가 많다. 그렇다고 명품처럼 유서 깊은 브랜드에 국한되지 않는다. 애플의 아이폰은 미국 내에서 약 100~200만 원 안팎에 팔린다. 중산층도 충분히 살 수 있는 제품이다. 더욱이 유서 깊은 브랜드도 아니라 명품이라고 할 수 없다. 그렇다고 프리미엄 제품이라고 자처하지도 않는다. 하지만 소비자의 몰입도나 충성도는 프리미엄이나 럭셔리 제품과는 비교도 안 될 정도로 높다. 환상 상품으로 분류하기에 부족함이 없다.

개인의 환상이 극대화된 모험가의 땅

사람들이 지명보다 브랜드를 더 잘 기억하는 시대다. 파타고니아를 남미 남단 지역이 아니라 아웃도어 상표로 기억하는 이들은 파타고니아 하면 먼저 이 브랜드의 창업주인 이본 쉬나드(Yvon Chouinard)

를 떠올린다. 야외 활동과 모험을 좋아하던 그는 1973년 회사를 창업해 오늘날 지속 가능성과 사회적 책임 면에서 가장 존경받는 브랜드로 만들었다. 파타고니아 창업 50주년을 맞아 그는 전 재산을 지구에 돌려주기로 해 화제가 되기도 했다.

쉬나드와 그의 브랜드 이전에 더글러스 톰킨스와 그와 관련된 실제 파타고니아 지역이 있다. 이본 쉬나드의 친구 톰킨스는 1966년 아웃도어 브랜드 노스페이스를 설립했다. 몇 년 후에는 첫 번째 아내 수지와 함께 감각적인 젊은이를 위한 브랜드 에스프리를 창업했다. 두 기업 모두 글로벌 브랜드로 성장하던 1989년 톰킨스는 갑작스럽게 비즈니스 세계를 떠나기로 결정했다. 싸게 만들고 많이 팔면 그만이라는 당시의 생산·판매 방식에 회의를 느껴서다. 누구보다도 자연을 사랑했던 그는 자신이 자연에 도움이 되기는커녕 해를 끼친다는 사실이 견딜 수 없었다.

톰킨스는 자연에 직접 뛰어들어 지킨다는 자신의 로망을 실현하기로 마음먹었다. 그는 이혼과 동시에 자신의 회사 지분을 모두 전처에게 매각했다. 그리고 파타고니아 지역으로 이주했다. 지분 매각으로 보유하게 된 부를 기반으로 파괴되어 가던 이 지역을 가능한 많이 사들였다. 그의 이런 활동은 칠레와 아르헨티나 현지에서 여러 오해와 논란을 일으켰다. 미국인이 다른 나라에서 땅을 사들여 환경과 토지를 보호하겠다는 주장을 곧이곧대로 받아들이는 현지인은 없었다.

톰킨스는 뜻을 굽히지 않았다. 당시 이본 쉬나드에게 자신의 방식대로 자연을 구하자고 권유하기도 했다. 지구를 위한 재단을 설립하고 전 재산을 기부하기로 결정할 때 쉬나드는 톰킨스의 권유가 큰 영감을 주었다고 토로한 바 있다. 1990년대 톰킨스는 200만 에이커(대략 25억 평)의 땅을 보유하게 돼 개인으로서는 세계 최대의 토지 보유자가 되었다. 그는 자기 땅의 3배 정도 크기의 국유지를 더 보태 국립공원을 설립할 것을 끈질기게 양국에 졸랐다. 동시에 해당 지역에서 야생 복원, 생태 농업 등을 통해 생물 다양성을 지키기 위한 노력을 했다. 2015년 톰킨스는 자신이 보유한 지역 내 호수에서 카누 여행을 하다 사고로 죽었다.

톰킨스의 두 번째 아내이자 동료 등반가였던 크리스틴은 그의 뜻을 이어 계획을 밀고 나갔다. 마침내 그녀는 양국에 4개의 대규모 국립공원을 설립하는 데 성공했다. 두 사람이 전 재산을 기울여 사들인 땅과 모든 노력을 바쳐 이룩한 농장 모두를 약속대로 기부했다. 한 개인의 환상은 몽상이나 이상에 그칠 수도 있지만 환상 상품으로 현실화될 수도 있다. 더글러스 톰킨스와 그의 친구 이본 쉬나드의 노력으로 파타고니아는 환상적인 브랜드이자 환상적인 모험가의 땅, 환상 상품으로 등극했다.

환상의 산업화가 나라를 구한다

월트 디즈니는 당초 만화영화 제작사였다. 기존의 전래 동화를 적극적으로 수용했다는 점이 남다를 뿐이다. 물론 미키마우스처럼 회사가 직접 만든 캐릭터도 있다. 디즈니가 애니메이션 이상의 회사로 발전하기 시작한 것은 1920년대 후반 케이 케이멘(Kay Kamen)이라는 세일즈의 귀재가 합류하면서부터다. 그는 디즈니의 영화를 보고 거의 본능적으로 이를 상품 판매에 활용할 방법을 고안했다. 회사가 보유한 캐릭터를 새긴 온갖 종류의 상품을 파는 것이다! 오늘날 캐릭터 산업이라고 알려진 신종 산업이 탄생했다.

특히 대공황 절정기인 1933년 디즈니가 잉거솔과 협력해 만든 시계가 크게 히트했다. 2년 만에 무려 200만 개를 팔았을 정도다. 월트 디즈니 역사상 최대의 히트 상품이었다. 이 성공으로 잉거솔은 파산 위기에서 벗어났다. 당시 미국 어린이들은 아침에 디즈니 캐릭터 자명종 소리에 깼다가 밤에는 디즈니 파자마를 입고 디즈니 이불을 덮고 잠든다는 말이 나올 정도였다. 애니메이션과 주인공을 다른 상품 판매에 활용한 신종 산업은 전체 산업계와 소비자에게 큰 충격을 안겼다. 당시 〈뉴욕타임스〉는 '영화가 그 부산물로 실질적인 새로운 비즈니스를 발전시켰다'고 촌평했다. 〈타임〉은 환상의 산업화(industrialization of fantasy)가 미국을 대공황에서 구해 낼지도 모른다고 기대감을 표하기도 했다.

디즈니 A to Z

디즈니는 확실히 환상의 힘을 믿는 기업이다. 사람들이 어려서부터 익숙해진 동화에 기꺼이 빠져들고자 할 것이라는 믿음의 전제가 바로 그것이다. 캐릭터 비즈니스에 이어 오늘날 월트 디즈니 제국의 기반이 된 아이디어 역시 거기서 나왔다. 1952년 디즈니는 당시 3대 지상파 방송사에 하나의 제안을 했다. 일정한 시간대를 자신들의 애니메이션에 할애해 주면 자신들이 설립할 테마파크에 투자할 기회를 주겠다는 것이었다. TV 방송 프로그램과 테마파크의 이름은 모두 디즈니랜드다.

당시 미디어 업계 제왕으로 군림했던 지상파 방송사가 그 아이디어를 받아들일 리 없다. 그나마 세 곳 중 가장 소규모였던 abc가 제안의 일부를 축소해 수용했을 따름이었다. 디즈니랜드 프로그램은 시작부터 초대박 행진을 거듭했다. 매주 2,600만 가구가 시청해 최고 40퍼센트의 시청률을 기록하기까지 했다.

1995년 경영난에 처한 abc는 그간 보유한 테마파크 디즈니랜드의 지분 33퍼센트를 디즈니에 되팔았다. 그것으로도 문제를 완전히 해결할 수는 없었다. 결국 같은 해 abc는 19조 원에 디즈니에 팔렸다. abc는 디즈니의 확신에 편승해 프로그램과 테마파크의 성공 덕을 봤지만 근본적으로 디즈니의 믿음을 공유한 것은 아니었다. 환상의 힘과 미디어 업계의 흐름을 외면한 대가를 치러야만 했다.

반면 디즈니는 오늘날 〈스타워즈〉나 마블 코믹스를 소유하고 ESPN과 abc를 운영하며 케이블방송인 A&E와 Hulu의 지분을 갖고 있다. 세계 최대 테마파크도 여전히 소유하고 있다. 그야말로 환상의 제국이다. 물론 이 제국도 15년간 할리우드 제왕으로 군림하며 마블, 픽사, 루카스필름을 인수했던 CEO 밥 아이거(Bob Iger)가 은퇴한 후 2년 정도 어려움을 겪었다. 전통 비즈니스가 침체하고 스트리밍 서비스인 디즈니플러스는 수익성이 악화되었다. 결국 2023년, 2년여 만에 아이거가 복귀했다.

환상을 불러일으키는 블리자드의 마법

경기장에서 선수들이 모여 경기를 벌이고 있다. 운집한 관중들은 선수의 플레이 하나하나에 열광한다. TV 카메라는 선수들의 표정과 동작 하나하나, 관중의 반응까지 담느라 정신이 없다. 경기장 바깥에서는 전 세계 수많은 스포츠 팬이 TV를 통해 경기를 지켜본다. 이쯤되면 당신은 이 종목이 흔한 프로스포츠 종목 중 하나일 것이라고 추정한다. 그러나 이 스포츠는 당신의 추측과 다른 점이 하나 있다. 선수끼리 서로 부딪히지 않는다. 심지어 몸을 활발하게 쓰지도 않는다. 그저 컴퓨터 화면 앞에서 손가락만 까닥거릴 뿐이다. 게임 산업의 총아, e-스포츠 이야기다. 그야말로 환상을 실제로 옮긴 상품이다.

e-스포츠가 아직은 먼 미래 이야기라고 여기는 사람이라면 영국 리서치사 IHS마켓의 게임 산업에 대한 조사 자료 숫자와 내용을 살펴보자. 1998년 e-스포츠가 공식적으로 시작된 이래 전 세계 누적 관객 수는 2억 3,000만 명에 이른다. 총 누적 시청 시간은 60억 시간, 단일 경기 최다 관객은 27만 명으로 미국의 슈퍼볼 다음이다. 전 세계에는 2만 3,000개 가량의 토너먼트가 있고 3만 8,000여 명의 프로 게이머가 있다. 지금까지 경기에서 620개 팀이 상금을 획득했고 누적 상금 규모만 1조 5,000억 원에 이른다. 2020년 광고 시장은 3조 원에 육박할 것으로 추정된다. 현재 게임 산업의 최대 시장으로 부상 중인 중국

은 2023년 항저우 아시안게임에 정식 종목으로 채택했다.

다른 프로스포츠 종목처럼 e-스포츠를 거대 시장으로 만들고 이를 선점하려는 게임 업체의 노력도 활발하다. 세계 최대 게임 업체인 액티비전 블리자드(Activision Blizzard)만큼 그런 전략을 잘 보여주는 곳도 없다. 37년 역사를 자랑하는 이곳은 2020년 매출 규모가 1조 원가량 된다. 2022년 마이크로소프트가 18조 원에 회사 인수를 공식화했고 오랜 논란과 심사 끝에 2023년 합병이 승인됐다. 그 결과 2017년 미국 대기업 순위표인 포춘 500대 기업에 처음 진입했다. 게임 업체로는 세 번째다. 앞의 아타리(Atari)와 일렉트로닉 아츠(Electronic Arts)와는 달리 잠깐 머무는 것이 아니라 지속적으로 순위가 상승하며 장기간 머무를 가능성이 높다.

블리자드의 CEO 보비 코틱(Bobby Kotic)은 상장된 IT 기업 최고 경영자로는 가장 장수하고 있다. 보상을 가장 많이 받는 경영자 가운데 한 명이기도 하다. 2016년 기록적이었던 그의 수입은 350억 원에 달했다. 그는 2017년부터 미국 내에서 가장 영향력 있는 여성 가운데 한 명인 셰릴 샌드버그 전 페이스북 COO와 데이트 중인 것으로 알려져 있다.

블리자드가 환상을 실체화하는 방식은 두 가지다. 독창적이라기보다는 앞선 두 성공 사례를 한데 묶는 식이다. 하나는 전미풋볼리그(NFL) 방식이다. NFL은 미식축구를 미국의 국기로 자리 잡게 하면서 12조 원 이상의 시장도 만들었다. 이 가운데 절반 가까이가 TV 중계권료다. 순전히 미국인만을 대상으로 한 스포츠이자 중계인데도 NFL

은 매년 2억 4,000만 명의 시청자를 TV 앞으로 끌어들인다. 블리자드는 e-스포츠가 전 세계 젊은 세대를 대상으로 하는 만큼 미래가 더 밝다고 여긴다. 몇 년 전 이 회사는 마치 블랙홀처럼 NFL 생중계를 통해 부를 축적한 ESPN 경영진을 끌어들였다.

다른 접근법은 디즈니식의 환상 산업화 전략이다. 블리자드는 워크래프트나 오버워치, 콜오브듀티 등 인기 게임을 다수 보유하고 있다. 게임 속 인기 캐릭터를 게임에서만이 아니라 TV 프로그램이나 영화를 통해 만날 수 있게 한다. 게임이라는 환상에 빠진 소비자를 TV 시청자나 영화 관객으로 계속 머무르게 하는 방식이다. 환상 자체가 가진 힘에 더해 현실의 상당 부분을 환상으로 덮는다는 블리자드의 노력은 궁극적으로 게임 소비자가 환상과 실제를 제대로 구분하지 못하도록 한다. 디즈니의 어린 소비자와 기존 게임 중독자들이 이미 그렇듯이 말이다.

2장

환상 상품이
만들어지는 과정

우리는 실제에서 벗어나기 위해 환상의 세계를 창조하는 것
이 아닙니다. 거기에 머무르기 위해 만들어 내는 것이지요.

- 린다 배리(Linda Jean Barry 1956~ 미국의 만화가이며 화가, 작가)

환상은 인간의 본능이다

대중의 마음 한구석에는 잠재된 환상이 있다. 이들은 모두 보균자다. 그 환상을 건드릴 수만 있다면 숱한 좀비를 양산할 수 있다. 소비지상주의 시대의 강력한 추종자를 거느릴 수 있다. 자본과 마케팅으로 무장한 기업이거나 세계 시장을 겨냥한 브랜드일 필요도 없다. 전파력 강한 현대 문명의 이기를 잘 활용하기만 하면 된다. 꼭 회사원이나 자영업자일 필요도 없다. 누군가에게 고용되길 원한다면 먼저 고용주의 심중에 있는 환상을 들여다볼 수 있으면 된다. 당신이 무엇인가를 팔고자 하는 사람이라면 누구나 마찬가지다.

환상은 인간의 본능이다. 누구나 환상을 가지고 있다. 더 나은 무언가를 꿈꿀 수 있기에 사람은 동물과 달리 문명을 이룰 수 있었다. 하지만 환상이 위력을 더하게 된 것은 시장과 결합하면서다. 사람들의 환상을 더욱 자극하는 일이 시장에서의 성공 비결이 된 것은 자본주의 체제가 본질적으로 환상과 상호작용을 하기 때문이다. 자본주의 사회에서 사람들은 소비를 통해 그 환상을 실현하고자 한다. 그것은 힘들고 팍팍한 삶을 견디게 하는 힘이다. 환상 상품은 소비자 개인과 집단, 혹은 전체가 공유하는 환상에 기반한 상품이다. 모두의 환상에 기반한 상품을 만든다면 훨씬 더 많은 수익을 거둘 수 있다. 더 적은 마케팅 비용으로 더 긴 상품 주기를 누릴 수 있다.

환상 상품은 단순히 당장 성취할 수 없는 환상적인 요소만 가지고 있는 것이 아니다. 환상을 현실화시켜 주면서 빠듯하게라도 소비할 수 있어야 한다. 단순히 소비자 심중에 내재된 욕망을 반영하는 것만이 아니라 자신도 모르는 잠재적 욕구를 함께 끌어낼 수 있어야 한다. 따라서 모든 환상 상품은 환상적인 상품이지만 환상적인 상품이라고 전부 환상 상품은 아니다.

과거의 영화에 대한 향수

사람들은 자연스럽게 환상을 형성하고 간직한다. 이는 동물과 비교되는 인간만의 능력으로 인류가 이룬 문명과 문화의 기반이기도 하다. 상상력이나 창조라는 말로 표현할 수도 있다.

환상과 현실의 관계는 복잡 미묘하다. 현실에 기반해 환상이 형성되지만 환상은 현실과는 다르다. 사실 그것만이 환상과 현실을 구분 짓는 유일한 경계다. 둘 사이에는 상관관계나 인과관계가 있을 수도 있지만 아무 관계가 없을 수도 있다. 그저 무의식이 환상을 이끌 때도 있다. 하지만 한번 형성된 환상의 힘은 막강해서 때로 전혀 양립할 수 없는 두 가지 환상이 사람들 마음속에 공존하기도 한다. 인지 부조화 이론에 따라 어떻게든 어느 한쪽을 버리고 마음이 편안한 쪽을 선택할 수도 있는데 말이다.

사람들의 환상 가운데 대표적인 것이 바로 전성기(golden days) 혹은 과거 황금기(good old days)에 관한 것이다. 개인적으로 이런 환상은 술자리에서 자신이 과거 잘나가던 시절을 회고하게 만든다. 대부분은 거짓이거나 과장된 것이지만 당사자는 크게 개의치 않는다. 개인의 이런 환상은 집단이나 조직, 국가로 번지면 사회적 병리 현상으로 발전하기도 한다. 구성원으로 하여금 도덕성이나 사회적 정체성이 과거에 비해 타락하거나 빛을 잃었다고 여기게 만든다. 특히 제왕이나 독재자, 권위적인 지도자는 오래전부터 끊임없이 이런 과거 전성기나 황금기로의 복귀를 약속한다.

오늘날의 포퓰리스트도 마찬가지다. 미국의 도널드 트럼프 전 대통령은 '미국을 더 위대하게'라고 외치고 인도의 나렌드라 모디 총리는 '좋은 날들'을 약속한다. 그런데 정작 과거 어떤 시기가 위대했고 또 좋은 날이었는지는 애매할 따름이다. 그나마 장기 집권을 이어 가고 있는 튀르키예의 레제프 에르도안 대통령 정도가 세속 이슬람주의를 내세운 건국의 아버지 케말 파샤를 전성기나 황금기의 전형으로 제시할 뿐이다.

한때 좋은 시절이 있었다는 환상은 근거가 모호하지만 이를 연상시키는 선거나 정치 전략은 강력하다. 환상 자체가 워낙 강렬한 힘을 갖고 있기 때문이다. 근대화의 여명기에 망국의 길을 걸었던 우리나라 사람들도 이런 환상이 다양한 형태로 표출된다. 정조에 대한 소설이나 드라마, 영화에 대한 관심도 이를 반영한다. 박정희에 대한 향수 또한 현실보다는 환상의 영향이 크다.

이미지를 소비하는 사람들

새벽 시간 젊음의 거리 홍대 앞을 지나노라면 희한한 장면을 종종 목격할 수 있다. 주로 20대로 보이는 청년들이 길게 줄을 지어 서 있거나 앉아 있는 모습이다. 대기 행렬 앞쪽에는 아예 그곳에서 밤을 지새웠는지 이동용 침구나 간이생활 도구도 갖춰 놓고 있었다. 이들을 텐트장박 대기자라고 부른다는 것은 나중에서야 알았다.

사상 최악의 한파가 덮친 한겨울이나 최강 폭염이 기승을 부리는 한여름에도 그 줄은 결코 사라지는 법이 없었다. 몇 달간 지나치다가 호기심을 참지 못하고 대기자들에게 물었다. 유명 연예인을 기다리고 있을 거란 지레짐작은 틀렸다. 그들은 나이키가 매주 토요일 정오에 판매를 개시하는 한정판 스니커즈를 사기 위해 기다리고 있었다.

문화가 된 한정판 스니커즈

스니커즈가 언제부터 젊은 세대에게 아이돌 그룹에 버금가는 존재가 됐을까? 몇 년 전 뉴욕 로어 맨해튼의 스타디움 굿즈(Stadium Goods)에 들렀을 때 비로소 젊은 세대의 스니커즈 사랑과 집착을 어느 정도 이해할 수 있었다.

2017년 개점한 300평(약 992제곱미터) 남짓한 이 매장은 한정판 스니커즈 전문 매장이다. 각 스포츠화 브랜드가 내놓은 스니커즈를 모아 재판매하는 곳이다. 단순히 판매 대행을 하는 곳이 아니다. 제품에 붙은 가격표를 보면 금방 실감이 난다. 제품의 인기와 희소성에 따라 가격은 천차만별이다. 물론 원래 제품 제작사가 내놓은 가격과는 비교할 수 없을 만큼 비싸다.

한정판 스니커즈용 주식시장이라고 할 만하다. 원래 제작사의 판매 가격이 주식의 액면가, 현재 가격표의 가격이 현 주가인 셈이다. 오프화이트라는 브랜드를 내놓고 루이비통과 협업한 인기 디자이너 버질 아블로가 내놓은 나이키 조던 1은 이곳에서 한화로 약 300만 원에 팔리고 있었다. 이 제품의 원래 가격은 20만 원. 미국 뮤지션 퍼렐 윌리엄스가 디자인한 아디다스 PW 휴먼레이스 NMD TR에는 무려 1,300만 원이란 상상하기 힘든 가격표가 붙어 있다.

이제 스니커즈 한정판은 젊은 남성들의 명품이 되었다. 스포츠 팬에게는 보석 업계의 티파니로 격상됐다. 꼭 실용성 때문에 그들이 스니커즈를 사랑하는 것은 아니다. 구하기 힘든 종류에 집착하는 것도 아니다. 스니커즈는 스스로를 적극적으로 표현하는 취향이자 스타일인 것이다. 어려서 스포츠를 위해 신었던 신발은 이제 성인이 된 그들에게 패션이자 명품으로 여겨진다. 시대의 이미지이자 환상이다. 한때 스니커즈가 학생이나 교도소 수감자에게나 각광받던 제품이라는 사실을 기억하는 사람이 얼마나 있을까?

스니커즈는 일반적으로 고무로 된 밑창에 천이나 가죽을 덧댄 일상화다. 스포츠나 육체 운동을 위해 태어난 신발로 운동화·테니스화·육상화·체육화·트레킹화·트레이닝화 등 밋밋하게 불렸다. 고무 밑창 덕에 일반 단화와 달리 걸을 때 소리가 거의 나지 않아 붙은 이름이 스니커즈(sneakers sneak은 몰래 숨어든다는 뜻이다)다. 세간에서 속어처럼 쓰이던 이름이 공식화된 것은 1917년 고무 운동화 전문 업체 미국 컨버스의 광고에서였다. 이 회사 광고를 맡은 광고대행사 애이슨앤선사의 넬슨 맥키니는 지금은 전설이 된 목이 긴 운동화를 스니커즈라고 명명했다.

소수에게 사랑받던 스니커즈가 오늘날과 같은 청춘 문화가 된 데는 이유가 있다.(〈Slamkicks: Basketball Sneakers that Changed the Game〉, Ben Osbourne, Rizzoli, 2012) 무엇보다도 스타 마케팅이 큰 역할을 했다. 스니커즈는 탄생 직후부터 농구 선수의 이름이 붙기 시작했다. 1921년 당시 세미프로 올스타 팀의 척 테일러는 자신이 신는 컨버스의 스니커즈 옆면에 자신의 이름을 새겨 화제가 되었다. 마이클 조던이나 르브론 제임스 같은 농구 슈퍼스타가 스니커즈 제작사와 하는 컬래버레이션(collaboration 공동 작업, 협업)의 고전적 형태다. 요즘과 다른 점은 당시 자신의 이름을 스니커즈에 새기는 대가로 선수가 켤레당 2센트씩 돈을 내야 했다는 점뿐이다.

스니커즈의 스타 마케팅은 70년대 이후 컨버스에서 다른 스포츠 용품 브랜드로 확산되었다. 1971년 압둘 자바는 아디다스와, 비슷한 시기 '클라이드' 월트 프레이지어는 푸마와 손을 잡았다. 1980년대 마이클 조던과의 협업은 스니커즈가 미국의 청년 문화에서 글로벌 스타일로 자리 잡는 결정적 계기가 되었다.

유독 농구에서 스니커즈의 스타 마케팅이 더 극성이었던 이유가 있다. 스니커즈의 원조 격인 컨버스 운동화는 처음 주로 농구화이자 대표적인 학생화로 받아들여졌다. 미국 청소년은 실제로 좁아도 공간만 있으면 할 수 있는 농구를 가장 좋아했다. 그 결과 자연스럽게 농구화를 자신들을 대변하는 상품으로 간주했다. 다른 전문 스포츠화가 일상화로 활용하기에 적당하지 않다는 것도 한 가지 이유였을 것이다. 호나우두 선수를 좋아한다고 그가 신는 축구화를 신고 거리를 활보하면서 으스댈 수는 없다.

농구화는 격렬한 스포츠인 농구의 성격을 반영해 과학기술의 진보를 가장 적극적으로 반영했다. 1979년 아디다스는 발끝을 더 편하게 하고 발목을 잡아 주는 기능을 도입했고 이듬해 나이키는 에어 기술을 통해 달리거나 점프할 때 발이 받는 충격을 최소화했다. 오늘날 스니커즈는 온갖 최첨단 기술의 보고가 되었다. 이 또한 스니커즈가 젊은 세대의 사랑을 받는 한 요소다. 스니커즈는 가장 패셔너블할 뿐만 아니라 실제로 가장 편한 일상화다.

처음 농구 스타 마케팅과 연계한 스니커즈는 이제 대중문화의 유명인과 결합하기 시작했다. 특히 힙합 분야에서 스니커즈를 적극적으로 수용했다. 1986년 전설적 힙합 그룹 런 디엠씨(Run D.M.C)는 〈레이징 헬(Raising Hell)〉이라는 앨범에서 '나의 아디다스(My Adidas)'를 타이틀곡으로 내세웠다. 이 곡에서 그들은 아디다스로 대표되는 스니커즈에 대해 '슈퍼스타가 되는 즐거움에 대한 부끄러움 없는 송시'라고 묘사했다. 스니커즈는 힙합을 거쳐 오늘날 대중문화 전반에 큰 영향을 미치고 있다. 스포츠 스타뿐만 아니라 유명인들이 스니커즈와 영향을 주고받는다. 힙합 뮤지션에서 패션 디자이너로 변신한 카니예 웨스트나 래퍼이자 프로듀서인 트래비스 스콧, 할리우드의 대표적 스캔들 메이커 자레드 레토 등은 각자의 트레이드마크 격인 스니커즈를 갖고 있을 뿐만 아니라 이 시장에 큰 영향력을 가지고 있다. 그들의 파파라치 사진이나 영상이 퍼지는 순간 어떤 스니커즈를 신었는지 전 세계 청년층의 관심사가 된다. 이는 즉각 해당 제품의 가격을 폭등시킨다. 미국은 청바지와 티셔츠에 이어 스니커즈 문화로 세계를 지배하게 되었다.

경험적 소비의 세계화

사람들은 이제 멋진 경험을 소비하기를 원한다. 경험적 소비라는 말은 소유적 소비라는 말에 대조적인 개념으로 발전했다. 냉장고나 자동차처럼 필요한 상품을 구매해 보유하기보다는 여행이나 공연 관람 등을 체험하는 소비다. 심리학적으로도 경험적 소비가 소유에 비해 더 만족도가 높다는 연구 결과가 많다. 개인적인 소유에 비해 경험은 여럿이 같이 나누기 때문일 것이다. 한때의 즐거움보다는 여럿이 오래 나누는 추억이 더 낫다.(『프레임』, 최인철, 21세기북스)

해외여행이 가장 대표적인 경험적 소비다. 근대 유럽의 최상류층과 그들의 자녀에게게 그랜드 투어(grand tour)가 인기를 끌긴 했지만 전 세계인이 해외여행을 꿈꾸기 시작한 것은 최근의 일이다. 『사피엔스』의 저자 유발 하라리는 이런 변화가 인류의 진화에서도 희한하리만치 독특한 현상이라고 여긴다.

침팬지의 우두머리 수컷은 이웃 침팬지 집단에 휴가를 보내려고 자신의 힘을 이용한다는 생각은 결코 하지 않을 것이다. 고대이집트의 지배 계층은 피라미드를 짓고 자신의 육신을 미라로 만드는 데 재산을 썼을지언정 그 누구도 바빌론에 쇼핑을 가거나 페니키아에서 스키를 즐기는 휴일을 꿈꾸지는 않았다. 반면 오늘날 사람들은 해외에서 휴가를 보내는 데 많은 돈을 쓴다. 그들은 진심으로 낭만적 소비 지상주의라는 신화를 믿기 때문이다.(『사피엔스』, 유발 하라리, 김영사)

현대자본주의가 소비 지상주의를 조장한다는 사실은 더 이상 논란의 대상이 아니다. 끊임없는 소비야말로 오늘날 자본주의를 계속 돌아가게 하는 동력이다. 그 핵심에는 더 많은 재화와 서비스를 소비하는 것이 행복해지는 길이라는 믿음이 깔려 있다. 최근의 특성은 여기에 낭만주의가 가세했다는 점이다. 소비야말로 가장 멋진 일이고 자아를 실현하는 최고의 방식이다.

19세기 전반부 서유럽에서 일었던 낭만주의 사조는 이성보다 감정이나 감성에 눈뜨라는 목소리였다. 이 사고 체계는 자신의 잠재력을 이끌어 내기 위해 할 수 있는 한 다양한 경험을 해야 한다고 암시한다. 다양한 감정에 노출되고 다기한 종류의 관계를 맺어야 한다고 한다. 온갖 음식을 다 먹어 보고 서로 다른 스타일의 음악을 즐기는 법을 배워야 한다고 몰아간다. 한마디로 새로운 경험이 각자의 시야를 넓히고 인생을 바꾼다는 식이다.

이런 흐름에서는 여행이 단순히 유람을 뜻하는 것은 아니다. 유발

하라리에 따르면 여행 산업은 단지 항공편이나 호텔 침실을 파는 게 아니다. 실제로는 경험을 파는 분야다. "파리는 단지 도시가 아니고 인도 역시 한 나라만은 아니다. 두 곳 모두 경험이다. 우리의 지평을 넓히고 잠재력을 현실화하며 궁극적으로 우리를 행복하게 해줄 경험을 소비하는 것이다."

인간이 스스로 개척한 자유 시간

여기 어떤 상품이 있다. 특정 제품이나 브랜드라기보다는 하나의 상품 카테고리다. 매년 전 세계에서 15억 명가량이 이 상품을 소비한다. 그 결과 전 세계에서 약 11명 가운데 한 명이 그 산업에 종사한다. 그보다 더 놀라운 사실도 있다. 소비자 상당수가 소비 평을 소셜미디어에 올리지만 상품 전반에 대한 거부 반응은 아예 없다시피 하다. 깐깐한 소비자들이 각을 세우는 오늘날 이렇게 소비자 만족도가 높은 상품이 달리 있을까?

여행이 바로 그 상품이다. 구체적인 여행 내용이나 여행 상품에 대한 소소한 불편이나 불만은 제기되지만 소셜미디어에 여행 무용론을 제기하거나 여행을 거부하겠다는 이들은 없다. 여행에서 느끼는 즐거움과 행복감을 토로하는 경우가 대부분이다. 여행은 21세기의 환상 상품이다. 모든 혁신이 그렇듯 환상에 한발 더 다가서려는 소비자의 수요와 기업의 공급이 만든 새로운 종류의 상품이다.

여행을 포함해 최근의 환상 상품은 탐색과 파악이 쉬운 편이다. 하지만 환상 상품의 역사 자체는 그리 짧지 않다. 오랜 상품 역사에서 대중의 몸과 마음을 사로잡은 것이 많다. 심지어 각 세기마다 새로운 종류의 환상 상품이 시대를 풍미했던 역사를 가지고 있다.

여행은 시대를 막론하고 사람들의 환상이었을 것이라고 짐작하기 쉽다. 그러나 역사를 살펴보면 이는 선입견에 불과하다. 19세기 말 열차의 등장으로 여행이 보편화되기 전까지 보통 사람들은 주거지를 떠날 수 없었다. 중세 대부분은 주거 이동의 제한을 받았다. 근세 이후에도 격변이 일어나지 않는 한 주거지를 떠나는 것은 현실적으로 쉽지 않았다. 여행은 소수 귀족계급의 전유물이었다.

사람들이 오늘날과 같은 해외여행을 시작한 것은 르네상스가 개화하고 계몽주의가 꽃을 피우기 시작한 16세기 말쯤부터다. 당시 영국의 젊은 부유층은 교육의 일부로 유럽 대륙 주요 국가나 도시를 찾았다. 영국에 이어 프랑스와 독일, 러시아까지 유럽의 귀족과 지식인 사회를 강타한 이 유행은 훗날 그랜드 투어로 불린다. 그랜드 투어는 인류사 최초로 인간이 스스로 개척한 자유 시간이었다.

당시 그랜드 투어는 험난한 일정이었다. 영국에서 배로 프랑스에 도착한 후 마차로 파리를 거쳐 이탈리아 주요 도시를 순회하는 여정은 적어도 수개월에서, 많게는 몇 년이 걸리기도 하는 일종의 수학여행이었다. 당시 여행은 신이 지배하던 중세를 벗어나 인간 중심의 세계관에 기초한 것이었기에 여행 지역은 주로 그리스·로마 문명의 진원지인 이탈리아였다. 그랜드 투어에서 알프스를 넘어 이탈리아반도로 접어드는 코스는 가장 험난한 여정이었다. 마차는 물론 일행이 먹을 음식과 생필품을 준비하는 데만 몇 달이 걸렸다. 봄과 여름 사이에

알프스산맥을 넘어야 한다는 것도 제약 요인이었다. 1800년대 중반 당시 이미 세계 최고 반열에 올랐던 영국 로스차일드 가문 나탄 로스차일드의 자녀들은 그랜드 투어 지역으로 이탈리아 대신 스페인을 선택했다. 이 일은 영국뿐만 아니라 구대륙 호사가들의 입방아에 올랐을 정도였다.

외국어를 습득하고 상류 문화를 익히는 이 장기 여행은 귀족이나 지식인이라면 한 번은 거쳐야 하는 것이었다. 이는 인류 최초의 꿈과 낭만이 어린 소비 행위로 간주됐다. 모차르트, 괴테, 스탕달, 차이콥스키 같은 당대 최고의 문화 예술인들이 기꺼이 참여했다. 현대 경제학의 아버지로 꼽히는 애덤 스미스는 통역과 강의를 진행하는 과외 선생 역을 하면서 그랜드 투어를 즐기기도 했다. 사회계약설의 주창자 존 로크는 여행의 매력을 이렇게 정리했다. "기존 환경이 주는 변화만이 아니라 스스로 환경을 바꾸면서 그 변화를 만들어 나가야만 자극을 얻을 수 있다. 여행은 세상에 대한 지성과 지식을 넓히는 데 절대적으로 필요한 존재다."

해외여행이 폭발적으로 증가한 배경

19세기 중반부터 시작된 대서양 양안의 철도와 운하 붐은 여행에 적지 않은 영향을 주었다. 귀족과 지식인뿐만 아니라 대중도 이 환상에 동참하게 되었다. 평범한 노동자도 기차를 타고 자신이 사는 지역이나 나라를 벗어날 수 있었다. 배를 타고 대양과 대륙을 건널 수도 있었다. 소수의 전유물이 다수에게 확산되자 환상은 더 이상 환상이 아니었다. 현실의 일부로 자리 잡았다. 역설적이게도 그랜드 투어가 빛을 잃은 것은 이때부터다. 대중은 번거롭게 이탈리아까지 가기보다는 파리 근교나 노르망디 해변가를 더 선호했다. 막 등장하기 시작한 유럽과 미국의 자동차도 여행의 환상을 퇴색시켰다. 새로운 교통수단이 여행을 훨씬 편하고 저렴하게 만들었지만 이는 오히려 여행의 매력을 감소시켰다. 여행이 환상이 아니라 현실의 일부가 돼 버렸기 때문이다.

1980년대 이후 세계화가 극적으로 진행되면서 여행 산업에서도 변화의 조짐이 나타났다. 여러 종류의 여행 중에서도 해외여행이 다시 환상 상품의 하나가 되었다. 해외여행은 값이 싸지는 않지만 그렇다고 감당할 수 없을 정도는 아니었다. 주요 선진국과 신흥국에서 여행 자유화 조치가 확대되고 경제블록화가 진행된 것도 이를 가속화시켰다. 입국사증(visa) 프로그램 간소화, 국제적 규모의 분쟁 소멸 등도 해외여행을 다시 유행하게 만들었다. 여기에 저가 항공(LCC)은 중산층의 일상적 해외여행을 가능하게 한 일등 공신이다.

해외여행 수요가 폭발적으로 증가하기 시작한 것은 유명인들의 여행 기록이 모든 사람들에게 생생하게 노출되기 시작하면서부터다. 예를 들어 젯셋족(jett-setter) 출현이 해외여행을 훨씬 더 환상적으로 만들었다. 최첨단 유행 창조자를 따라 할 수 있다면? 그것을 사람들에게 과시할 수 있다면? 여기에 위성과 케이블 TV, 스마트폰의 등장과 소셜미디어의 확산이 더해졌다. 19세기 귀족 가문 사이의 그랜드 투어는 이제 보통 사람들의 환상 상품으로 부활했다. 다양한 채널을 통해 전해지는 여행지의 사진과 동영상은 귀족이나 지식인이 소수 계층에게만 말과 글로 전한 것과는 비교할 수 없을 만큼 강렬하게 여행 욕구를 자극했다.

여행 산업은 환대 산업으로 진화 중

처음 그가 자신의 아이디어를 입 밖에 냈을 때는 누구도 공감하지 못하는 눈치였다. 겉으로 비웃지 않으려고 애쓰는 것이 느껴질 정도였다. 1980년대 맨해튼 호텔 업자였던 이안 슈레거(Ian Schrager)는 모건스(Morgans)라는 호텔을 세웠다. 개성과 디자인 요소를 강화했을 뿐만 아니라 로비나 바와 같은 공용 공간을 멋지고 분위기 있게 꾸며 일종의 사교장으로 만들었다. 흰 침대보와 따뜻한 아침 식사, 그리고 친절한 서비스와 포근한 미소 등 전통적인 호텔과는 다른 부분에 관심을 집중시켰다. 이는 호텔업의 초점을 바꾼 일대 혁신이었다. 오늘날 부티크 호텔 혹은 라이프스타일 호텔로 분류되는 새로운 호텔이다.

설립 당시 조롱당했던 슈레거의 아이디어는 오늘날 호텔 산업의 주류가 되었다. 글로벌 금융 위기 이후 수요 부족이었던 호텔 업계가 공급과잉으로 돌아선 후 가장 수익성 높은 분야이기도 하다. 세계는 다시 여행과 숙박업의 신황금기에 접어들었다. 주역은 밀레니엄 세대다. 이들은 단지 물건을 사는 것 이상의 신선하고 멋진 경험을 중시한다. 이들의 욕구를 충족시키려면 이들 커뮤니티의 일부이자 이들이 원하는 모험의 동반자가 되어야 한다.(〈Fortune〉 Europe Edition, June 15, 2017, 'Marriott Goes All In')

호텔 업계의 첫 번째 대응은 그들이 한때 코웃음 쳤던 부티크 혹은 라이프스타일 호텔을 전면에 내세운 것이다. 호텔 체인 스타우드의 W호텔이 좋은 예다. W호텔은 럭셔리급이면서도 비교적 젊은 목표 고객에 맞추어 캐릭터를 강조한 호텔이다.

2016년 5월 스페인 바르셀로나 W호텔에 묵었다. 호텔의 현지 디자이너들이 참여해 꾸민 실내 장식이나 디자인, 개성이 정말 독특했다. 바나 로비 등도 기존 호텔과 차별화해 전반적으로 만족스러웠다. 꼭 한 가지가 마음에 걸렸다. 호텔 측이 해변가에 세워 운영하는 바에서 들리는 음악 소리와 괴성 때문에 좀처럼 잠이 들 수 없었다. 한 주를 새로 시작하는 월요일 새벽까지 파티가 이어지자 잠을 설친 나는 그날 오전 지배인을 찾을 수밖에 없었다. 불만을 들은 그가 빙긋이 웃으며 대꾸했다. "저희 호텔이 그냥 잠을 자러 찾는 곳은 아니지요."

거의 모든 세계적 호텔 체인이 W호텔 같은 부티크 혹은 라이프스타일 호텔 브랜드를 연이어 출시하고 있다. 2011년 스타우드와의 합병으로 힐튼을 제치고 세계 최대 호텔 체인으로 떠오른 메리어트그룹은 엘리먼트(Element)와 알로프트(Aloft)라는 새 브랜드를 내놓았다. 둘보다 한 단계 더 럭셔리한 호텔 브랜드 에디션(Edition)을 내놓으면서 부티크 호텔 분야의 창시자라고 할 수 있는 이안 슈레거와 협업하기도 했다.

부티크 호텔이 호텔업에서 환상 상품이 되었다면 현재 숙박업계를 뒤흔들고 있는 에어비앤비는 어떨까? 장기적으로 숙박업의 아마존이 될 수 있을까? 아직은 의견이 엇갈린다. 하지만 15년이 채 안 된

이 샌프란시스코 기반 숙박 공유(home sharing) 기업은 호텔 업계에 대단히 커다란 위협인 것만은 틀림없다. 2020년 나스닥에 상장한 이 기업의 가치는 벌써 85조 원을 훌쩍 뛰어넘었다. 단순한 숙박이나 전통적 서비스 외에 젊은 고객들의 커뮤니티에 대한 소속감이나 모험에 대한 갈망을 채워준다는 점에서 에어비앤비의 숙박 공유 서비스는 상품으로서의 모든 요소를 갖추었다. 물론 안전이나 과대광고, 정부 규제 등 아직 해결되지 않은 문제도 많다. 무엇보다 호텔 업계가 숙박 공유라는 비즈니스 모델을 적극 수용해 경쟁할 수도 있다. 이때 에어비앤비만 가진 어떤 면이 대중의 환상을 지속적으로 채울 수 있을지가 의문이다.

개인적으로 에어비앤비를 출장이나 해외여행에서 본격적으로 활용하기 시작한 것은 2015년 이후다. 대부분 만족스러웠지만 큰 실망감을 맛보기도 했다. 도쿄에서 이용했던 집은 초소형 숙박업소로 특화된 도쿄인(Tokyo Inn)보다 작고 지저분했다. 가격도 결코 싸지 않았다. 사진으로 봤던 모습과는 딴판이었다. 과대광고의 전형이다. 스페인 산세바스티안에서는 집 열쇠를 찾기 위해 중개인 사무실까지 오가느라 반나절을 허비하기도 했다.

런던에서의 1박이 가장 충격적이었다. 2층 전체를 빌렸다고 생각했는데 실제 예약은 방 하나뿐이었다. 여기까지는 사전 확인을 철저히 하지 못한 실수였다고 하자. 그런데 바로 옆방에 기거하면서 에어비앤비에 방을 올린 세입자는 내가 도착하자마자 노골적으로 실망한 기색을 드러냈다. 나중에야 그 이유를 알았다. 예약자가 여성(회사 직원이었다)이라는 사실을 사전에 페이스북으로 확인한 그가 한국에서 온 젊은 여성들과 어울릴 거라고 잔뜩 기대했던 모양이다. 그 경우를 대비해 밤늦게 친구들을 부른 것 같았다. 그 일로 그날 밤은 뜬눈으로 지새다시피 했다. 모험을 추구하는 젊은 세대에게는 에어비앤비 같은 숙박 공유가 지속적인 환상 상품으로 남을 수도 있을 것이다. 특히 합리적인 가격으로 모험을 경험하고자 하는 이들이라면 말이다.

호텔 업계의 새로운 환상 상품 후보 중 하나는 온라인 여행사(OTA Online Travel Agency)다. 주요 호텔 객실을 싼값에 대량으로 사들여 온라인으로 파는 업체다. 소비자 입장에서는 컴퓨터나 스마트폰으로 원하는 지역 주요 호텔 대부분을 가격 비교까지 하며 검색할 수 있다는 점이 가장 매력적이다. 이전까지만 하더라도 주요 호텔로 각기 전화를 걸거나 각 호텔 사이트를 돌아다니며 비교해야만 했다.

호텔 업계에는 이 비즈니스 모델이 장기적으로 더 큰 위협이 될지도 모른다. 세계적인 체인조차 이제는 익스피디아나 아고다, 프라이스라인 같은 OTA에 10퍼센트 이상 객실을, 10퍼센트 이상 수수료를 지급하며 팔고 있다. OTA의 협상력이 높아지면서 이 수치는 점점 더 높아지고 있다. 장기적으로 호텔 객실 마케팅이나 판매를 완전히 이들에게 위임해야 할지도 모른다는 것이 호텔의 고민이다.

이 비즈니스 모델도 환상 상품이라고 해야 할까? 가격 경쟁력이라는 요소 하나밖에 없다면 그렇다고 할 수 없다. 환상 상품에서 가격은 평범한 상품만큼 중요하지 않다. 엄청나게 싸든, 아주 비싸든 특정 요건만 충족하면 환상 상품 부류에 낄 수 있다. 즉, 가격 외에 다른 매력 요소가 있느냐다. OTA는 가격보다도 훨씬 중요한 편리함이 있기에 젊은 세대의 모험 가이드 역을 상당 기간 지속할 수 있을 것이다.

부티크 호텔 창시자 이안 슈레거는 맨해튼 로어 이스트사이드에 객실 170개의 스타일리시하고 럭셔리한 퍼블릭뉴욕(Public N.Y.)이라는 호텔을 몇 년 전 개장했다. 기존 부티크 호텔과 다른 점은 객실료, 1박에 약 15만 원 정도 한다. 슈레거가 내건 슬로건은 '모두를 위한 럭셔리(luxury for all)'. 역시 그는 거의 본능적으로 환상 상품을 이해하고 이를 전략적으로 활용하는 호텔 업계의 혁신가다.

평점과 순위 문화가 만드는 기현상

소비자는 지나치게 많은 선택 앞에 놓이면 오히려 힘들어한다는 사실은 이제 널리 알려져 있다. 더 많은 선택이 소비자의 심리를 혹사시키고 기회비용만 떠올리게 한다. 2004년 미국 스워스모어대학의 배리 슈워츠 교수가 『선택의 패러독스』라는 베스트셀러를 펴낸 후 이는 정설이 되었다. 그에 따르면 선택은 소비자를 자유롭게 하는 것이 아니라 쇠약하게 한다. 심지어 학대한다고 할 수 있다. 슈워츠 교수가 지나치게 선택 폭이 넓어지는 오늘날의 소비자 환경을 지적한 후 관련 연구가 잇따랐다.

미국 컬럼비아대학 쉬나 아이엔가 교수는 각기 다른 환경에서 잼을 고를 때의 소비자 행동을 면밀히 관찰했다. 6개의 잼이 진열된 매대에서는 소비자의 약 30퍼센트가 잼을 구입했다. 반면 24개가 있는 곳에서는 소비자의 3퍼센트만 구입했다. 이런 통찰은 소비자 심리학자뿐만 아니라 기업에게 많은 과제를 안겼다. 이들은 각 상품마다 다른 최적의 선택 개수를 파악하려고 노력 중이다. 만일 소비자가 만족할 최적의 수준을 찾아낼 수 있다면? 실제로 미국의 대표적 소비재 기업인 P&G는 이런 연구 흐름에 따라 자사 샴푸 제품인 헤더앤숄더의 가짓수를 기존의 26개에서 15개로 줄인 적이 있다. 이 분야 매출은 즉각 10퍼센트가 올랐다.

슈워츠 교수를 포함해 소비자 심리학자들은 선택에 대한 대응을 두고 소비자 유형을 구분하기도 했다. 예를 들어 어떤 사람은 자신이 선택할 수 있는 대안에 대해 평가하고 순위를 매기는 일을 극한까지 밀어붙인다. 내 주변에도 이런 부류가 적지 않다. 이들은 맛집에 대해 나름의 리스트를 만들고 주기적으로 업데이트하기도 한다. 반면 그들보다 훨씬 덜 엄격한 기준이나 목표를 추구하는 사람도 있다. 식당 선택의 비유를 들자면 몇 개의 괜찮은 식당을 염두에 두고 선택에 큰 의미를 부여하지 않는다. 전자는 극대화론자(maximizer), 후자는 만족추구자(satisficer)라고 한다.

심리학자들은 소비자의 선택과 관련한 새로운 유형이 생각하는 것보다 훨씬 많다는 사실을 확인 중이다. 평가나 순위 자체에 큰 의미를 두지 않는 부류다. 이들은 특별한 기준 없이 선택한다. 익숙하다는 이유로, 편하다는 이유로 고른다. 이들은 이미 특정한 선택에 정착했다는 점에서 정착민(settler)이라고 부르자. 점심시간에 맛집을 찾고 예약하는 번거로움을 피해 늘 가던 곳을 간다. 동료들의 강권으로 맛집을 찾더라도 줄이 길면 옆 식당으로 향한다. 이들은 수많은 대안 가운데 선택하는 일을 기본적으로 고통이라고 보는 반면, 극대화론자들은 쾌락이라고 여긴다. 아마 극대화론자들은 맛집의 줄이 얼마나 길든지 상관없이 기꺼이 견딜 것이다. 늘어선 줄 가운데 선 자신의 인증샷까지 찍으며 말이다.

어떤 유행이 가장 경제적인지는 단언하기 어렵다. 평가와 순위에 익숙한 극대화론자들은 의사결정에 익숙하고 능통하다. 하지만 선택에 지나치게 많은 시간과 비용을 써야 할지 모른다. 심리적으로 행복감을 느끼는 데 우열을 가리기도 쉽지 않다. 극대화론자들은 후회할 일이 적을지는 모르지만 우연히 멋진 상품을 만나는 행복감은 누리기 힘들다.

상품을 내놓는 판매자 입장에서 소비자 유형에 따라 접근법이 달라야 한다는 점은 분명하다. 예를 들어 극대화론자들은 상품 간의 경쟁력을 극한까지 따진다. 정착민은 그저 익숙한 상품을 고른다. 이 두 부류는 서로 다른 마케팅이 필수다. 이는 경영학에서 말하는 비교 우위와 축적 우위(cumulative advantage)라는 개념으로 새로운 개념인 축적 우위에 대해서는 뒤에서 자세히 다룬다.

선택지는 무한대 가까이 넓어지는 반면 선택에 따르는 시간과 비용은 한정된 상황에서 이를 해결할 수 있는 문화가 온라인과 소셜미디어에 등장했다. 바로 평점과 순위 문화다. 인터넷 등장 이전에도 평가나 순위는 있었다. 지금은 우리나라 언론을 포함해 전 세계 미디어가 진행하는 대학 평가를 미국의 시사 주간지 〈유에스 뉴스 앤 월드 리포트〉는 1985년에 시작했다. 물론 첫 평가 및 순위 시도로 하버드, 예일, 프린스턴 대학을 뽑아 다른 미디어나 대학은 물론 대중의 관심을 끄는 데 실패했다. 그 후 많은 미디어에서 비슷한 시도를 할 때마다 대학뿐만 아니라 병원, 지자체, 소비재 상품 등 많은 분야에서 논란을 불러일으켰다. 그것이 미디어 업계가 바라던 바다.

평가와 순위 문화를 일반화시킨 결정적인 요인은 역시 인터넷 확산이다. 소비자가 선택할 수 있는 옵션이 늘어난 데다 온라인으로 누구나 쉽게 평가에 참여하고 순위를 확인할 수 있게 되자 거의 모든 분야에서 평가와 순위가 매겨졌다. 객관적인 상품을 떠나 주관적인 이슈, 예를 들어 은퇴하기 좋은 나이나 30대 이후 살기 좋은 도시 같은 문제에도 평가와 순위를 일관되게 적용한다. 맛집을 평가하고 순위를 매긴 리스트는 과연 모든 사람이 공유하고 공감할 만한 가치를 가진 것일까? 질문에 대한 답은 다양할 수 있지만 요즘은 온라인이나 소셜 미디어를 통해 정리된 리스트를 누구든지 확인할 수 있고 이를 식당 선택의 기준으로 삼는다. 그래서 이 평가와 순위에서 상위권에 든다는 이유만으로 현실에서는 환상 상품이 되는 특권을 누린다.

경제적 혹은 합리적 행동의 함정

2007년 1월 스티브 잡스가 아이폰 출시를 예고했다. 신상품을 내

놓을 때마다 늘 그랬듯 그는 수천 명의 청중 앞에 섰다. 잡스는 향후 등장할 세 가지 혁신 상품에 대해 발표했다. 터치스크린 방식을 적용한 아이팟과 혁명적 휴대폰, 획기적으로 개선된 인터넷 액세스 등 세 가지를 설명했다. 그리고 세 가지 혁신 기능을 모두 합친 것이 아이폰이라는 결론도 빠뜨리지 않았다.

전문가도 고개를 갸우뚱한 아이폰의 성공

스티브 잡스가 신제품 발표회를 한 샌프란시스코 모스코네센터 내부의 열렬한 반응과는 달리 외부에서는 애플의 신제품에 대해 반신반의하는 분위기가 역력했다. 일부는 성공 가능성을 일축했다. 이들의 전망과 달리 아이폰이 반세기 동안 당시까지 나온 전자 기기 가운데 가장 수익성이 높은 제품으로 판명되는 바람에 그들의 틀린 예측은 전설이 되었다. 가장 유명한 두 가지 예측 실패를 살펴보자.

당시 마이크로소프트의 CEO 스티브 발머는 개당 50만 원 이상 하는 기기의 가격을 문제 삼았다. "아이폰이 의미 있는 시장점유율을 차지할 가능성은 없습니다. 절대 없습니다." 광고대행사 유니버설맥켄은 발머보다 더욱 논리적인 근거를 가지고 같은 결론에 도달한 블록버스터급 분석 보고서를 내놓기도 했다. 이 회사는 세계 각국의 소비자를 대상으로 이런 복합 기능을 가진 제품을 살 의향이 있는지 조사했다. 멕시코나 말레이시아, 인도네시아 소비자는 비교적 구매 의향이 높았지만 미국이나 독일, 유럽 같은 선진국 소비자는 구매 의향이 낮았다. 두 지역의 평균 구매 의향은 각각 70퍼센트와 30퍼센트다.

선진국 소비자는 각 기능별로 특화된 품질의 제품을 원하는 것으로 보였다. 전문가들이 즐길 정도의 카메라나 오디오, 휴대폰 같은 것 말이다. 서구 사회에서는 만병통치약식의 기능 일체형 제품에 대해 경멸하고 조롱하는 분위기가 존재했다. 무엇인가 전문성이 떨어지는 얼치기라는 식의 인식이다. 지금은 선정적인 황색 저널리즘을 뜻하는 타블로이드라는 말도 원래는 한 알로 모든 병을 고칠 수 있다고 주장하던 알약에서 유래한 것이다.

분석 책임자였던 팀 스미스는 혁신에 대한, 환상 상품에 대한 몰이해를 상징하는 말을 내뱉고 말았다. "사실 요약하자면 융합(올인원 기기)은 영감이 아니라 호주머니 사정에 좌우되는 타협안이다." 그를 포함한 시장 전문가들이 몰랐던 것은 바로 이 말의 이면이다. 외형적으로 사람들은 호주머니 사정에 큰 영향을 받는 것처럼 보인다. 경제적 혹은 합리적 행동이라고 불리는 모든 것이 그렇다. 그러나 사람들은 예측대로 움직이지 않는다. 팀 스미스가 말한 영감, 본능, 욕망, 직관 등 이름이야 무엇이든 간에 그것에 따라 사람들은 내키는 대로 할 때가 있다. 현대 경제생활에서는 소비만이 그 사람이 가진 감성을 가장 잘 보여주고 이 부분은 점점 더 큰 영역을 차지하기 시작했다. 팀 스미스가 몰랐던 것은 이런 새로운 흐름이다.

아이폰은 전례 없는 기능 일체형 혁신 상품이다. 나오기 전까지는 누구도 기능은 물론 품질, 실용성, 혁신성에 대해 짐작조차 할 수 없었다. 처음 소수 마니아층에서 아이폰의 인기가 확산되자 가격은 아예 문제가 되지 않았다. 기능 일체형이란 점도 단점이 아니라 오히려 장점으로 부각됐다. 대중의 환상을 채우자 경제적이고 합리적인 요인은 뒷전으로 물러났다. 물론 시리즈가 거듭될수록 고가와 혁신성 부재 논란에 시달리고 있긴 하다. 하지만 소비와 관련된 단순한 진실은 사람들이 환상이라는 충동과 본능, 직관의 영향을 크게 받는다는 것뿐이다. 아이폰은 이를 가장 잘 보여주는 예다.

어떻게 팔아야 소비자의 환상에 가까워질까?

글로벌 금융 위기 이후 장기 침체가 이어졌다. 그 후 코로나19가 전 세계를 덮쳤다. 이 암울한 기간 동안 전 지구적 차원에서 벌어진 유동성 공급 정책이 마치 산소호흡기처럼 소비경제를 연명시켰다. 하지만 사람들은 어려운 여건에서도 무엇인가 감성적이고 의미 있는 것을 사는 것으로 위안 삼으려 들었다. 주머니 사정은 나빠지는 데 무엇인가를 사는 것은 가장 중요한 일상이 되었다. 멋진 상품을 잘 사는 것이 최고로 흥분되는 일이 되었다.

무엇인가를 팔려는 사람이라면 먼저 자문해야 할 일이 있다. 손수건을 팔 것인가, 포켓스퀘어를 팔 것인가? 둘은 아무런 차이가 없어 보여도 완전히 다른 상품이다. 특히 이미지와 가격, 부가가치 면에서 천양지차다. 전자는 품질과 실용성으로 소비하는 현실적인 제품인 반면 후자는 이미지로 소비하는 환상 상품이다.

손수건은 현실에서 얼룩이나 오물, 콧물을 닦는 제품이다. 손수건을 집어 들면 당장 그 생각부터 떠오른다. 포켓스퀘어는 실용적인 목적이 분명하지 않다. 대신 남성이 자신의 패션을 완성한다는 환상과 관련이 깊은 상품이다. 그들은 잘 차려입고 거울 앞에 서서 포켓스퀘어를 상의 바깥 주머니에 꽂을 것인지 말 것인지 고민한다. 꽂는다면 어떤 스타일로 할 것인지 고민한다. 그 순간만큼은 자신이 대단한 패셔니스타라거나 자신의 외모가 빼어나다는 환상을 즐기기도 한다.

현실을 파는 상품과 환상을 파는 상품은 어디에서 차이가 날까? 어떻게 팔아야 소비자의 특정한 환상에 더욱 가까이 다가갈 수 있을까? 오래전부터 이런 의문을 가지고 답을 찾은 기업과 브랜드, 경영자의 사례를 따라가 보자.

화장품이 아니라 희망을 파는 화장품 회사

미국 화장품 브랜드 레블론(Levlon)의 공동 창업주 가운데 한 명인 찰스 레브슨(Charles Levson)은 직설적이고 공격적인 인물이었다. 그는 미국이 전례 없는 경제적 대재앙에 빠져 있던 1932년 동생 조셉 레브슨과 화학자인 찰스 래치먼(Charles Lachman)과 함께 회사를 세웠다. 회사 이름이 레브슨이 아니라 레블론이 된 것은 동업자를 설득하기 위해 자신의 S 대신 래치먼의 L로 대체했기 때문이었다. 그는 매니큐어와 페디큐어로 출발해 립스틱을 추가하고 공격적인 인수 합병을 통해 미국의 5대 화장품 회사로 떠올랐다. 제2차 세계대전 후 60년대를 거치면서 세계적인 기업으로 성장했다.

레브슨은 자신의 회사를 완벽하게 장악하고 통제해야 직성이 풀리는 성격이었다. 1950년대 중반부터 회사는 〈6만 4,000달러짜리 질문($64,000 Question)〉이라는 퀴즈 쇼를 후원해 브랜드를 알리고 매출을 늘렸다. 그 과정에서 그는 프로그램의 시청률을 유지하고 자사 마케팅에 도움이 돼야 한다는 이유로 퀴즈 쇼의 질문과 결과에 직접 압력을 가하기 시작했다. 질문을 하나하나 검토했으며 필요하다면 흥미로운 결과를 유도하기 위해 사전 유출도 서슴지 않았다. 이는 훗날 내부 폭로로 이어져 대형 퀴즈 쇼 스캔들로 비화되기도 했다. 레브슨은 간신히 위기를 모면했지만 쇼의 총괄 제작자는 의회 청문회에서 증언해야만 했다. 찰스 레브슨은 스스로도 자신의 독선적 성격을 인정하는 말을 곧잘 했다.

"이보게, 젊은 친구들. 난 개자식(bastard)이 돼서 이 사업을 일궜다네. 개자식처럼 경영했고. 난 언제나 개자식이었어. 누가 나를 바꾸려고 하는 것을 원치도 않는다네."

그런 레브슨이 마케팅사에 길이 남을 흔적을 남긴 것은 마케팅이 해야 할 본질적인 임무를 본능적으로 파악하고 있었다는 사실 때문이다. 바로 자신의 회사가 무엇을 파는지를 깨닫는 것이다. 레브슨은 종종 이렇게 말하곤 했다. "우리는 공장에서 화장품을 만들지만 매장에서는 희망을 팝니다."

상품이 손발톱 광택제와 립스틱밖에 없던 시절에도 레브슨은 매년 두 번씩 가장 최근의 패션 트렌드에 발맞춘 상품을 선보였다. 그는 당시 대부분의 소비자가 최신 유행을 따라잡을 형편이 안 된다는 것을 알아차렸다. 그렇다면 얼마 안 되는 돈을 들여 광택제나 립스틱을 사는 것만으로도 그렇게 하고 있다는 심리적 만족감을 주어야 했다. 여성 소비자는 화장품을 통해 자신이 패셔너블하고 트렌디하다고 느끼길 원했다. 그들은 새로 유행한다는 빨강 립스틱의 실제 색조에 엄청난 매력을 느껴서 사는 것이 아니다. 자신이 섹시하면서도 감각 있다는 것을 확인하고 싶었을 뿐이다.

여성 소비자의 환상에 대한 레브슨의 직관적 통찰력은 회사가 글로벌 기업으로 성장하던 1960년대에 빛을 발했다. 1962년 일본과 프랑스, 이탈리아 등지로 진출할 때 그는 획기적인 광고 전략을 선택했다. 당시 대부분의 다국적 소비재 기업은 현지에 진출할 때 그 나라의 대표 모델을 기용해서 광고를 만들었다. 현지화가 다국적기업 마케팅의 정석이던 시절이다. 1962년 레블론이 일본에 진출할 때 회사는 일본 소비자는 미국 여성 모델을 더 선호한다는 것을 알게 되었다. 찰스 레브슨은 광고를 일본 현지 모델로 교체하는 대신 미국 여배우 모델을 그대로 쓰기로 결정했다.

제2차 세계대전 승전국인 미국은 1960년대 군사적으로뿐만 아니라 경제적으로도 세계를 지배했다. 할리우드 영화 산업이 전 세계를 파고들었다. 바야흐로 아메리칸 룩(American Look)이 맹위를 떨치기 시작하던 참이다. 레블론은 미국 대표 여배우를 모델로 기용하는 광고를 고수했고 이는 시대적 배경과 맞물려 대성공을 거두었다.

훗날 레브슨의 대공황기 성공은 작은 사치(small luxury)로 알려진다. 경기 침체로 사람들이 소비를 줄여야 함에도 불구하고 크지 않은 지출로 쓰고 싶다는 욕망을 채워 줄 수 있는 상품에는 소비자가 기꺼이 지갑을 연다는 가설이다. 또 다른 화장품 다국적기업인 엘리자베스 아덴의 CEO 레너드 로더는 9·11 테러 이후 자사 립스틱 매출이 오히려 두 배 가까이 늘었다고 주장하면서 경제와 립스틱 매출의 상관관계를 밝히는 립스틱 지수를 발표하기도 했다. 흥미로운 것은 이 회사의 창업주 엘리자베스 아덴 역시 찰스 레브슨처럼 자신들이 파는 것은 화장품이 아니라 여성의 환상이라고 주장했던 인물이라는 점이다.

대공황보다 충격은 덜할지 몰라도 기간에서 그에 못지않게 긴 대침체기에도 사람들의 소비 성향은 작은 사치 혹은 립스틱 효과에 머물러 있지 않았다. 무리해서 고가의 사치품을 소비하는 것은 물론, 환상을 자극하는 상품을 좇는 분야가 화장품에만 국한되지도 않았다. 레블론이나 엘리자베스 아덴 마케팅 모델이 전방위적으로 확산되었다. 극소수를 제외한 대부분은 성공을 예상하지 못했고 전문가일수록 실패를 장담했던 아이폰이 환상 상품의 좋은 예다.

많은 경영자에서 자영업자까지, 무엇인가를 팔려는 사람들은 자신이 팔고자 하는 것을 단순한 상품, 그러니까 물건으로 간주하는 경향이 강하다. 이때 이들은 자신들이 진짜로 무엇을 파는지, 팔아야 하는지를 망각한다. 마케팅은 밋밋해지고 창의력은 고갈된다. 한마디로 보통 상품을 파는 다른 경쟁자와 조금도 다를 바 없다. 이 시점이 바로 당신이 대중의 환상을 자극해 성공을 거둔 환상적인 이야기, 환상

동화(fairy tale)를 염두에 두어야 할 때다.

사치품은 곧 필수품이 된다

유발 하라리는 더 나은 소비에 대한 집착을 진화라는 개념으로 설명한다. 그는 현생인류가 채집 수렵 단계에서 농경 사회로 바뀐 혁명적 변화를 인류가 더 진보하고 문명화됐다고만 볼 일은 아니라고 지적한다. 특히 개개인의 삶의 질이라는 면에서는 오히려 크게 후퇴했다고 주장한다. 다만 농업혁명으로 개체 수가 크게 증가해 인류 전체가 진화라는 관점에서 성공적이었을 뿐이다. 현대 문명사회로 접어들고 소비문화가 찬란하게 꽃피는 것 또한 마찬가지라고 본다.

"좀 더 쉬운 삶을 추구한 결과 더 어렵게 돼 버린 셈이고 이것(농업혁명)이 마지막도 아니다. 오늘날 우리에게도 똑같은 일이 벌어지고 있다. 대학을 졸업한 젊은이 가운데 상당수는 돈을 많이 벌어 35세에 은퇴해서 진짜 자신이 원하는 것을 하겠다고 다짐하면서도 유수 회사에 들어가 힘들게 일한다. 하지만 막상 그 나이가 되면 거액의 주택 융자, 학교에 다니는 자녀, 적어도 두 대의 차가 있어야 하는 교외의 집, 정말 좋은 와인과 해외여행이 없다면 삶은 살 만한 가치가 없다고 느끼게 된다. 이들은 이제 무엇을 어떻게 할까? 이들은 노력을 배가해서 노예 같은 노동을 계속한다."

하라리는 사람들에게 한때의 사치품은 곧 필수품이 되고 그로 인해 새로운 의무가 생겨나는 역사적 경향성이 있다고 본다. 그는 이를 '사치품의 함정'이라고 부른다. 사치품에 대한 이 언급은 환상 상품에도 그대로 적용될 것이다. 새로운 것을 꿈꾸는 것은 인간 본능의 일부고 그것을 채우기 위해 그것이 인류 전체나 미래에 초래할 영향을 고려하지 않는 것은 인간 역사의 전부다. 사람들에게 환상 그 자체가 된 상품은 어느 시대에나 있었다. 그것을 쫓는 인간들은 마치 중독된 것처럼 새로운 환상 상품을 목록에 추가했다. 심리적 만족감을 위해 실제로는 비참해지는 일이 벌어지더라도 말이다.

미식과 쇼핑 열기는 식지 않는다

10여 년 전 들렀던 유럽을 대표하는 두 관광지에는 글로벌 금융 위기의 상흔이 여전했다. 스페인의 산세바스티안과 프랑스의 생트로페. 두 곳 모두 부유한 관광객이 오래 머무르면서 미식에 탐닉하거나 쇼핑에 빠져드는 소규모 도시다. 성수기인 봄과 여름에 들렀는데도 둘 다 관광객 수가 줄어 한산하다는 느낌이 들었다. 금융 위기 이후 관광객은 지속적으로 줄었다. 당시에는 러시아 관광객마저 아예 끊기다시피 했다. 그 무렵 몇 년간 석유와 천연가스 가격 급락으로 인해 생긴 러시아 경제 위기의 여파다. 석유와 천연가스 수출은 러시아 재정수입의 절반을 넘는다. 얼마 전까지 러시아인들은 가족 단위로 두 지역에 몰려들어 소규모 레스토랑을 전부 차지하거나 진열대에 전시된 옷을 한꺼번에 사들이곤 했다. 일부 미슐랭 스타 레스토랑은 러시아 관광객의 예약을 제한하거나 보증금을 걸게 할 정도였다.

산세바스티안에 막 도착했을 때는 이곳을 향해 출발할 때의 이런 짐작이 맞다고 생각했다. 길거리 매대나 인근 식당은 한산했다. 이름 난 레스토랑 몇 곳에 예약을 하고 출발했는데 괜한 짓을 했다는 생각마저 들었다. 하지만 파인 다이닝(fine dining 멋지고 비싼 정찬 중심) 레스토랑에 들어서자 분위기가 완연히 달랐다. 스페인뿐만 아니라 전 세계에서도 미슐랭 스타 레스토랑이 가장 많이 밀집한 이곳에서 예약 없이 출입할 수 있는 곳은 전혀 없었다.

미식 도시 산세바스티안뿐만이 아니다. 쇼핑 도시 생트로페 역시 마찬가지였다. 독특한 디자인과 화려한 색상의 보헤미안 스타일 부티크로 유명한 이곳은 글로벌 금융 위기와 러시아 경제 위기 여파 외에도 2015년 인근 리비에라 테러 때문에 타격이 더 컸다. 하지만 이름 난 부티크와 카페는 여전히 발 디딜 틈이 없었다. 이런 숍의 공통점은 산세바스티안의 인기 있는 레스토랑과 다를 바 없었다. 대부분의 매장이나 식당이 겪는 경기 침체의 영향에서 완전히 벗어나 있었다. 세계 다른 지역과 마찬가지로 경기 침체의 직격탄을 맞은 곳과 잘되는 곳의 격차가 더 뚜렷해지고 있었다. 한 번 둘러보기만 해도 두 곳의 경계를 한눈에 간파할 수 있었다. 잘되는 지역의 특징은 이곳이 아니라면 구하거나 경험할 수 없는 것을 갖추었다는 점이다. 산세바스티안은 미슐랭 스타급 파인 다이닝, 생트로페는 보헤미안 스타일이라는 환상 상품을 구비하고 있었다.

무엇인가 벌어지고 있다. 대공황 이래 최장의 경기 침체기인 대침체기라서 발생하는 소비 형태라고 설명하기에는 어려운 현상이 벌어지고 있다. 일상적인 소비를 줄이는 대신 어떤 소비만큼은 거꾸로 크게 늘어나고 있다. 소비가 몇몇 분야와 상품에 집중되고 있다. 소비 위축의 대상인지 집중 대상인지에 따라 기업과 브랜드, 상품은 극단적으로 양극화되고 있다. 소비 위축에서 소비 집중과 양극화로 말이다. 금융 위기가 시작된 10여 년 전부터 보편화된 지르다나 지름신이라는 말은 이런 현상의 대표적인 모습이다.

외식에 비유해 보자. 경기가 어려워진 후 열 번 외식하던 것이 서너 번으로 줄었다. 여느 경기 침체기처럼 소비가 위축된 것은 분명하다. 하지만 외식의 양상 자체는 크게 달라졌다. 기왕에 외식하기로 한 이상 제대로 해야 한다. 가능하면 이름난 식당이나 특별한 레스토랑을 찾는다. 여기에 드는 비용이나 노력에는 크게 개의치 않는다.

소비 집중과 양극화는 소셜미디어의 유행과 정보통신 기술의 발달, 새로운 소비 주역의 등장에서 비롯됐다. 이때 소비 양극화는 우리가 알고 있는 소득 양극화와 약간 차이가 있다. 소비가 집중되는 분야는 평범한 상품이 아니라 특별한 상품이다. 이 분야에서는 소득에 걸맞은 소비를 하지 않는다. 다소 능력이 못 미치더라도 자신의 환상을 채우기 위해 더 높은 소득 수준의 소비를 따르거나 심지어 선도하려 든다. 소비 집중은 소비 양극화의 한 단면으로 전 계층에 걸쳐 소비에 대한 욕구가 특정 상품을 향하는 현상을 말한다. 이 책에서 환상 상품이라고 부르는 그런 소비 대상 말이다.

신귀족주의적 감상을 환기시키는 소비 지상주의

소비 집중과 양극화는 단순히 대침체기 소비 현상만은 아니다. 그보다는 포스트 공산주의 혹은 후기 자본주의 시대 소비에 대한 인식 전환과 관련이 깊다. 소비의 본질이나 양태가 당초 철학자나 전문가의 예상과 달라지고 있다는 지적은 진작부터 있었다.

1987년 영국의 저명한 사회학자인 콜린 캠벨(Colin Campbell)은 현대사회 문화사에 대한 새로운 해석을 제시한 기념비적 저작인『낭만주의 윤리와 근대 소비주의 정신』에서 소비가 모든 삶의 최우선 가치가 된 상황을 묘사했다. "성당은 백화점이 되었다. 백화점은 소비 지상주의 사원에서 예배를 보도록 유혹한다."(『낭만주의 윤리와 근대 소비주의 정신』, 콜린 캠벨, 나남) 그는 현대인의 소비 패턴에서 핵심 요소를 유행과 고상함에 대한 집착으로 꼽고 서구 문명사에서 그 연원을 찾았다. 이는 막스 베버가『프로테스탄트 윤리와 자본주의 정신』에서 지적한 근검절약의 원리와는 크게 다른 양상이다.

니체와 하이데거 이후 독일을 대표하는 철학자이자 사상가인 페터 슬로터다이크(Peter Sloterdijk) 역시 소비의 본질이 오늘날에 이르러 크게 바뀌었다고 주장한다.

"소비라는 것은 인생의 상당 부분을 빚 갚는 데 바쳐야 할 위험이 있음에도 불구하고 신용을 기반으로 한 쾌락 상승 게임에 동참하려는 구성원의 자발적 의지를 말한다. 소비 지상주의 라이프스타일의 비밀은 참가자로 하여금 럭셔리와 사치를 완벽하게 추구하는 신귀족주의적 감상을 환기시키는 데 있다. 자본주의하에서 귀족이란 자신이 최고의 대접을 받을 가치가 있음을 알리기 위해 굳이 성찰하지 않아도 되는 존재다."(『분노는 세상을 어떻게 지배했는가』, 페터 슬로터다이크, 이야기가있는집, p.367)

당신에게 주어진 특권을 과시하라

요즘 소비자라면 누구도 빠짐없이 자신만 예외적인 존재라는 것을 인정받고 싶어 하는 욕구를 가지고 있다. 그런 환상을 위해서라면 소득이나 능력과 무관하게 일단 소비하고 싶어 한다. 더 많은 만족을 얻기 위해 더 특별한 환상을 추구한다. 비록 그것이 초래할 결과가 빚뿐이라고 해도 말이다. 이때 만족을 추구하는 중요한 방법이 자신이 특별한 대접을 받고 있다는 사실을 널리 알리는 것이다. 즉 특권을 주변에 적극적으로 과시한다.

"소비 지상주의가 진보된 영역에서 사랑과 욕망, 탐닉은 가장 중요한 시민의 의무다. '그대에게 주어지는 것은 무엇이건 욕망의 대상으로 갈구하고 즐기라'는 것이다. 전통적인 숨김의 규칙과는 정반대로 자신을 내보이고 개인적 쾌락을 공개적으로 과시하는 것을 규범의 수준으로까지 상승시키는 것이다. '너의 욕망을 비밀로 하지 말지어다!' 시각성을 위한 경쟁은 상품과 돈, 지식, 스포츠와 예술의 세계에서 구성원의 질투심을 불러일으키기 위해 기획되는 것이다."(『분노는

세상을 어떻게 지배했는가』, 페터 슬로터다이크, 이야기가있는집, p.373)

취향도 선호도 세계화된다

2016년 2월 슈퍼볼이 캘리포니아주 산타클라라 리바이스 스타디움에서 열렸다. 내셔널 풋볼 콘퍼런스(NFC) 챔피언 캐롤라이나 팬서스와 아메리칸 풋볼 콘퍼런스(AFC) 챔피언 덴버 브롱코스의 대결이었다. 슈퍼볼은 미국의 최대 단일 스포츠 이벤트이고 순간 TV 시청자가 가장 많은 세계 최고 생방송 프로그램이다. 대개 1억 명 이상이 중계를 지켜본다. 생중계 중간 광고는 초당 광고료가 가장 비싸고 하프타임 공연에 전 세계 이목이 집중되는 것은 너무나 당연하다.

비욘세를 동원한 사상 최고의 광고

2016년 슈퍼볼에서는 경기나 광고, 공연 못지않게 관심을 끈 커다란 이벤트가 벌어졌다. 누적 관객 수는 슈퍼볼 경기를 압도했다. 하프타임 공연을 하러 이 지역에 들른 팝스타 비욘세가 자신의 소셜미디어에 일주일간의 체류기를 올렸던 것이다. 특히 그녀가 묵었던 로스 알토스 지역의 집이 네티즌의 눈길을 사로잡았다. 전 세계 숙박 네트워크인 에어비앤비를 통해 구한 집은 5개의 침실과 수영장은 물론 체육관과 게임 룸, 바, 옥상정원 등이 갖추어져 있었다. 심지어 신선한 달걀을 섭취하라고 닭장까지 있는 완벽한 집이었다. 비욘세는 자신의 인스타그램에 이곳에서 보낸 슈퍼볼 시즌을 두고 '슈퍼 주말!'이라고 재치 있게 묘사했다.

실제로 에어비앤비에 올라온 이 집의 추정 하룻밤 숙박료는 약 1,000만 원. 물론 에어비앤비 마케팅 일환으로 진행된 이벤트에서 비욘세가 진짜로 숙박료를 지불했을 것 같지는 않다. 이 일로 분명해진 사실은 지구촌 수많은 소셜미디어 이용자가 모두 그 화려한 저택에서 머무는 꿈을 꿀 것이라는 점이다. 초창기의 세계여행처럼 귀족이나 지식인끼리 알음알음 저택 주인을 소개 받고 집을 빌리는 번거로운 과정이 필요 없어졌다. 거액의 숙박료만 있다면 누구든 온라인으로 예약하여 비욘세가 숙박한 대저택에 머물 수 있다. 현대판 귀족이라고 할 최상류층에게는 현실에 가깝지만 중산층이나 서민에게는 쉽게 이룰 수 없는 꿈이라는 정도의 차이가 있을 뿐이다.

스타벅스, 중국과 이탈리아에서도 통하다

1983년 하워드 슐츠가 이탈리아 밀라노에서 열린 무역 박람회에 참석했을 때 그는 4개 점포를 거느린 스타벅스의 마케팅 부장이었다. 그곳에서 슐츠는 이탈리아 에스프레소 바에 완전히 매료되었다. 이탈리아 전역에 걸쳐 무려 15만 개나 있는 그곳 커피는 다른 나라의 커피숍 커피에 비해 훨씬 더 풍미나 맛이 좋았다. 증기가 피어오르는 에스프레소 기계 앞에서 바리스타가 팔을 걷어붙이고 커피를 추출하고 젊은 고객들은 그곳에 앉아 여유를 즐기는 분위기나 문화도 멋졌다. 한마디로 환상적이었다. 출장에서 돌아온 슐츠는 당시 스타벅스 오너에게 커피 로스터 중심의 지점을 이탈리아 에스프레소 바로 바꿀 것을 제안했다. 하지만 즉각 거절당했다.

4년 뒤 스타벅스가 매물로 나왔을 때 슐츠는 주변에서 40억 원가량을 끌어모아 이 브랜드를 사들였다. 그리고 4년 전 자신이 제안했던 대로 바꿨다. 그 후 스타벅스는 미국뿐만 아니라 전 세계 커피 문화를 한 단계 업그레이드시켰다는 평가를 받는다.

양적 성장이라는 측면에서만 보면 현재 스타벅스의 가장 큰 도전은 중국 시장이다. 중국은 미국에 이어 2위 시장이고 5,000여 개 점포에 5조 원이 넘는 매출액을 기록 중이다. 2000년 스타벅스가 중국 시장 진출을 결정했을 때부터 이렇게 공격적인 투자 계획을 가지고 있었던 것은 아니다. 오히려 반대였다. 커피보다 차 문화에 익숙한 중국인을 공략하는 것은 힘들 것이라는 전망이 많았다. 더욱이 자금성 내 스타벅스가 중국에서 큰 논란을 일으키고 철수했을 때는 아예 중국 진출이 가망 없어 보이기까지 했다. 그러나 중국인들, 특히 젊은 세대는 선조로부터 물려받은 차라는 전통 대신 커피를 즐길 태세가 되었다는 것이 이내 확인됐다. 스타벅스 자금성점을 대체했던 토종 루이싱 커피 성장세가 한때는 스타벅스를 앞지르기도 했지만 2022년 말 터진 분식 회계 사건으로 스타벅스는 다시 선두 자리를 탈환했다.

중국이 스타벅스의 양적 성장을 위한 목표라면 이탈리아는 질적 성장을 위해 반드시 공략해야 할 지역이다. 스타벅스가 에스프레소 커피 문화의 본고장인 이탈리아에서 인정받는다는 것은 특별한 의미가 있는 일이다. 스타벅스는 이탈리아 에스프레소 바에서 직접적인 영감을 받은 회사이자 브랜드다. 이탈리아 에스프레소 문화를 들여와 미국화해서 다시 이탈리아로 돌려준다고? 피자에서 스시까지 이런 일은 미국 기업이 가장 잘하는 일이지만 커피의 경우는 쉽지 않아 보였다. 1998년 하워드 슐츠는 미국 월간지 〈뉴요커〉에 그 일을 '에베레스트산에 오르는 일'에 비유하기도 했다.

2018년 이탈리아 밀라노에 스타벅스 1호점이 문을 열었을 때 전망은 비관적이었다. 유럽 대륙 다른 나라에 비해 스타벅스의 진출 시기가 늦어진 것 자체가 이탈리아에서의 성공을 확신하지 못했다는 뜻이기도 했다. 그만큼 이탈리아는 미국과 커피 문화가 달랐다. 우유가 든 커피 메뉴인 라테나 카푸치노는 스타벅스의 주력이지만 이탈리아는 오전에만 우유가 든 에스프레소를 마신다. 오전 외에는 주로 에스프레소를 마신다. 에스프레소 한 잔 가격도 평균 3,000원 미만이다. 이탈리아인들이 과연 적극적으로 프라푸치노를 사서 마실까? 하지만 밀라노의 유서 깊은 옛 우체국 건물에 세워진 프리미엄 에스프레소 바인 스타벅스 로스터리는 현재 이탈리아인은 물론 많은 관광객의 성원에 항상 북적거린다.

지금까지는 스타벅스 자신은 물론 증시 분석가들의 우려는 기우였던 것으로 확인되고 있다. 현재 이탈리아 스타벅스 점포는 지속적으로 늘고 있다. 지역이나 문화 차이에도 불구하고 세계화가 세계인의 취향과 선호를 비슷하게 만들어서 가능한 일이다. 상품과 소비에 대한 기대와 환상도 극적으로 통일되기 시작했다.

타인의 시선으로 자신을 들여다보는 인간

커뮤니케이션 전문가들을 괴롭히는 주요 문제는 사람들이 자신의 소셜미디어로 과연 무엇을 하는가였다. 그것은 그저 일상의 대화창을 옮겨 놓은 것에 불과한가? 다른 사람들과 의미 있는 관계를 맺고 싶어 하는 사람들이 자진해서 공개하는 일기장의 일부인가? 이도 저도 아니면 특별한 내용을 남다른 방식으로 나누는 신종 미디어인가? 미디어의 긍정적인 면뿐만 아니라 부정적인 면까지 아직 다 드러나지 않는 신종 미디어 말이다. 만일 그렇다면 캐나다 출신 미디어 전문가 마셜 매클루언(Marshall Mcluhan)이 했던 '미디어가 곧 메시지'라는 말이 소셜미디어에도 그대로 적용된다. 소셜미디어는 어떤 부류의 사람들이 특정한 메시지를 전파하는 공간이다.

최근 들어 진화하는 소셜미디어는 신종 미디어로서의 특성이 두드러진다. 사람들은 소셜미디어에서 일상 대화나 일기와는 다른 이야기를, 다른 방식으로 풀어낸다. 소셜미디어에서 회자된 이야기는 일상 대화 소재와는 좀 다르다. 이야기를 풀어내는 방식도 마찬가지다. 혼자만의 비밀을 간직하기 위한 일기와도 다르다. 다른 사람들을 다분히 의식한 글쓰기다. 일련의 연구 결과에 따르면 사람들은 다중을 상대로 기록을 올릴 때 가능하면 아름답고 화려하게 쓰려는 경향이 있다. 이럴 때는 기억마저 윤색된다. 이 점은 소셜미디어에 대한 비판의 핵심 근거다. 많은 사람들이 자신의 계정에 행복하고 멋진 순간만을 한껏 꾸며 올리는 바람에 이를 보는 많은 이용자가 상대적 불행을 느낀다는 것이다. 사실이나 진실 여부를 떠나서 자신의 정치적 의제나 소신을 올리는 것도 이렇게 꾸미는 행위의 일부다. 몇몇 문명 비평가들이 소셜미디어의 미래에 대해 비관하는 것도 이 때문이다.

탐색과 친교의 장, SNS

소셜미디어에서 각 개인의 활동은 총체적으로 자기표현이라고 할 만하다. 자신을 드러내되 이를 지켜보는 다수를 의식하며 노출한다. 그렇다면 소셜미디어 이용자들은 무엇을 위해 자기표현을 할까?

크게 두 가지 목적이 있다. 우선은 자신과 비슷한 부류를 골라내는 탐색(sorting) 과정이다. 친구 맺기라든가 팔로잉 하는 것 자체가 비슷한 부류끼리 뭉치게 한다. 그렇다고 끼리끼리만 어울리기 위해서 소셜미디어를 적극 활용하는 것은 아니다. 이용자들은 탐색 외에 친교(socializing) 활동에도 적극적이다. 물론 아무나 무작정 친하게 지내거나 어울린다는 것은 아니다. 자신의 관심사나 이해, 넓은 의미의 네트워크 안에 있는 사람들과 사교 활동을 한다.

소셜미디어에서의 자기표현과 그 목적인 탐색·친교에서 환상은 가장 강력한 소재다. 사람들을 하나로 묶어 주는 연결 고리다. 다중을 상대로 한 자기표현에서 그들을 혹하게 할 만한 것으로 대중의 환상만 한 것은 없다. 환상을 자극할 만한 소재를 극적으로 드러낸다는 점에서 이용자의 활동은 자기표현 가운데서 더 구체적으로 자기과시에 집중된다. 비슷한 환상을 공유하는 이를 찾아 그들과 직간접적인 관계를 맺으면서 더욱 가까워진다고 느낀다. 거꾸로 그 과정을 통해 자신의 환상 일부를 채웠다고 여기기도 한다.

남의 시선을 중시하는 본능

경제 · 경영의 흐름을 이해하기 위해서 유행하는 소셜미디어가 등장하면 초기에는 몰두해서 보는 편이다. 트위터나 페이스북, 인스타그램 모두 그랬다. 그전에는 블로그나 개인 홈페이지도 가끔 운영했다. 그러다 이내 그만두기를 반복했다. 한마디로 행복하지 않아서다. 소셜미디어 때문에 불행해지고 있다는 생각이 커졌다. 그곳은 환상의 세계지만 환상적이지만은 않았다. 거기서는 많은 사람들이 매일 멋진 식사를 즐겼고 파티를 하며 심지어 동네를 어슬렁거릴 때조차 완벽하게 차려입고 화장을 하는 것 같았다. 호주머니 사정쯤이야 좀처럼 신경 쓰지 않는 것 같았다. 그 환상의 세계에 현실을 비추어 보면 내가 조금 더 불행하게 느껴졌다.

누군가 자진해서 공개하는 일상이라도 분명 그들의 현실을 있는 그대로, 모두 보여주는 것은 아닐 것이다. 자신의 환상을 드러내는 가공의 세계이거나 현실의 극히 일부일 것이다. 그것을 온전히 현실을 드러내는 대화나 일기와 견줄 필요는 없다. 하지만 머리로는 분명히 논리가 이해되는데 가슴으로 그 사실을 선뜻 받아들이지 못했다. 그렇다면 그렇게 남들과 비교하고 평가하는 그 세계에 계속 머무를 이유가 없었다. 타인의 대화나 일기를 계속 들여다볼 필요도, 내 대화나 일기를 지속적으로 공개할 필요도 없다.

소셜미디어 공포증이라고 할 증상을 앓고 있는 사람이 나만은 아니었다. 주위의 많은 사람들이 같은 감정을 느꼈다. 심지어 소셜미디어 초기 열광했던 이들 가운데 일부도 이런 심리적 변화를 경험했다. 덴마크 코펜하겐에 있는 독립 싱크탱크 행복연구소(HRI)는 2015년 '페이스북 연구'라는 분석 결과를 내놓았다. 그들은 페이스북을 하는 성인 1,095명을 대상으로 절반은 중단하게 하고 절반은 이전처럼 계속하게 두었다. 이들의 행복감과 사회적 관계에 대한 만족도를 조사한 결과는 예상 밖이었다. 페이스북을 중단한 이들의 행복감이 증가하고 만족감이 높아졌다. 그들은 외로움이나 슬픔, 분노 같은 부정적 정서를 페이스북을 할 때보다 훨씬 덜 느꼈다.

소셜미디어는 환상 혹은 환상의 세계가 초래하는 폐해를 가장 잘 보여주는 공간이자 상품이다. 누구나 그 세계가 현실이 아니며 자신의 세계와 그곳을 비교하면 비참해지리라는 사실을 안다. 심지어 당장 그만두는 것이 낫다는 점도 잘 안다. 그런데도 대부분은 소셜미디어를 중단하지 않는다. 왜 그럴까?

인간의 심연에 존재하는 본능을 빼고는 설명할 수 없다. 심리학에 붉은 점 테스트(red dot test)라는 실험이 있다. 누군가 자는 동안 그의 이마에 붉은 점을 찍었다고 하자. 실험 대상자가 깬 후 거울을 보고 그 사실을 알았다면 그는 맨 먼저 이마를 문지를 것이다. 당연해 보이는 이 사실을 두고 의문을 제기한다. 모든 동물이 같은 상황에서 이마를 먼저 문지를까? 아니다. 대부분의 동물은 이마 대신 거울을 닦는다. 자신의 이마부터 손대는 동물은 극히 일부다. 침팬지나 돌고래, 그리고 인간 정도다. 이들의 공통점은 고도로 사회화된 동물이라는 것이다. 사회생활을 하는 동물들은 다른 존재에 자신이 어떻게 비치는지를 중시한다. 이런 동물들이 태어나면서부터 같은 반응을 보인다는 이야기는 남의 시선을 중시하는 본능이 오랜 진화 과정 속에서 유전자에 각인됐다는 의미다. 사회생활을 위해 자신만이 아니라 타인의 시선으로 자신을 들여다보게 될 줄 알았다는 것이다. 심지어 후자를 훨씬 더 중시하기도 한다.(《조선일보》, 2017년 7월 24일, '소셜미디어 속 멋진 인생에 흔들리지 마라') 소셜미디어라는 환상 상품은 바로 그 3인칭 시점의 부산물이다.

인스타그램에 올릴 만한(Instagram-worthy), 맨해튼 목시 호텔

현재 뉴욕 맨해튼에서 가장 인기 있는 호텔은 어딜까? 합리적인 가격으로 트렌디 한 곳을 찾는 젊은 소비자들에게 말이다. 그들은 전통적인 월도프아스토리아나 플라자 호텔을 찾을 형편이 안 된다. 그렇다고 전 세계 주요 도시에 넘쳐 나는 힐튼과 메리어트 호텔을 찾지도 않는다. 어디서나 똑같은 서비스를 제공하는 곳은 그 세대에게 너무 지루하다.

요즘 젊은 세대가 소셜미디어에 가장 많이 올리는 맨해튼 호텔은 목시 타임스스퀘어다. 이 호텔은 여느 숙박업소가 아니다. 대부분의 이용자가 젊은 세대이고 스마트폰이나 노트북을 이용해 체크인 한다. 호텔에 투숙한 고객은 심야에 호텔 바에서 열리는 스페셜 이벤트에 초대받는다. 이 이벤트에는 서커스에서 타로 점까지 신세대의 기호와 취향을 반영한 다양한 행사가 포함돼 있다. 부대시설도 다른 프랜차이즈 호텔과는 다르다. 회전목마나 미니 골프장을 갖추고 있다. 피트니스 시설을 감옥처럼 꾸며 놓고 실제 전과자들의 감옥 내 운동법을 소개하기도 한다.

가격은 비싼 편이 아니다. 비즈니스호텔 수준이다. 대신 방의 규모를 줄였다. 도시적인 분위기로 뉴욕의 진수를 느끼게 하는 데 주력한다. 젊은 세대는 이국적인 경험과 이를 소셜미디어에 노출하는 것을 가장 좋아한다. 심지어 그것을 자신의 성공을 상징하거나 자부하는 것으로 여긴다.

최근 젊은 세대의 소비를 결정짓는 핵심 변수는 소셜미디어다. 소셜미디어에 올리는 것이 중요한 구매 활동의 일부가 되었다. 자랑할 만한 신상을 사서 인스타그램에 올리거나 맛집에서 인증샷을 찍어 유튜브에 올리는 것이 일상이다. 이렇게 소비를 과시하는 행위를 흔히 염장질이라고 한다. 오늘날 염장질은 소셜미디어의 본질이자 소비의 척도가 되었다. 염장질을 할 수 있다면 기꺼이 지갑을 열고 그렇지 않으면 닫는다.

현재와 가까운 미래의 주력 소비자

현대의 젊은 세대는 자신들이 바라는 경험과 기술에는 기꺼이 돈을 지불한다. 그런 경험은 대부분 재미있거나 환상적이어야 하며 이를 남에게 보여줄 수 있는 기술을 추종한다. 1930년대 대공황 당시 영화 산업이 그랬던 것처럼 재미와 환상을 추구하는 경향은 불확실하고 불안정한 시기에 공통적으로 나타나는 특징이다. 사람들을 연결시키고 관계를 맺게 하는 소셜미디어는 소비와 과시를 극적으로 증대시켰다. 오늘날 소비는 모든 경제활동의 중심축이고 과시는 인간 본성의 핵심이다. 그 결과 소셜미디어는 소비 트렌드의 가장 선명한 디스플레이이자 마케팅 장이 되었다. 소비자와 기업 모두에게 소셜미디어는 소비와 마케팅의 가장 중요한 수단이다. 한마디로 요즘 20~30대는 '인스타그램에 올린 만한, 인스타 친화적인' 경험을 사랑한다. 기업은 이 새로운 소비 주역에 맞춰 킬러 경험(killer experience)을 제공할 수 있어야 한다. 그래야 살아남는다.(⟨New York Times⟩, Feb. 25, 2018, 'Wooing Millennials With Exotic Experiences That Aren't Too Costly')

해외여행만 해도 그렇다. 이들은 부모 세대와 달리 전통적인 해외여행을 추구하지 않는다. 잘 알려진 바다와 태양, 사막을 쫓아 떠나지 않는다. 익숙한 관광도시보다 훨씬 더 멀리 떨어진 목적지를 찾는다. 보통은 배낭여행 방식으로, 호텔보다는 싼 호스텔에서 머무를 때가 많다. 이전 세대보다 더 오랫동안 해외에 머무르는 것도 특징이다. 보통 2주 이내였던 이전 세대의 여행 기간과 달리 이들의 평균 해외여행 기간은 58일에 이른다. 때로 두 달 이상, 혹은 1년을 넘길 때도 많다. 부모 세대가 해외여행을 휴가로 치부하는 데 반해 이들은 자신과 삶의 의미를 찾아 떠나는 여정으로 간주한다.

이들은 매년 2억 명에 이르는 해외여행객의 20퍼센트를 차지한다. 미국 내에서는 이전 세대에 비해 해외여행을 훨씬 더 좋아하는 세대로 정평이 나 있다. 여행 및 관광업계에서는 신흥국 중산층의 증가와 소득 증가 외에 이 세대의 관심을 대침체기에도 불구하고 해외여행이 증가하는 가장 중요한 요인으로 꼽는다. 코로나19로 인해 해외여행이 실질적으로 중단된 후에도 이 환상에 대한 수요는 줄거나 사라지지 않았다. 오히려 더 강해질 뿐이다.

이 세대는 여행에 쓰는 경비라는 관점에서 가장 빠르게 성장하는 연령대다. 이렇게 여행, 특히 해외여행을 전례 없이 바꿔 놓은 세대는 밀레니얼 세대(Millenials)와 Z세대다. 20세기 마지막 20년과 21세기 15년간 태어난 이들이다. 물론 최근 들어서는 MZ세대론이 과장됐다는 주장도 제기된다. 아버지와 아들뻘을 한 세대로 묶다니? 하지만 이들이 처한 기술과 사회, 인구통계적 환경 변화가 마케팅에서 중요한 변수인 것만은 틀림없다.

이제 막 중년에 접어들었거나 성인이 된 이들은 여러모로 독특한 세대다. 이들은 태어나면서부터 컴퓨터라는 정보통신 기술에 노출되었다. 자라는 동안 인터넷과 모바일 환경에 둘러싸여 있다. 청소년기에 접어들면서는 소셜미디어를 통해 가족이나 친구 외의 지인을 만난다. 가족이나 친구들과의 관계는 서투를지 몰라도 집 안에 앉아 본격적으로 다른 세계와 접촉하기 시작한 첫 세대다. 이 세대는 인구통계학적 특성도 두드러진다. 주요 선진국과 신흥국에서 출산율이 가임여성 한 명당 한 명대로 떨어진 기간에 태어난 이들은 대부분 집안에서 외동이다. 형제를 둔 경우가 그렇게 많지 않다. 헬리콥터 맘은 이들을 특별하게 다루었다. 이들 자신도 인터넷과 모바일, 소셜미디어를 통해 자신을 특별한 존재라고 여기는 경향이 있다.

경제적 환경도 남다르다. 전후 풍요를 만든 베이비 붐 세대와 그들의 도움으로 풍요를 누린 에코 세대나 X세대와 달리 이들은 근본적인 경제적 불확실성에 처했다. 성인이 되면서 맞이한 글로벌 금융 위기와 그 후의 대침체로 이들은 취업하기 어려웠다. 직장 내에서 자리 보전도 쉽지 않다. MZ세대가 유독 장기 해외여행에 빠져들게 된 것은 인터넷과 모바일 같은 정보통신과 저가 항공의 성장 같은 교통 분야의 변화도 한몫했지만 근본적으로는 고용 불안정이 큰 역할을 했다. 회사 생활에서 의미를 찾는 것도, 성공도 장담할 수 없는 그들은 삶의 의미를 찾는 다른 길을 찾아 나섰다. 긱 경제(gig economy 필요에 따라 사람을 구해 임시로 계약을 맺고 일을 맡기는 형태의 경제 방식. 노동자는 필요할 때 일시적으로 일을 하여 돈을 번다) 활성화도 한몫했다.

기업이나 브랜드, 경영자 입장에서 이 세대가 중요한 이유는 단순히 이들이 다르기 때문만은 아니다. 이들이 현재와 가까운 미래의 주력 소비자이기 때문이다. 현재 밀레니얼 세대 이하 인구는 중국과 인도가 각각 4억 명, 미국이 7,000만 명 등 세계적으로 20억 명에 이른다. 중국은 한 자녀 정책 때문에 상대적으로 적다. 당연히 비즈니스의 핵심일 수밖에 없다. 이 세대는 1990년을 기점으로 베이비 붐 세대를 앞질렀다. 밀레니엄을 앞두고는 X세대마저 앞질렀다. 수치상 최대의 소비자 집단이 된 지 벌써 사반세기가 다 되어 간다. 즉, MZ세대가 경제 활동에서도 가장 중요한 연령대로 접어들었다는 의미다.

하지만 현재 주요 다국적기업과 대기업이 구축한 시스템은 대량생산과 소비를 전제로 한 것이다. 갓 풍요의 시대로 접어들던 베이비 붐 세대를 겨냥한 체제다. 당장 MZ세대는 대량생산 제품을 별로 좋아하지 않는다. 그들을 타깃 고객으로 한다면 소품종 대량생산이 아니라 다품종 소량 생산을 지향해야 한다. 더욱이 그들은 자신의 취향이나 스타일을 드러내는 자기표현과 과시에 관심이 많다. 남과 눈에 띄게 다른 제품을 사는 데 엄청난 비용을 지불할 각오가 돼 있다. 이런 경향은 최근 캠핑 용품 시장에서 두드러진다. 이제 막 가정을 꾸리고 아이를 기르기 시작한 밀레니얼 세대는 이전 세대와 달리 가족 단위 캠핑에 열광한다. 이들이 이전 세대부터 이어진 조잡하고 멋없는 캠핑 용품에 만족할 리 없다. 대신 멋진 캠핑 용품에는 이전 세대가 보기에 터무니없는 가격도 기꺼이 지불한다.

속설은 속설일 뿐이다

대침체기와 코로나19 기간 동안 작은 사치라는 용어만으로는 설명하기 힘든 일이 벌어졌다. 단순히 수용할 만한 가벼운 상품만 대상으로 삼지 않는다는 점에서 오늘날의 소비는 결코 작은 사치가 아니다. 현대인의 소비에서 빠지지 않는 충동구매와도 약간 다르다. 단순한 충동구매는 소비자가 저지르고 난 후 후회하는 비합리적 소비다. 반면 최근 나타나는 젊은 세대의 소비는 스스로 그 행위를 합리화할 뿐만 아니라 사후 만족도도 상당히 높다. 그들은 자신의 환상을 쫓는다. 그것을 위해서라면 현실이 조금 더 힘겨워져도 상관없다. 그 환상의 일부를 채울 수만 있다면 현실의 고단함쯤은 기꺼이 버틸 수 있다. 작은 사치와 충동구매와 구별 짓는다는 점에서 이를 큰 사치(big luxury)라고 부를 수 있다. 한마디로 소비자는 손수건이 아니라 포켓스퀘어를 원한다. 설령 그 선택으로 예정했던 가격의 서너 배를 지불하게 되더라도 상관없다.

작은 사치 아니고 큰 사치

대침체기와 코로나19 기간 중 일반적인 소비 침체나 대공황기의 작은 사치 외에 새로운 소비 트렌드가 등장했다. 바로 큰 사치다. 전반적으로 소비가 감소하는 가운데 특정 상권이나 매장, 상품에 대한 수요가 폭발하는 경향을 보였다. 그 대상은 기존의 작은 사치처럼 소소한 기호품이 아니다. 럭셔리 카나 명품 의류, 화려한 해외여행이나 미식 기행 같은 내구재와 소비재, 서비스재 등이 모두 포함됐다. 한마디로 소비자의 환상을 자극하는 상품이다. 자신의 소득에 비해 무리인 것을 알면서도 소비자는 여기에 소비를 집중했다. 필수 불가결한 다른 소비를 줄이는 한이 있더라도 말이다.

이런 상품을 내놓은 기업이나 브랜드, 매장은 경기 침체를 피부로 실감할 수조차 없다. 호황기 못지않은 활기를 띤다. 이번 대침체나 코로나19 사태를 단순한 불황으로만 볼 수 없는 이유도 여기에 있다. 그렇다면 오늘날 상품에 특별함을 부여하는 요소는 무엇일까? 일반화된 사실처럼 경제·경영 분야에서 널리 알려진, 불황과 치마 길이의 상관관계에 관한 속설이 있다. 경기가 안 좋아지면 치마 길이가 짧아진다는 식의 이야기 말이다. 불황에 사람들은 무엇인가 기분을 바꿀 만한 소비를 추구하고 그것이 짧은 치마로 나타난다는 식의 해석까지 곁들인다. 미디어가 주기적으로 동원하는 이 가설은 풍문과 우연, 입담의 산물일 뿐이다.

미국의 호황기로 '흥청대는'이라는 수식어까지 얻은 1920년대(roaring 20's)에 『패션과 경제 주기』라는 책이 출간돼 대중의 관심을 끈 적이 있다.(『금융 투기의 역사』, 에드워드 챈슬러, 국일증권경제연구소) 이 책은 당대의 패션을 분석하면서 19세기 중·후반 영국 빅토리아시대와 비교했다. 두 시기 모두 여성의 치마가 길어져 길을 쓸고 다닐 정도였다. 저자는 이를 호황에 따르는 사치와 향락의 증거로 여겼다. 당시 이 주장이 경제 주기와 치마 길이의 상관관계에 대한 일반화로 비약됐다. 미국 역사상 최고의 호황기 중 하나로 꼽히는 1960년대에 미니스커트가 탄생하고 유행한 것을 보면 속설은 속설일 뿐이다. 불황일수록 화사한 옷이 유행한다는 식의 이야기도 대중심리나 시장 경향성으로 일반화시키기에는 무리가 있다.

오늘날의 작은 사치 대상 품목으로 손꼽히는 것은 단연코 네일 케어, 네일 폴리시다. 우리나라도 다르지 않다. 웬만한 네일 케어숍은 주말이 아니라 평일에도 예약을 하지 않으면 자리를 차지하기 어렵다. 오늘날 많은 사람들이 꼭 필요하지 않은 손톱 손질에 적지 않은 돈과 시간을 쓴다는 사실은 경제 주기만으로는 설명할 수 없는, 상품 소비의 측면이 존재한다는 분명한 반증이다.

세계 최고 수준까지 늘어난 우리나라의 커피 전문점 열기도 작은 사치로 설명할 수 있을 것 같다. 에스프레소 커피 문화에 익숙하지 않은 성인 세대는 기본 밥값보다 비싼 커피라는 상품을 이해할 수 없을지도 모른다. 젊은 세대에게 커피는 단순한 기능 음료나 기호품이 아니다. 그 이상이다. 자신에게 큰 무리 없이 선사할 수 있는 호사다. 그들은 밥은 건너뛸지언정 커피 문화가 주는 여유와 자유직이나 전문직의 자부심, 미국 문화에 대한 동경 등은 기꺼이 즐긴다.

중세에도 이미 환상 상품이 있었다

정보통신 기술의 발달로 인해 최근에는 환상 상품을 탐색하거나 파악하기가 쉽다. 그렇지만 환상 상품 자체의 역사는 그리 짧지 않다. 어느 시대나 그 시대 대중의 몸과 마음을 사로잡은 상품은 많다. 각 세기마다 새로운 종류의 환상 상품이 시대를 풍미했고 중세도 마찬가지였다.

연옥이라는 환상 상품

종교를 상품으로 여기는 시각에 단호히 반대하는 종교인들이 많을 것이다. 하지만 정도의 차이는 있지만 대부분의 종교가 선교나 포교를 한다는 점에서 종교 역시 믿음을 판다고 할 수 있다. 무엇인가를 판다는 것은 상품의 본질적 특성이다. 기독교와 이슬람교, 불교 등 현재 세계 3대 종교 모두 세력이 확장되거나 위축되는 등의 오랜 역사를 가지고 있다. 이 점은 어떤 기업이나 상품이 시장에서 차지하는 비중, 시장점유율과 크게 다를 바 없다. 더욱이 중세 부패한 가톨릭이 면죄부를 팔거나 현대 극단적 이슬람주의자들이 테러리스트를 모집하는 등 보다 노골적인 판매 행위도 존재한다. 중세 말 위기의 기독교가 새로운 아이디어를 도입해 종교 소비자인 신도에게 선택의 폭을 넓힌 예를 보면 경영계의 혁신이라는 말이 저절로 떠오른다.

모든 종교는 그것을 필요로 하는 신도에게 환상을 채워 주는 기능을 한다. 사이비나 이단, 심지어 극단적 종말론마저도 비슷한 기능을 한다. 기독교가 교리의 일부로 환상을 도입하는 과정은 창조와 영원, 악마 등 혁신적 개념을 받아들이는 데서 분명하게 나타난다. 하지만 중세 말 도입된 연옥이라는 개념만큼 더 생생한 경우를 찾아보기는 힘들다. 이는 단테의 작품 〈신곡〉에서 구체화됐다. 기독교의 진화를 기업의 발전, 새로운 교리 도입을 신상품 출시로 보자면 연옥 개념의 도입은 일종의 혁신적 신상품이라고 볼 수 있다.

중세까지 기독교는 사람들에게 지옥과 천국 가운데 양자택일을 강요했다. 이는 중세 계급사회와 크게 충돌할 일이 없었다. 승려나 농부는 겸양이나 복종을 요구받았으며 이를 통해 천국을 향하는 문에 들어선다고 믿었다. 중세 말기에 접어들면서 크게 늘기 시작한 유럽 도시 문화 속 시민들은 달랐다. 새로운 일과 수입, 지위를 획득한 이 신인류는 골치 아픈 양자택일 문제를 점차 꺼리게 되었다. 그것도 내세에서의 삶 전체를 규정할 기준을 만들기 위해 현세에서는 본능을 누르고 이성을 갖추라는 것은 이들에게 일종의 공포였다.

이 문제를 산뜻하게 해결한 것이 바로 연옥이라는 개념이다. 천국과 지옥, 구원과 저주 사이의 제3지대는 영원 속의 순간, 당장의 선택 대신 유보를 가능하게 했다. 지상의 존재에게는 일종의 배설 작용을 하는 단계가 추가됐다. 연장전 같은 개념이 더해진 것이다.(『분노는 세상을 어떻게 지배했는가』, 페터 슬로터다이크, 이야기가있는집, p.203)

모든 혁신 상품이 그렇듯 중세 말 기독교의 변신은 근본적으로 시장을 변화시켰다. 기독교에서 그 변화는 분화로 나타났다. 가톨릭은 기독교의 신종 소비자라고 할 신흥 계층에게 숨 쉴 공간을 제도화해 주었다. 면죄부 판매가 그것이다. 제3의 길이 열리면서 선불을 통해 죗값을 미리 치를 수 있도록 한 것이다. 루터는 이 방식을 혐오했고 이는 종교개혁으로 이어진다.

상류층의 초상화가 중산층 가정으로

인류사가 현대에 접어든 후 새로운 세기는 언제나 새로운 혁신 상품을 선보였다. 대중의 환상을 자극할 만한 기술 진보가 이루어졌다. 20세기 초는 영화, 19세기는 사진이다. 아마 21세기는 스마트폰과 소셜미디어로 기록하지 않을까? 매 세기 초가 그렇듯 19세기에 등장한 사진은 새롭거나 강력한 것뿐만이 아니라 가장 편한 것이 얼마나 중요한가를 보여준다. 자신의 환상을 실현하기 손쉽다면 대중은 언제나 그 상품을 선택한다. 가장 저렴하지만 높은 접근 가능성까지 포함한 가장 편안한 것이 어떻게 사람들을 사로잡는지를 잘 보여준다.

현대 사진술은 18세기 후반 풍경 화가였던 루이 다게르(Louis J. M. Daguerre)와 무대 디자이너였던 조제프 니엡스(Joseph N. Niepce)의 공동 연구에서 비롯됐다. 풍경과 사물을 완벽하게 복제하고 싶었던 둘은 이전의 카메라 옵스큐라(camera obscura 암실에 작은 구멍을 뚫어 외부의 상이 거꾸로 맺히게 하는 방식) 기술을 활용해 사진술을 발전시켰다.

먼저 니엡스가 1826년 고향집 마당을 7점이나 복제하는 데 성공했다. 그는 특정 화합물이 빛에 민감하다는 사실을 깨달았고 이를 활용해 음화, 밝은색과 어두운색이 뒤바뀌어 나오는 사진을 찍는 데 성공했다. 얼마 후에는 어떤 용액을 바를 경우 색의 명암이 뒤바뀐다는 점도 확인했다. 다만 니엡스의 사진은 노출 시간이 8시간이나 걸리는 문제가 있었다. 최초의 사진이 사람이 아니라 풍경에 집중된 것은 어쩔 수 없는 일이었다.

니엡스 사후에도 다게르는 사진을 계속 연구했다. 그는 노출 시간을 20~30분으로 줄이는 데 성공했다. 별도의 암실이 아니라도 2개의 나무 상자를 이용해서 이미지를 고정시킬 수 있다는 사실도 파악했다. 1839년 그가 공개한 것은 이른바 은판 사진술로, 오늘날 카메라의 원형에 해당한다. 그는 개인적으로 이 기술을 대중화시키려 했으나 한계를 느꼈다. 프랑스 과학아카데미에 기술을 제공했고 과학아카데미는 기술이 특정 개인이나 기업에 속하기보다는 대중에게 널리 공유돼야 한다고 믿었다. 다게르 자신은 정부로부터 종신연금을 받는 선에서 만족해야 했다.

진정한 사진 혁명은 한참 뒤 영국의 프레더릭 아처(Frederick S. Archer)가 1851년 습판 사진술을 세상에 내놓으면서였다. 젖은 판에 콜로디온(나이트로셀룰로스를 에테르-에탄올 혼합액에 녹여 얻는 용액)을 사용

함으로써 순식간에 사진을 찍고 인화할 수 있음을 보여주었다. 이로 써 대중도 사진을 쉽고 싸게 접할 수 있게 되었다. 노출 시간이 급격 히 줄어 풍경보다도 인물 사진에 대한 수요가 폭등했다.

파리와 런던 등 대도시에는 우후죽순으로 사진관이 생겼다. 당시 주 이용층은 중산층으로 이들은 상류층의 전통적인 초상화 대신 사진 을 선호하기 시작했다. 유명 화가에게 개인이나 가족의 초상화를 의 뢰하는 것은 워낙 비싸서 엄두조차 낼 수 없었기 때문이다. 신흥 세력 은 피사체 복사에 있어서 어떤 뛰어난 화가보다도 더 나은 사진을 열 렬히 환영했다. 과거 귀족 가문만 즐길 수 있었던 초상화는 이제 신흥 중산층도 누릴 수 있는 환상이 되었다. 그들이 보기에 복제 기술의 발 달은 하나밖에 없는 예술 작품의 가치를 뛰어넘게 했다. 이는 현대 시 민 의식, 즉 만인은 평등하다는 생각을 자극하기에 충분했다.

영화의 미래, 영화관의 미래

1895년 뤼미에르 형제가 프랑스 파리 그랑카페에서 첫 번째 영화 를 상영한 이후 영화는 급속도로 대중의 환상을 파고들었다. 처음 상 영된 〈열차의 도착〉을 보던 관중들은 자신의 눈앞으로 열차가 돌진해 오는 것을 보고 놀란 나머지 비명을 지르며 자리를 피했다. 이 당시 영화는 대개 상영 시간이 1분 안쪽으로 열차의 움직임뿐만 아니라 군 중의 행진 같은 기록 영화의 성격이 짙었다.

몇 년 후 영화에 대한 사람들의 호기심이 시들해질 무렵 영화 산 업은 카메라 트릭이라는 창의성을 발휘해 사람들의 상상력을 자극하기 시작했다. 1903년에는 탄탄한 시나리오까지 가미해서 영화제작 붐이 일었다. 상영 시간이 8분에 달하는 미국 영화 〈대열차 강도〉는 드디어 5센트짜리 극장 시대를 열었다. 1920년대에 이르러 영화 산업은 필름에 소리를 옮기는 방법을 개발해 유성영화로 세상의 이목을 사로잡았다.

다른 모든 상품처럼 환상 상품의 운명은 환경 변화에 어떻게 적응하는가에 달려 있다. 20세기 최대의 환상 상품이라고 할 영화는 비교적 환경에 잘 적응했다. 초기 영화관에는 상업용 에어컨을 달아 공간의 쾌적함을 더했다. 비교적 저렴한 가격에 동네마다 영화관이 하나 이상은 있어서 좋아진 접근성도 영화 대중화를 이끌었다. TV 보급으로 위태로울 것이라던 영화관은 고객 편의성으로 살아남았다. 더욱 커진 스크린으로 관객 호응을 얻은 뒤에는 영화관 내에 소극장을 여럿 들여 소비자 선택권을 늘리는 멀티플렉스 전략이 먹혔다. 검은 커튼을 쳐 현실 세계와 동떨어지도록 한 환상의 공간으로 영화관의 본질은 언제나 같았다. 영화는 시대에 따라 포장만 약간씩 바꾼 20세기의 환상 상품이다.

최근 몇 년간 영화는 혹독한 시험대에 놓였다. 2010년대에 들어서면서는 개봉 방식을 둘러싼 정체성 논란이 일었다. 디지털 전환으로의 결과 수많은 영화를 온라인 스트리밍 서비스(OTT)를 통해 시청할 수 있게 되었다. 영화관이 아니라 노트북이나 스마트폰, 집 안의 TV로 영화를 개봉할 수 있게 되었다. OTT 플랫폼의 자본력이나 규모가 커지면서 직접 영화를 제작할 수도 있게 되었다. 전통적인 영화관이 아닌 곳에서 처음 개봉하는 것도 영화로 볼 수 있을까?

영화 산업 종사자 상당수는 이 새로운 흐름을 수용하는 분위기다. 아카데미 시상식 같은 주요 영화상은 이제 넷플릭스 개봉작을 수상작이나 후보로 선정한다. 여전히 영화의 정체성이 영화관에 있다고 믿는 이도 있다. 할리우드의 이단아로 불리는 쿠엔틴 타란티노 감독이 대표적이다. 그는 자신이 대형 영화 스튜디오인 소니와 함께 영화를 제작하는 이유를 극장 경험에 전적으로 의존하는 마지막 곳이기 때문이라고 밝혔다.

> "소니는 좌석 수로 성공을 판단합니다. 값비싼 영화를 만들어 스트리밍 플랫폼에 올리는 게 아니라, 시대정신에 부합하는 영화로 성공을 판매합니다." (〈Deadline〉, May 25, 2023, Tarantino Exclusive Interview Part 2)

아마도 영화 산업에 결정타가 된 것은 코로나19 팬데믹일 것이다. 3년여 동안 전 세계 영화관은 개점휴업 상태가 되었다. 영화를 공급하는 제작사와 유통사도 어쩔 도리가 없었다. 사전에 계획된 영화도 줄줄이 개봉을 연기해야 했다. 세계 어느 나라나 영화 산업은 정부나 민간의 지원에 의존해 연명했다고 해도 과언이 아니다.

코로나19 팬데믹 이후 영화나 영화관이 살아남을지는 아직 불투명하다. 초기 상황은 서서히 영광스러운 과거를 재현하는 모습이다. 팬데믹 기간 중 주가를 올린 스트리밍 플랫폼과의 협력도 위기를 극복하는 데 결과적으로 도움이 되었다. 흥미로운 것은 영화관의 변신이다. 영화 산업의 선두에 선 우리나라와 미국의 상황을 보면 변화의 방향은 영화관 업그레이드다. 스크린은 더욱 커지고 먹고 마실 것은 더욱 다양해지고 있다. 미국에서는 스시를 주문할 수도 있다고 한다. 우리나라도 곧 이런 추세로 변할 가능성이 높다. 3D, 4D 같은 오감 확대로 관객의 경험을 더욱 풍부하게 하는 데도 집중하고 있다. 그 결과 영화 속 주인공을 따라 실감 나게 출렁거리는 비행기를 탑승한 기분을 느낄 수 있다. 심지어 일부 영화관은 영화 속 전쟁터를 재현하기 위해 영화관에서 연기와 화약 냄새를 퍼뜨리기도 한다.

멀티플렉스 업그레이드는 팬데믹 이후 영화관을 보다 더 현실적인 환상 공간으로 만들기 위한 영화 업계의 노력이다. 전통적으로 영화와 영화관은 소비자를 현실과 떨어뜨려 놓기 위해 애쓴다. 하지만 지금은 오히려 현실성을 부여하기 위해 노력 중이다. '더 그럴듯한 환상'을 영화 산업이 새로운 전략으로 부활시킬 수 있을지 지켜보아야 한다.

2부

환상 상품은
어떻게 다른가

3장

상품이 아니라
환상을
파는 것이다

누군가 행운이 따르기만 한다면 혼자 하는 환상이 수백만 개의 현실을 완전히 바꿀 수도 있다.

- 마야 안젤루(Maya Angelou 1928~2014 미국 여성 시인이며 작가, 배우)

대중의 환상이 가진 힘

2023년 6월 18일 정오 무렵 타이타닉호 잔해를 관광하기 위해 만든 잠수정 타이탄과의 교신이 끊겼다. 모선인 MV 폴라 프린스호는 이전 열세 번의 항해 중 그랬던 것처럼 일시적 통신 장비 고장이라고 여겼다. 저녁이 다 돼서야 미국과 캐나다 당국에 구조 요청을 했다. 잠수정에 대한 수색과 잔해 발견, 사고 원인 규명은 시시각각 국제적 관심사가 되었다. 수색 초기 잠수정 탑승자들의 구원 요청 음파가 들렸다는 보도도 줄을 이었다. 그러나 며칠 후 발견된 잔해는 탑승자들이 연락이 두절된 잠수정에서 잠시나마 생존해 있었을 가능성을 일축했다. 잠수정이 3킬로미터나 되는 심해에서 강한 압력을 이기지 못하고 폭파됐을 것이란 분석이 힘을 얻었다. 잠수정은 한순간에 폭발해 버리고 만 것이다.

사망한 탑승자는 5명 전원. 잠수정을 개발한 오션게이트탐험사의 CEO 스톡턴 러시(Stockton Rush)가 승무원과 가이드를 겸했다. 4명의 승객은 모두 억만장자들이었다. 이번 심해 탐험을 위해 개인당 3억 5,000만 원가량을 지불했다. 당장 정부의 안전 규제 사각지대였던 잠수정과 관광 상품을 내놓은 회사에 대한 비판이 잇달았다. 비행기 엔

지니어 출신으로 실리콘밸리 정신이 충만한 러시는 정부의 안전 규제조차 스타트업의 장애물로 여기는 경향이 강했다. 타이타닉호에 대한 평생에 걸친 관심으로 유명한 제임스 카메론 감독마저 이 잠수정의 안전 문제에 대해 걱정한 적이 있지만 회사가 귀담아듣지 않았다고 한탄했다. 그는 타이탄 사고가 여러 경고에도 불구하고 참극을 빚은 타이타닉호의 비극과 닮았다고 주장했다.

사실 제임스 카메론 감독만큼 타이타닉호에 관심이 많은 사람도 드물다. 그는 어린 시절 이 호화 유람선 참사에 대해 듣고 완전히 매료되었다. 1912년 4월 15일 북대서양을 횡단하던 세계 최대 규모의 선박이 빙산과 부딪혀 두 동강 나고 3킬로미터 심해에 가라앉았다. 카메론은 규모와 기술에 대한 인간의 맹신이 부른 20세기 대서사시를 꼭 영화로 만들고 싶다는 꿈을 오랫동안 간직했다. 1953년과 58년 이미 두 차례나 영화화됐다는 사실도 그의 의지를 막지는 못했다. 엄청난 재원이 필요한 이 영화를 만드는 데는 시간이 필요했다. 〈터미네이터〉 시리즈를 통해 흥행 감독의 면모를 완전히 갖춘 후에야 그는 영화 제작에 필요한 투자를 받을 수 있었다.

제작비뿐만 아니라 제작 기간도 문제였다. 당초 예정 기간의 두세 배를 훌쩍 뛰어넘었다. 타이타닉호 사고를 완벽하게 고증하려는 카메론 감독의 태도가 문제였다. 그는 수십 차례 잠수정을 타고 바닷속으로 내려가 잔해를 관찰하고 배의 선수와 선미가 꺾이는 각도를 확인하기 위해 2개의 정교한 타이타닉호 모델을 제작해 부수기도 했다. 사고의 연구와 탐사를 동시에 진행하는 바람에 돈과 시간은 상상을 초월할 정도로 많이 투입됐다. 타이타닉호 연구자로서 디테일에 대한 카메론 감독의 남다른 집착은 영화가 만들어진 지 25년 후인 2023년 다시 한 번 확인됐다. 그는 영화 〈타이타닉〉에서 가장 논란이 됐던 결말 장면을 고증하기 위해 차가운 얼음물 위에 떠 있는 문짝 하나에 기대 한 사람 이상이 살아남을 수 있는지를 실험했다. 그 결과 로즈를 살리기 위해 잭이 스스로 목숨을 끊어야 했던 것과 달리 두 사람 모두 구조선이 올 때까지 버틸 수 있었을 것이라는 결론이 나왔다.

1990년대 중반 무렵 카메론 감독의 영화가 진짜 타이타닉호처럼 침몰할 거라는 암울한 전망이 할리우드를 지배했다. 반면 당시 제작 중이던 다른 블록버스터 영화 〈스피드 2〉는 흥행 기대감이 높아지고 있었다. 두 영화는 모두 거대한 유람선이 사고를 당한다는 공통점이 있었다. 빙하에 충돌하는 유람선을 다룬 영화는 망하지만 범죄자의 테러에 맞서 항구와 부딪치는 유람선 영화는 흥행할 것이라는 엇갈린 전망이 유행처럼 떠돌았다. 막상 뚜껑을 열어 보니 결과는 정반대였다. 키아누 리브스가 빠진 〈스피드 2〉는 흥행 참패를 면하지 못했다. 제임스 카메론 감독의 〈타이타닉〉은 세계 영화 역사상 최고의 흥행작이 되었다. 이 기록은 2009년 같은 감독의 첫 SF물 〈아바타〉가 개봉하고서야 깨졌다.

영화계나 시장이 몰랐던 것은 타이타닉호에 대한 대중의 환상이 가진 힘이다. 사람들은 아직도 완전히 밝혀지지 않은 인류 초유의 비극에 대해 여전히 집착한다. 아직도 타이타닉호의 비극에 대해 밝혀져야 할 것이 많다고 믿는다. 한 사람당 3억 원 이상을 지불하고 심지어 아직도 불완전한 심해 탐사 기술에 목숨 걸고 뛰어드는 것 역시 이런 환상의 힘을 잘 보여준다.

동네 슈퍼마켓을 유통업 제국으로 만든 후쿠시마야

일본 도쿄 서쪽 외곽에 있는 유통업체 후쿠시마야(福島屋) 테이스팅마켓(Tasting Market)은 기존 슈퍼마켓과는 여러모로 다르다. 처음 매장에 방문하는 사람들은 좀 이상하다고 느낄 수도 있다. 대형 마트보다 약간 작은 규모인 데 곳곳에 음식을 파는 식당이나 시식 겸용 공간이 매장 내부의 많은 부분을 차지한다. 다른 슈퍼마켓에서 찾아보기 힘든 상품 구색도 눈에 띈다. 무엇보다도 상품 뒷면에 붙어 있는 가격표가 놀랍다. 가격표에 적힌 숫자는 같은 품목이라도 다른 상점의 두세 배에 달한다.

그럴 만도 하다. 이 특별한 슈퍼마켓이 취급하는 농수산물은 단순히 최고 품질만 강조하는 것이 아니다. 살균하지 않은 간장이나 방목한 소에서 갓 짠 우유, 전통 방식으로 발효시킨 쌀 식초처럼 일본 전역에서 나오는 희귀한 최상품을 보여준다. 기본적으로 무농약 농산물과 첨가제나 방부제가 들어 있지 않은 가공식품이 주를 이룬다. 널리 알려져 많이 팔리지 않으면 곧 사라질 상품을 내놓기도 한다.

이 고급 슈퍼마켓 체인의 CEO인 후쿠시마 토루(福島土累)는 지방 영세 농수산업자를 돕는 일을 회사의 사명으로 여긴다. 소비자에게 낯선 상품은 팔리기 시작할 때까지 무려 2년을 기다린 적도 있다. 팔리지 않고 남은 상품은 포장 식품으로 만들거나 식당에서 활용한다. 슈퍼마켓이 운영 중인 쿠킹 클래스에서 활용하기도 한다. "정말 좋은 상품이라면 우리는 결코 포기하지 않습니다. 소량을 확보해서 알리다 보면 결국에는 팔리게 마련입니다." 후쿠시마는 이렇게 말한다.(〈Monocle〉, May, 2017, p.169~170)

6조 원이 넘는 포화 상태의 일본 슈퍼마켓 시장에서 후쿠시마야는 가장 빨리 성장하는 업체다. 40여 년 전 부모로부터 동네 슈퍼마켓 하나를 물려받아 후쿠시마는 독특한 정책으로 6개의 식료품점과 2개의 레스토랑, 제과점, 꽃집과 화원을 거느린 매출 500억 원 규모의 미니 유통업 제국으로 성장시켰다.

후쿠시마야는 상품과 구색에 관한 독특한 정책에 걸맞게 기업 확장에 관해서도 나름의 확고한 원칙이 있다. 후쿠시마의 폭발적 인기에 놀란 대형 유통업체가 회사에 파트너십 등 협력 방안을 제시할 때마다 그는 말한다. "그들이 경제 제일주의 입장만 견지한다면 우리와는 어울리지 않습니다." 후쿠시마는 그가 골라 파는 상품이 최고의 먹거리라는 점뿐만 아니라 소비자들이 농어민, 즉 도시민들의 부모를 돕고 있다는 환상을 자극하고 있었다.

나도 상류층이라는 욕망을 파는 쾨퍼와 웨그먼스

최근 유통업계에서 소비자의 환상은 품질이나 신선도가 아니라 최고의 상품 구색에 집중되고 있다. 1930년대 조그만 동네 슈퍼마켓으로 출발한 독일 뮌헨 지역의 쾨퍼(Köper)도 이색적이고 다양한 식재료로 이름을 얻고 있다. 갓 딴 태국 망고처럼 이곳이 아니면 구하기 힘든 것이 주를 이룬다. 모두 회사 매니저가 직접 발굴하고 계약한 상품이다. 쾨퍼는 무려 3,000명의 납품 업자로부터 1만여 개의 상품을 공급받고 있다.

이런 방식은 전통적인 유통업체의 비용 절감과 효율성 제고 목표와 상충한다. 전통적인 유통업체는 대개 규모나 범위의 경제를 통해 목표를 달성하려고 한다. 하지만 최고의 상품 구색을 갖추는 일은 힘들 뿐만 아니라 비용이 많이 든다. 많은 납품 업체를 관리하는 것도 진이 빠지는 일이다. 하지만 상위 계층 소비자의 교묘한 환상을 자극하는 데는 더없이 잘 어울리는 방식이다.

미국의 식료품 전문 유통 매장인 웨그먼스 푸드 마켓(Wegmans Food Market)은 일본 후쿠시마야나 독일 쾨퍼의 확장판으로 보인다. 이 업체 역시 최고급 농수산물과 축산물을 다룬다. 주로 미국 동부 지역에 100여 개의 매장을 가진 이 식품 유통업체는 최고급 시식 행사로 유명하다. 단순히 최상의 재료를 맛보게 하는 데 그치지 않고 그 재료를 가장 잘 활용하는 법을 가르치는 데 주력한다. 웨그먼스 푸드 마켓에서는 장을 보러 매대 사이를 돌아다니다 최상급 소고기를 이용한 조리법을 설명하는 고든 램지와 마주칠 수 있다. 2008년 세계 최고 소믈리에로 선정된 알도 솜 같은 사람이 요리와 가장 잘 어울리는 와인을 추천하기도 한다.

웨그먼스 푸드 마켓은 재료만이 아니라 매장 직원들의 서비스도 최고 수준을 유지하기 위해 부단히 노력한다. 이를 위해 연봉도 다른 유통업체 직원에 비해 약 25퍼센트 가량 높게 유지한다. 그 결과 저임금 노동자도 비교적 풍족하게 생활할 수 있도록 함으로써 고객에 대한 친절도와 직장 만족도를 높인 예로 자주 거론된다. 심지어 경영학에서 웨그먼스 효과라는 말이 생겨났을 정도다. 웨그먼스 푸드 마켓은 최고의 식재료 공급 업체뿐만 아니라 대고객 솔루션과 서비스 제공 업체로서의 명성을 얻었다.

이런 유통업체들이 제공하는 환상의 실체는 무엇일까? 대형 마트에서 냉동식품을 사다 데워 먹는 중산층 이하와는 다르다는 자부심이다. 최고의 상품을 사는 스스로가 최고라는 자기 확신이다. 허영이나 허세라고 할 수도 있다. 하지만 엄연히 이 또한 상류층이나 상류층이 되고자 하는 소비자가 내밀하게 간직하고 있는 환상의 일부다. 이를 제대로 자극하는 기업이나 브랜드만 환상 상품을 만들어 낼 수 있다.

희소성 : 흔하지 않은 것이 귀하다

다이아몬드만큼 희한한 상품도 없다. 이 탄소 덩어리는 중량 단위당 가격이 지구상에서 가장 비싸다. 아주 드물게 타일이나 콘크리트 등을 정밀하게 자를 때 요긴하긴 하지만 다른 실용적 목적은 거의 없다. 현대 경제학의 아버지 애덤 스미스는 이를 교환가치로 설명한다. 사용가치로만 치면 다이아몬드보다 물이 훨씬 더 높지만 물의 교환가치는 거의 제로에 가깝다. 사용가치가 물에 비할 바 없는 다이아몬드가 엄청난 교환가치를 갖게 된 이유는 무엇 때문일까?

이 값비싼 보석은 영원한 사랑의 맹세를 상징한다. 사랑의 징표로서 다이아몬드는 여성들의 대표적인 환상 상품이다. 여성이라면 누구나 백마 탄 기사로부터 청혼 받는 꿈을 꾼다. 그 순간 다이아몬드 반지가 함께 하길 바란다. 영화 〈물랑 루즈〉에서 여주인공 샤틴이 부르는 '반짝이는 다이아몬드(Sparkling Diamond)'라는 노래에서 다이아몬드에 대한 환상이 잘 드러난다.

키스는 위대할지 모르지만 소박한 아파트 임대료를 내주거나 도도한 고양이를 키우는 데 도움을 주는 것은 아니지요. 남자들은 소녀들이 나이 들면 냉랭해지지요. 그리고 결국에는 우리 모두 매력을 잃고 말지요. 하지만 각진 절단면과 배 모양의 이 돌들은 자신의 모습을 잃는 법이 없어요. 다이아몬드는 소녀들의 최고의 친구. 티파니! 까르띠에! 우리는 물질적인 세상에 살고, 나 역시 현실적인 소녀라서. 오! 소년들이여, 와서 건네주길.

다이아몬드의 불과 철을 이기는 신비한 성질은 로마 시대 때부터 널리 알려져 있었다. 다이아몬드의 어원은 그리스어 아다마스(adamas)로 '불굴의' 혹은 '질 수 없는'이라는 뜻이다. 로마의 역사가 플리니우스는 이 금속에 대해 '인간이 아닌 신성한 힘으로부터 나오는 권력과 동의어다'라고 썼다. 다만 이때는 금속의 강렬한 힘이 숭배의 대상이어서 플리니우스는 다이아몬드가 남성의 환상을 키운다고 했다. 중세를 거치면서부터 다이아몬드에 대한 여성의 환상이 지배적이었다. 어원인 아다마스가 라틴어 '아다마레(adamare)'와 비슷했고 이 말은 열렬히 사랑한다는 뜻이다. 다이아몬드 가공 기술이 발전하면서 반지 보석으로 쉽게 이용할 수 있게 된 것도 한몫했다. 1947년 엘리자베스 여왕과 필립공의 결혼식에도 다이아몬드 반지는 영원한 사랑을 약속하는 징표로 사용되었다.

드비어스 '다이아몬드는 영원히!'

다이아몬드가 여성의 환상이 된 것에는 1888년 설립된 드비어스 (De Beers)의 마케팅이 가장 결정적인 역할을 했다. 오늘날까지도 전체 다이아몬드 유통 시장의 35퍼센트 이상을 지배하고 있는 이 회사는 아직도 회자되는 유명한 광고 문구를 만들었다. 1947년 엔 더블유 에이어 앤 선(N. W. Ayer & Son)이라는 광고 회사에 다니던 젊은 카피라이터 프랜시스 게레티(Frances Gerety)가 드비어스를 위해 만든 문구다. '다이아몬드는 영원히!(A Diamond is forever!)' 지난 2000년 광고 전문 잡지 〈애드버타이징 에이지(Advertising Age)〉는 이 문구를 20세기 최고의 광고 문구로 뽑았다.

표면적으로 드비어스가 다이아몬드의 상징성에 신경을 씀으로써 여성의 환상을 자극했다면 실질적으로는 공급량 조절에 가장 심혈을 기울였다. 만일 아프리카의 어느 지역에서 엄청난 매장량의 다이아몬드가 확인됐다면? 다이아몬드의 가격은 물론 상징성도 엄청난 타격을 입을 수밖에 없다. 이런 사태를 막기 위해 물량 조절이나 가격 조작조차 마다하지 않았다. 특히 제2차 세계대전 기간 중 산업용 다이아몬드 공급을 늘려 달라는 미국의 요구를 거절해 오명을 남겼다. 오늘날에도 공급량 조절을 위해 때때로 '피 묻은 다이아몬드(bloody diamond 아프리카 지역에서 내전 자금 조달을 위해 또는 소년 노동력을 착취해 채굴된 다이아몬드)'를 유통시킨다는 비난을 받는다. 드비어스의 신뢰성과 가격 조작 문제는 결국 다이아몬드의 수급을 조절해 희소성을 유지하려는 전략에서 비롯됐다.

실제 채굴량으로만 따지면 러시아 정부가 소유한 알로사(Alrosa)가 세계 1위다. 1992년 러시아 지질학자들이 시베리아 야생 지대의 다이아몬드 매장 사실을 확인하고 설립한 회사다. 이 회사는 현재 세계 다이아몬드의 28퍼센트를 채굴해 공급하고 있다. 2020년 기준으로 4조 원 매출에 1조 원의 순이익을 기록했다.

알로사는 출처가 러시아로 한정된 원산지에 대한 자부심이 크다. 경쟁사인 드비어스가 피 묻은 다이아몬드를 포함해 출처 불명의 다이아몬드를 내놓는 것을 겨냥해 원산지를 공개하는 것이 이 회사의 마케팅 기법이다. 러시아도 그리 좋은 인상을 주지는 않지만 적어도 아프리카, 그것도 내전을 겪는 나라보다는 낫다. 그러나 2022년 러시아의 우크라이나 침공 이후 이미지 추락으로 알로사 다이아몬드에 대한 수요는 줄었다.

드비어스의 '다이아몬드는 영원히!'라는 구호에 맞선 구호도 만들었다. '진짜는 드뭅니다. 진짜야말로 다이아몬드입니다.(Real is rare. Real is a diamond)' 다이아몬드 전체 유통 부문에서 알로사의 시장점유율은 높지만 드비어스와 달리 이 회사를 아는 소비자는 거의 없다.

드비어스는 채굴 점유율을 제외하고는 거의 모든 부분에서 알로사를 압도한다. 알로사의 마케팅 전략과는 달리 소비자들은 다이아몬드의 원산지에는 그다지 관심이 없어 보인다. 결국 다이아몬드는 소비자의 순결과 헌신, 소중함에 대한 환상과 희소성이라는 요인에만 기대고 있는 상품이다.

이는 실험실에서 키운 인공 다이아몬드, 랩 다이아몬드 열풍의 미래와도 관련이 있다. 랩 다이아몬드는 거의 모든 특성에서 천연 다이아몬드와 동일하다. 가격만 3분의 1 정도로 낮다. 산업용 다이아몬드 수요를 대체하는 것처럼 랩 다이아몬드가 사람들의 수요도 상당 부분 대체할 수 있을까? 문제는 사람들이 천연 다이아몬드가 가지는 상징성을 똑같이 랩 다이아몬드에 부여할 것인가다. 나라면 글로벌 금융위기 당시의 실패 전망을 거듭하지는 않을 것 같다.

화제성 : 심리적 희소성 만들기

원하는 것을 가질 수 없다는 사실만큼 사람을 감질나게 하는 것은 없다. 머지않아 그는 그것을 가지는 꿈을 꾸게 될 것이 자명하다. 소유할 수만 있다면 어떤 대가를 치러도 괜찮다고 생각한다.

희소성은 환상의 가장 기본적인 원천이다. 다만 실제로 상품이나 서비스가 적거나 희귀한지보다는 사람들이 그렇게 생각한다는 점이 훨씬 더 중요하다. 어떤 상품은 실제로 드물지 않지만 그렇게 여긴다.

또한 어떤 것은 실제로 많지 않은 데 일상적인 것으로 간주되기도 한다. 따라서 현대 기업은 자신의 제품이 특별하며 쉽게 구할 수 없다는 사실을 증명하려고 안달한다. 자사 상품은 얼마나 환상적인가? 그 사실을 안다는 것만으로도 이미 당신은 특별한 존재라는 점을 암시하기 위해서 애쓴다.

보통 사람인 내가 구하기 힘든, 그래서 구하는 순간 나도 특별한 사람이 된다는 느낌을 주는 것이 핵심이다. 물리적인 희소성 이상으로 심리적인 것도 매우 중요하다. 이때 희소성은 화제성으로 발전한다. 많은 환상 상품이 셀럽 브랜딩(celebrity branding 유명인을 브랜드에 활용하는 방식)이나 스타 마케팅을 활용하는 것도 바로 희소성에서 한 발 더 나아가 큰 화제를 낳기 위해서다. 최근 소비재 브랜드 사이에서 유행처럼 번지고 있는 시그니처 상품이나 리미티드 에디션, 컬래버레이션 등이 모두 이런 시도의 일부다. 이런 종류의 환상 상품 스토리에는 모두 화제를 유발하는 유명인이나 스타가 등장한다.

세상을 자극한 나이키의 마케팅 방식

1984년 미국 스포츠 브랜드 나이키는 오늘날의 대표 상품과 한정판, 협업의 신기원이 될 만한 상품을 내놓았다. 물론 그전에도 비슷한 라인업은 있었다. 하지만 당시 나이키는 미국 시장이라는 한계를 벗어나 전 세계 모든 상품에 똑같은 유형의 작업이 마케팅을 지배하도록 했다.

바로 노스캐롤라이나대학을 졸업하고 시카고 불스에 지명된 마이클 조던과 함께 한 '에어 조던 I'이다. 조던은 대학 시절부터 체공 시간이 길고 거리가 먼 덩크슛을 잘해 에어 조던이라는 별명으로 불렸다. 하지만 프로 농구에서는 신인인 데다가 성공 가능성을 장담할 수 없었다. 나이키는 큰 모험을 했다.

나이키의 도전은 대성공이었다. 조던은 프로 농구에서 전무후무한 슈퍼스타임이 분명했다. 그가 신은 운동화를 둘러싼 노이즈 마케팅 효과도 갈수록 커졌다. 미 프로 농구(NBA) 규정은 운동화에 흰색 외에 다른 색은 한 가지만 더 쓸 수 있게 했다. 하지만 에어 조던 시리즈는 검정과 빨강을 주조로 하고 쿠션 부분만 흰색이었다. 엄밀히 말하자면 규정 위반이다. 조던이 경기에서 맹활약할수록 운동화에 대한 이야기가 꼬리에 꼬리를 물었다.

매 경기마다 500달러씩 벌금을 문다는 이야기가 흘러나왔다. 조던과 함께 이 운동화를 제작한 디자이너 피터 무어가 경쟁사 스파이라서 일부러 규정을 위반한 데다 논란 많은 디자인을 선택했다는 소문도 무성했다. 가십의 사실 유무와 관계없이 모든 화젯거리가 대중의 호기심과 환상을 자극했다. 출시 첫해 에어 조던 I은 약 1,500억 원의 수입을 올렸다.

에어 조던은 매출에만 영향을 미친 것이 아니다. 이 제품은 나이키를 포함해 모든 스포츠 브랜드와 명품, 심지어 SPA 브랜드(다품종소량생산 전문 소매상표) 등이 이후 벌이는 희소성과 화제성을 강조하는 마케팅의 기원이 되었다. 나이키도 여러 번 에어 조던을 리메이크해 대표 상품으로 자리 잡을 수 있게 했다. 2015년 출시한 에어 조던 하이 더 리턴과 2017년 에어 조던 31이 최근까지 이어진 이 상품의 후속 시리즈다. 오늘날 대표 상품이나 한정판, 오래도록 기억되는 협업 상품을 다루는 시장은 세계적으로 어마어마한 규모로 성장했다.

슈프림의 극단적 레어 마케팅

슈프림(Supreme)만큼 희소성이란 환상을 잘 자극하는 브랜드도 없을 것이다. 나이키가 대표 상품이나 한정판, 협업을 대중에 다가서기 위한 마케팅 수단으로 활용했다면 슈프림은 처음부터 일관되게 소수의 팬덤(fandom)을 지향했다. 그 결과 창업 30주년이 안 되는 이 스트리트웨어 브랜드는 일종의 컬트(cult 소수의 광적 숭배를 받는 문화 현상)가 되었다. 뉴욕 맨해튼 소호 거리에 첫 매장을 냈을 때 슈프림은 길거리 스케이트보더를 위한 공간임을 분명히 했다. 스케이터들은 계단을 거치지 않고 바로 매장으로 와 둘러보게 한 반면 보통 사람들은 옷도 못 만지게 했다. 매장 음악은 헤비메탈이나 힙합 같은 시끄럽고 공격적인 스타일이었다.

10~20대 뉴요커에게 입소문이 나면서 매장 앞에 줄이 길게 이어지기 시작했다. 주변 상권의 불평이 발생하자 이 가게는 아예 인근 공원에서 대기표를 나누어 주기 시작했다. 가끔 상품을 팔려는 태도가 맞는지 의심스러울 때도 있었다. 슈프림은 일부러 모든 제품을 소량만 만들어 완판시켰다. 소비자는 상품을 얻기 위해 애를 써야만 했다. 이 컬트 브랜드가 노리는 점이 바로 그것이었다.

2006년 온라인 쇼핑몰이 개설됐을 때 슈프림의 희소성 마케팅과 컬트 팬덤은 더 극적으로 고조됐다. 매주 목요일 오전 9시에만 신제품을 일시에 공개하는 전략을 구사한 것이다. 전 세계 팬들이 이 순간만을 손꼽아 기다리게 되었다. 심지어 신제품 공개 시간에 맞춰 구매를 대행하는 컴퓨터 프로그램 봇이 생겨날 정도였다. 소비자는 30만 원짜리 티셔츠 한 장을 사는 데 봇을 이용하기 위해 대행료 10만 원가량을 지불해야 했다. 어떤 봇 운영자가 신제품 출시 당일 하루 만에 2억 원을 벌었다는 소문이 떠돌 정도였다. 이 때문에 슈프림과 봇 운영자는 지금도 숨바꼭질을 거듭하고 있다.

슈프림은 젊은 소비자를 지속적으로 붙잡아 두기 위해 소량만 생산하는 것이 아니다. 화제가 될 만한 신제품을 연거푸 내놓고 있다. 화제성이 가장 높았던 제품 가운데 하나는 2002년에 내놓은 티셔츠다. 이 셔츠에는 영국 모델 케이트 모스의 수영복 차림 사진이 프린트돼 있고 수영복 하의 미묘한 부위에는 빨간 네모에 하얀 글씨로 슈프림이라고 쓰여 있다. 제품 출시 후 케이트 모스는 이 티셔츠를 입고 찍은 사진을 프린트한 티셔츠를 다시 내놓기도 했다. 출시 당시 3만 원 정도였던 제품은 현재 중고 시장에서 60만 원 가까이에 팔릴 정도로 인기를 누리고 있다.

2000년 출시된 스케이트보드 덱(스케이트보드 바퀴 위에 붙은 선반)에 루이비통의 모노그램인 LV를 새기는 바람에 화제와 논란이 되었다. 해당 브랜드의 허락을 받지 않고 한 이 일로 슈프림은 루이비통으로부터 저작권 위반으로 고소를 당했다. 그 일 이후 15년여 동안 두 브랜드는 공개적인 컬래버레이션 제품을 내놓았다. 자존심 강한 루이비통 가죽 가방과 백팩에 큼지막하게 슈프림이란 로고를 새긴 제품이다. 명품조차도 젊은 세대를 사로잡는 브랜드의 힘을 빌리지 않을 수 없다. 결국 가장 구하기 힘들고 화제가 되는 상품이 최후의 승자다.

테일러 스위프트가 저임금에 시달린다고?

오늘날 제니 린드에 비견될 만한 여성 엔터테이너라면 테일러 스위프트나 비욘세 정도를 꼽을 수 있다. 특히 2023년 3월 최대 규모의 에라스 투어(The Eras Tour)를 시작한 테일러 스위프트의 기세는 상상을 초월한다. 이 30대 중반 여가수의 인기는 엔터테인먼트 업계는 물론 학계에서도 집중 조명 대상이다. 음악으로 인한 인기나 성취를 빼고 인간 스위프트로 보이는 행보는 대중의 열렬한 사랑을 받기 쉽지 않다. 숱한 추문과 실망스러운 언행으로 얼룩졌는 데도 미국의 대중 특히 10~20대 여성들은 왜 그토록 그녀를 추앙할까? 왜 테일러 스위프트는 환상적인 문화 상품이 되었을까?

심리학자나 심리 전문가들은 대중문화의 주 소비층인 10~20대 여성들이 스위프트를 바라보는 시선에서 찾는다. 스위프트 마니아 혹은 스위프티라고 불리는 그들은 스위프트를 '큰 언니'라고 여긴다. 그녀의 노랫말은 완벽하지 않은 자신의 청춘을 정확하게 담는다고 여긴다. 불안정한 친구 관계, 끊임없는 온라인과 소셜미디어의 공격, 자신에 대해 관심을 가지고 높게 평가해 주길 바라는 욕구 등등. 스위프트는 이들의 바람과 불안이 결코 잘못된 것이 아니고 스스로의 내면에 깃든 힘으로 이를 극복할 수 있다고 위안한다. 심지어 스위프트의 방황이나 추문마저 자신들의 처지와 다를 바 없다고 여긴다. 큰 언니 만세!(⟨New York Times⟩, June 20, 2023, 'Taylor Swift has rocked my psychiatric practice')

오늘날 가수는 제니 린드의 시대와 여러모로 다르다. 음악을 파는 방식부터 그렇다. 과거는 실제 라이브 공연이 거의 유일한 채널이었다. 오늘날은 라이브 공연과 음원, 음반이 있다. 여기에 미디어 출연과 굿즈 판매 등 엄청난 수입원이 등장했다. 2019년 작고한 경제학자 앨런 크루거는 그의 유작이 된 책 『로코노믹스』에서 다양한 수입원 가운데 여전히 공연이 58퍼센트의 비중을 차지한다고 주장했다. 사람들의 기대와 달리 음원 스트리밍이나 다운로드 수입은 35퍼센트에 불과하다고 말한다. 여기에 미디어와 온라인, 소셜미디어의 발달로 대중은 스타에게 더욱 기대게 되었다. 심리적 위안을 찾고 일상의 탈출구를 모색한다. 이 때문에 2008년 노벨 경제학상 수상자인 폴 크루그먼은 테일러 스위프트가 저임금에 시달리고 있으며 더 많은 돈을 벌어야 한다고 주장하기도 했다.(⟨New York Times⟩, June 20, 2023, 'Is Taylor Swift Underpaid?')

임영웅 팬클럽을 포함한 대부분의 팬덤에서 소속감은 가장 중요한 매력 요소다. 송가인 팬클럽의 그 유명한 깃발 부대를 보고 있노라면 저절로 이해가 간다. 자신을 이해하는 정도를 넘어 나와 비슷한 사람들이 적지 않다는 느낌은 자부심과 자존감을 키운다. 소속감의 소재가 슈퍼스타로 한정되는 것도 아니다. 이념이나 사고를 공유하는 집단에서도 소속감은 중요한 결속 수단이 된다. 태극기 집회나 이슬람 극단주의의 경우도 마찬가지다. 한 사람이나 이념 등 숭배의 대상이 무엇이든 간에 누군가에게는 자신과 비슷한 사람들과 함께한다는 생각 자체가 환상적이다.

상품이라는 범주로 좁혀 보자. 환상 상품을 줄기차게 구입하는 이유 가운데 하나는 그 상품을 구입할 수 있는 능력을 과시하고 싶거나 구입할 수 있는 한정된 집단에서 느낄 수 있는 소속감이 필요해서다. 자신이라면 이 정도 상품은 갖춰야지, 이 정도 상품은 갖고 있는 사람이다 하는 심리가 구매 행위의 주요 동기가 된다.

일관성 : 변함없는 가치와 상징을 지켜라

환상 상품으로 일단 자리 잡고 나면 웬만해선 추락하지 않는다. 더욱 중요한 것은 기존 상품을 총체적으로 환상 상품으로 여기는 경향이 있다는 사실이다. 기존 형태에서 일부를 바꾸려 한다면 소비자는 불편해한다. 예기치 않게 환상 상품의 자리를 내줄 수 있다.

최고급 와인이라는 환상 상품을 생각해 보자. 소비자는 프랑스 보르도 지역 5대 와인 명가 브랜드, 부르고뉴의 피노누아, 이탈리아 슈퍼 토스카나 등을 구체적으로 떠올린다. 어떤 경우라도 좋은 와인이라면 갖춰야 할 요건이 있다. 섬세하고 미묘한 풍미나 감각적이고 인상적인 맛 외에도 오래됐지만 상하지 않은 코르크 마개와 손상되지 않은 라벨 등이 그것이다. 그런데 어떤 와이너리가 풍미와 맛에서는 손색없지만 어떤 이유에서 코르크 대신 돌려서 여닫는 알루미늄 스크루 캡을 쓴 와인을 내놓았다고 하자. 와인 애호가인 당신은 그 와인을 환상 상품으로 인정할 수 있을까?

뉴질랜드 와인의 고민

어느 한 와이너리의 고민이 아니다. 뉴질랜드 와인 업계 전체가 현재 처한 딜레마다. 뉴질랜드는 2001년부터 와인에 코르크 마개 대신 스크루 캡을 쓰도록 법제화했다. 그 조치는 경제적으로 타당하다. 우선 스크루 캡은 언제든 쉽게 딸 수 있으며 마시다 남은 경우 처리하기도 좋다. 코르크 마개의 불편한 점을 대부분 보완할 수 있다.

코르크 사용을 줄여야 할 분명한 이유도 있었다. 코르크는 참나무의 일종인 코르크나무 껍질로 만든다. 이 나무껍질에는 수베린이라는 일종의 밀랍 성분이 많아 탄력이 좋다. 그 덕분에 공기는 통과시키지만 물은 빠져나가지 못한다. 오랫동안 와인병 마개로 활용된 이유다. 하지만 코르크나무 껍질을 벗겨 쓰려면 9~12년을 기다려야 한다. 작업도 기계가 아니라 전문 인력이 해야만 한다. 세계적으로 확대되고 있는 와인 시장을 고려하면 코르크는 공급도 부족하고 가격도 급등할 수밖에 없다.

와인 애호가가 스크루 캡보다 코르크 마개를 선호하는 이유로 코르크 마개는 와인이 숨을 쉬게 해준다는 점을 꼽는다. 와인이 호흡한다는 표현은 와인 업계가 만들어 와인 애호가들 사이에 널리 퍼진 말이다. 코르크 마개를 통해 공기가 드나들며 와인의 맛을 풍부하게 해준다는 의미다. 하지만 공기 순환이 와인의 맛에 미치는 영향을 과학적으로 입증하기는 쉽지 않다. 설령 미세한 차이가 난다 하더라도 다른 대가나 비용을 모두 감수해야 할 정도인지는 분명하지 않다.

뉴질랜드 와인 업계가 청량감이 넘치는 화이트 와인에 집중할 때는 코르크 문제가 심각하지 않았다. 중저가 와인이 스크루 캡을 쓴다고 불평하는 와인 애호가는 없었다. 오히려 실용적이라는 찬사도 끊이지 않았다. 그러나 몇몇 뉴질랜드 와이너리가 부가가치 높은 와인을 내놓기 시작하면서 문제가 심각해졌다. 소비자들 뇌리에 각인된 고급 와인이라는 환상 상품의 이미지와 잘 맞지 않기 때문이다. 뉴질랜드 정부는 장기적 관점에서 보면 스크루 캡 의무화라는 실용적인 정책을 포기해야 할지도 모른다.

총체성 : 너와 함께한 모든 순간이 좋다

명품이 대중의 환상이 되는 것은 어떤 요소 때문일까? 좁게는 브랜드나 로고, 넓게는 브랜드가 가진 스토리와 디자인, 상징, 화제성 등이 모두 포함된다. 소비자가 명품을 환상으로 간직하는 핵심 요소는 사람마다 다르다. 따라서 명품 기업은 상품과 관련한 다양한 측면에 섬세한 관심을 기울인다. 단지 짝퉁을 적발하고 고소하는 수준이 아니다. 심지어 자신들이 판매한 진짜 명품도 문제 삼을 때가 있다.

특히 명품 리셀 시장이 크게 성장하면서 명품 기업의 고민도 커지고 있다. 자사 브랜드의 인기를 더할 요인이라고 판단하고 방임하거나 지원하는 경우가 있는가 하면 오히려 명성에 누가 될 거라는 판단에 리셀 시장을 적극 억제하는 경우도 있다. 샤넬은 다른 명품 기업과 달리 후자의 접근법을 선택했다.

리셀러에게 징벌적 손해배상을 청구한 샤넬

최근 프랑스 럭셔리 브랜드 샤넬이 이베이에서 중고품 샤넬 제품을 판매하는 일반인을 대상으로 650억 원에 달하는 소송을 제기했다. 개인으로서는 감당할 수 없는 액수다. 그럼에도 불구하고 샤넬이 소송을 제기한 이유는 무엇일까?

패션법 전문 사이트 패션 로(The Fashion Law) 보도에 따르면 샤넬이 이베이를 통해 중고 샤넬 제품을 판매하는 일반인 라이언 라디진스키(Ryan Ladijinsky)를 대상으로 소송을 제기했다. 그는 짝퉁 샤넬이 아니라 진품 중고를 팔았다. 라디진스키는 샤넬의 공식 판매자가 아니다. 샤넬은 라디진스키를 위조 판매업자가 아닌 샤넬 상품을 웃돈 받고 되팔아 수익을 남기는 리셀러로 규정하고 소송을 제기했다. 그렇다면 리셀러가 인터넷 사이트를 통해 중고 럭셔리 상품을 되파는 행위가 상표권 침해인 범죄일까?

2018년 초에도 샤넬은 자사 제품을 판매하는 뉴욕의 빈티지 리셀러 소매업체 WGACA를 대상으로 뉴욕 연방 법원에 소송을 제기했다. 가짜 샤넬을 판매해 소비자를 혼란스럽게 했다는 이유에서였다. 샤넬 측은 당시 중고품 소매업체 WGACA가 샤넬 마케팅 자료와 제품 이미지는 물론 소셜미디어에서 샤넬 광고와 상표를 사용했으며 #WGACAChanel 해시태그를 사용했다고 밝혔다. 이를 통해 샤넬에서 보증하지 않은 아이템을 진품이라고 공개해 소비자를 현혹시키고 가짜 샤넬 핸드백 등을 판매했기 때문에 금전적인 손해배상을 청구했다고 밝혔다.

샤넬은 과거 H&M 등 하이 스트리트 브랜드를 디자인 카피 혐의로 고소한 적이 있다. 심지어 2010년대 후반 들어서면서부터는 더욱 적극적으로 나서고 있다. 중고품 소매업체에 이어 중고 샤넬 제품을 판매하는 일반 개인에게까지 소송 범위를 확대했다. 샤넬은 라디진스키가 샤넬 중고 제품과 립글로스와 블러쉬, 미포장 향수와 화장품, 중고 향수, 테스트용 샤넬 코스메틱 등 포장이나 제품 정보가 없는 비판매용 제품을 팔았다고 주장했다. 샤넬은 이번 소송에서 상표 침해를 당한 27개의 상표 등록 제품에 대해 간략하게 설명하고 라디진스키의 '고의적인 침해'로 판단해 징벌적 손해배상금을 요구했다.

샤넬이 제기한 불만의 핵심은 라디진스키의 제품이 자주 샤넬의 오리지널 포장이 없는 상태로 팔린다는 사실이다. 샤넬의 오리지널 포장은 '명품 브랜드로서의 명성'과 '제품의 필수 요소이자 샤넬 제품의 구매자 경험'에서 아주 중요한 것이라고 강조한다. 샤넬은 이번 소송의 목적이 샤넬 브랜드의 럭셔리한 이미지에 걸맞은 구매 경험을 보장하기 위한 것이라고 주장한다. 실제로는 샤넬 중고 제품 판매 행위를 차단하고 제동을 걸기 위한 전략적 행보의 일환이다. 샤넬은 자신의 상표를 보호하는 데 있어 일반 개인과 소규모 업체를 가리지 않고 철저하게 법을 적용하고 있다.

반면 일부 신흥 명품 브랜드는 리셀(영어권에서는 resale이라고 표현한다)을 오히려 권장하기도 한다. 이것이 원래 브랜드의 위력을 더하고 본시장을 뒷받침하는 배후 시장이 될 수 있다고 판단하기 때문이다. 예를 들어 패션 디자이너이자 브랜드인 스텔라 맥카트니의 경우, 지난해 럭셔리 리셀러 사이트 리얼리얼(The RealReal)과 제휴해 자신의 중고 제품 판매를 공식적으로 허용했다. 원래 환경에 관심이 많던 그녀는 순환 경제에 대한 책무의 일환으로 자신의 브랜드 제품 재판매를 권장한다. 또한 중고 제품 소비자까지 잠재적인 럭셔리 소비자로 인정한다는 뜻이기도 하다.

그러나 샤넬의 중고 소매업체와 개인까지 확대된 소송전은 합법과 불법의 모호한 경계를 두고 논란의 여지가 남았다. 럭셔리 브랜드 신제품을 살 수 없는 소비자가 중고 제품을 통해 럭셔리를 경험하고 싶은 욕망도 상표권 침해일까?(⟨패션엔⟩, 2018년 7월 16일, '샤넬, 중고 판매 일반인 리셀러 632억 원 소송 제기… 그 이유는?')

브랜드와 트렌드 : 극대화된 마케팅 효과

미식 관련 브랜드나 트렌드만큼 사람들의 환상을 자극하는 것은 없다. 식욕이 단순한 본능이라면 최고나 이색적인 메뉴를 찾는 식도락이나 미식 기행은 본능에 기반해 그것을 뛰어넘는 모험이자 도박,

유행이다. 특히 자신의 라이프스타일을 과시하는 소셜미디어의 등장으로 미식은 최고의 자랑거리나 화젯거리가 되었다. 한마디로 포스트모던 시대의 예술이 되었다.

요리 브랜드, 미슐랭 스타와 월드 50 베스트 레스토랑

1900년 프랑스 타이어 회사인 미쉐린이 레드 가이드라는 이름의 여행 안내서를 발행하기 시작했을 때 회사는 이 책을 둘러싸고 오늘날과 같은 화제와 논란이 벌어지리라고는 꿈에도 생각하지 못했을 것이다. 처음 이 책은 고객과 자사 외국 주재원에게 생활 편의를 제공한다는 차원에서 무료로 배포한 책이었다. 식당에 대한 정보는 극히 일부였을 뿐이다. 레스토랑 정보에 대한 수요가 커지면서 이 분야를 대폭 강화한 것은 제1차 세계대전이 끝나고 이 가이드 책자가 유료로 재발행되기 시작했을 때부터다. 오늘날같이 별의 개수로 평가하는 방식은 1930년대 시작됐고 평가 기준의 엄격성을 강화해 별의 개수가 중요해진 것은 1936년의 일이었다.

오늘날 〈미슐랭 가이드〉는 궁극의 미식 평가로 미식가들의 성서로 여겨진다. 미슐랭 평가 기준이 적용되는 10여 개의 도시는 결과에 따라 외식업계 전체가 들썩거린다. 평가에서 받은 전체 별의 숫자가 글로벌 도시 경쟁력의 주요 요인이 되는가 하면, 평가에 대한 압박감을 못 이긴 요리사들이 자살한 예도 있다. 일부 소비자들은 가이드의 평가를 레스토랑 선택의 절대적 기준으로 맹신한다. 2016년 우리나라 돈으로 1만 원 미만의 길거리 음식이지만 이례적으로 별을 받은 싱가포르의 치킨점은 음식을 맛보려는 고객뿐만 아니라 소셜미디어에 이를 올리려는 관광객으로 인산인해를 이룬다.

물론 세계적으로 인정받는 레스토랑 평가가 미슐랭 가이드만 있는 것은 아니다. 2000년대 이후 미슐랭 가이드의 대항마로 떠오르는 것이 바로 영국 외식 잡지 〈레스토랑〉의 '월드 50 베스트 레스토랑'이다. 처음에 일회성 이벤트로 벌였다가 반응이 폭발적이어서 연례행사가 된 이 레스토랑 평가는 국제적인 셰프나 레스토랑 사업가, 미식가, 음식 평론가들이 참여해서 투표하는 방식이다. 지역별로 35명의 패널이 5,859표를 행사하고 최종 27명의 전문가 집단이 세계 최고의 레스토랑 50개를 뽑는 일종의 여론조사 방식이다. 특히 이 조사에는 셰프들이 직접 최고로 꼽는 '셰프의 선택'이 포함돼 있어 순위 안에 든다는 것은 미슐랭 가이드보다 더 외식업계로부터 인정받는다는 의미를 부여한다.

이 순위에 대한 비판도 만만치 않다. 신뢰성에 문제가 있다는 점에서 이 평가를 햄버그(hambug 사기를 치는 사람이나 사물을 뜻함)라고 하기도 하고 미슐랭 가이드의 권위에 타격을 입힐 목적으로 다국적 식품 업체가 조작하는 순위라는 음모론에 가까운 시각도 있다. 특히 주요 국가를 대표하는 심사 위원이 자신들이 경험한 레스토랑 위주로 적어 내는 방식은 너무 유럽 중심적이고 심사 위원에 여성 셰프나 레스토랑 사업가 등이 전무하다는 지적이 많다. 미슐랭 가이드를 주도하는 프랑스 미식가들은 가혹할 정도의 혹평을 내놓기도 한다. 월드 50 베스트 레스토랑에 대해 프랑스 잡지 〈렉스프레스〉의 요리 평론가 프랑수아 레지스 고드리(Francois-Regis Gaudry)는 세계 요리의 테마라는 실효성 없는 척도로 교묘하게 위장한 수상한 작전이며 사실상 유행의 확산 효과, 과도한 열광, 맹목적인 성향, 약간의 대중매체 조작을 더해 완성한 녹음실의 소음일 뿐이라고 혹평했다.

미슐랭 가이드 역시 비판에서 자유롭지 않다. 정치적으로 계산된 평가를 한다거나 레스토랑의 실질적인 오너나 대기업 후원을 받는다는 논란이 일기도 했다. 서울이 세계에서 여덟 번째 미슐랭 가이드 발행 도시에 포함될 때 역시 이와 관련된 지적이 적지 않았다. 엄밀히 말하면 고드리의 비판은 미슐랭 가이드에도 그대로 적용된다. 더 나아가 모든 브랜드나 트렌드에 해당되는 이야기일지도 모른다.

유행의 확산 효과, 과도한 열광, 맹목적인 성향, 대중매체의 조작 등이 세계가 하나가 된 현대사회에서 브랜드가 마케팅을 수행하며 새로운 트렌드를 만드는 방식이기 때문이다. 환상 상품은 마케팅 효과가 극대화된 브랜드이자 상위 소비자들이 주도하는 트렌드다. 브랜드와 트렌드를 통해 환상 상품이 탄생하고 진화한다.

대중의 인식 : 지역과 시대에 따라 달라진다

좋은 브랜드가 늘 소비자의 환상인 것은 아니다. 좋은 브랜드란 지역이나 문화, 심지어 경제 수준이나 국민소득 같은 다양한 변수에 의해 정의되는 상대적인 것이기 때문이다. 미국 커피 전문점 스타벅스를 생각해 보자. 이 브랜드는 1971년에 생겼다. 1987년 하워드 슐 츠가 이 브랜드를 인수해 이탈리아의 에스프레소 커피 문화를 전 세 계에 확산시켰다. 스타벅스가 좋은 브랜드라는 점을 부인할 사람은 없을 것이다. 창업 이후 50년이 채 안 되는 기간에 65개국 2만 4,000 여 개의 지점을 거느린 세계 최대 커피 전문점이 될 수 있었던 것도 그래서일 것이다. 2016년 기준으로 스타벅스의 가치는 약 130조 원 에 이른다. 최근 한국에서의 매출만 해도 2조 원을 훌쩍 뛰어넘는다.

양적 지표만 대단한 것이 아니다. 스타벅스는 2016년 미국 경제지 〈포춘〉이 선정한 가장 존경받는 기업 3위에 올랐다. 애플과 구글 같 은 정보통신 기업이 아닌 서비스 기업으로 10위 안에 든 유일한 회사 다. 미국의 정체성을 상징하는 브랜드와 자유로운 기업 문화, 하워드 슐츠의 진보적 성향 등이 결합해 스타벅스는 단순히 좋은 브랜드를 넘어섰다.

많은 사람들이 스타벅스를 21세기 맥도날드라고 여긴다. 사실 글 로벌 외식 체인으로 성장한 대표 미국 기업으로 두 회사는 얼핏 닮았 다. 1940년 맥도날드 형제가 창업한 맥도날드는 1955년 프랜차이즈 대리인으로 참여했던 레이 크록(Ray Kroc)이 인수해 세계 최대 외식 체인으로 성장시켰다. 현재 100여 개국 3만 7,000여 개 지점이 있다.

다만 최근 맥도날드는 미국의 정크푸드 문화를 세계화시킨 주범 으로 인식되고 있다. 실제로 2000년대 들어서 매출이 들쭉날쭉인 것 도 이와 관련이 깊다. 최근 회사가 건강에 좋은 메뉴나 재료를 도입하 거나 프리미엄 버거 시장으로 눈길을 돌리는 것도 이런 문제를 돌파

하기 위한 전략이다. 20세기까지 맥도날드화(mcdonaldization)가 서비스의 표준화나 효율 같은 미국식 미덕을 상징하는 말이었다면, 지금은 미국으로 상징되는 대량생산이나 소비의 부정적 뉘앙스를 상징하는 말이 되었다.

스타벅스 앞에 나타난 멜버른의 벽

스타벅스는 적어도 지금까지는 맥도날드와 달리 삶의 질과 여유를 상징하는 말이다. 그야말로 환상적인 브랜드다. 그러나 몇몇 지역에서 스타벅스는 맥도날드처럼 보인다. 그런 곳에서는 스타벅스가 소비자의 환상을 자극하는 데 실패했다. 철옹성 같던 에스프레소 문화의 본고장 이탈리아나 차 문화의 중국마저 차례로 점령해 나가는 지금, 여전히 스타벅스를 최고로 여기지 않는 곳은 어디일까?

호주의 멜버른은 초기 이탈리아 이민자들의 영향으로 에스프레소 문화가 일찌감치 뿌리를 내렸다. 그 때문에 특정 원산지 커피를 주로 취급하는 독립 커피숍의 전통이 강하다. 최근 전 세계를 휩쓸기 시작한 스페셜티 커피숍(specialty coffee shop) 흐름이 진작부터 자리 잡았던 곳이다. 이 지역에서는 거대 커피 브랜드의 지점에 아예 흥미를 느끼지 못한다. 스타벅스 같은 체인점에 들르는 것은 커피를 제대로 즐기지 못하는 일로 치부된다. 실제로 스타벅스는 멜버른에서 실질적인 첫 참패를 맛보았다. 2000년대 이후 한두 차례 지점을 냈다가 이내 철수하고 말았다.

최고 혹은 최고라는 인식이야말로 환상 상품에서 가장 좋은 자산이다. 하지만 최고나 최고라는 생각은 지역뿐만 아니라 시대별로 달라지기도 한다. 현재는 스타벅스가 당대 최고의 환상이지만 언젠가는 블루보틀이나 스텀프타운 같은 스페셜티 커피숍에 자리를 내줄지도 모른다. 시간이 흐르면 환상도 현실이 된다. 당대 최고로 여겼던 맥도날드는 오늘날 이류로 생각한다. 1988년 서울 압구정동에 1호점을 냈던 맥도날드는 오늘날 한국에서 매각을 통한 철수를 서두르고 있다. 맥도날드코리아가 매물로 시장에 나온 것이다. 미국 브랜드 맥도날드와 패스트푸드라는 트렌드는 더 이상 한국 소비자에게 환상을 심어 주지 못한다. 브랜드와 트렌드라는 환상이 모든 시기, 전 세계에 걸쳐 항상 통하는 것은 아니다.

스토리 : 환상이 시작되고 퍼지는 핵심 요소

세계에서 가장 유명한 그림을 단 한 점만 꼽으라면 미술 애호가든 아니든 대개는 이 작품부터 떠올릴 것이다. 레오나르도 다빈치가 그린 '모나리자'. 하지만 이 작품이 원래부터 세계인의 마음을 훔친 것은 아니었다. 20세기 들어 벌어진 여러 가지 일이 그림에 소문과 신화를 더하면서 유명세가 축적된 것이다.

1911년 8월 벌어진 도난 사건. 당시 모나리자가 루브르박물관에서 감쪽같이 사라졌다. 숱한 용의자들이 거명됐다. 박물관을 비판한 시인 기욤 아폴리네르가 체포됐고 그의 증언에 따라 화가인 파블로

피카소도 심문 받았다. 이후 2년 동안 오리무중이던 범인이 갑자기 밝혀졌다. 도난 당시 박물관 직원이었던 빈첸초 페루자다. 그는 도난 당일 청소 도구실에 숨어 있다가 외투 속에 그림을 숨겨 나왔다. 2년 동안 자신의 아파트 벽에 숨겨 두었던 모나리자를 이탈리아 피렌체 우피치 미술관에 팔려다 붙잡혔다. 이탈리아인인 그는 원래 그 작품이 이탈리아에 속해야 한다고 굳게 믿었다. 이탈리아에서 워낙 범인을 우상시하여 페루자는 6개월만 복역했다. 프랑스와 이탈리아 사이의 국제 분쟁으로까지 비화된 이 도난 사건으로 모나리자는 세계적인 명성을 얻었다. 그 후 작품에 가해진 물감 복원이나 황산 세례, 돌 투척 사건 등도 이 명작의 이름값을 더욱 극적으로 올릴 뿐이었다.(《한겨레》, 2017년 7월 13일, '모나리자의 수난')

　　스토리는 환상 상품을 이루는 핵심 요소다. 현대 마케팅, 그것도 소셜미디어 시대의 마케팅에서 스토리의 위력은 널리 알려져 있다. 대부분 환상 상품에는 나름의 스토리가 있다. 스토리는 어떤 상품을 환상 상품으로 자리 잡게 하는 핵심 요소일 뿐만 아니라 널리 알리는 데도 큰 역할을 한다.

쿠바를 먹여 살리는, 미국 문학의 거장 헤밍웨이

　　쿠바는 50년 넘게 외부에 대해 문을 닫아건 나라다. 1959년 쿠바 혁명 이후 자급자족 중심의 사회주의를 채택하기도 했지만 직후 벌어진 미사일 위기로 미국이 길고 긴 경제제재에 돌입했기 때문이기도 하다. 쿠바는 북한과 함께 공식적으로는 코카콜라가 판매되지 않는

나라다. 이곳에서 콜라를 주문하면 '시에고 몬테로 투콜라'라는 콜라 비슷한 상품이 제공된다. 수도 아바나 시내를 질주하는 차량 대부분이 1950년대 이전 미국 차인 것도 자의 반 타의 반 쇄국정책 탓이다.

이 은자(隱者)의 나라가 새로운 관광지로 떠오르고 있다. 관광뿐만 아니라 카리브해의 라스베이거스라는 옛 명성을 서서히 되찾기 시작했다. 2016년 미국 오바마 대통령이 쿠바와의 관계를 정상화하면서 무역 봉쇄 일부가 풀렸다. 후임 트럼프 대통령이 관계 재단절을 시도하기는 했지만 말이다. 가족 방문이나 전문 연구, 회합 목적 방문이 허용됐다. 미 주요 항공사들이 아바나행 직행 노선을 개설했다.

미국과의 관계 정상화와 쿠바의 개방 이후 서구 관광객들에게 가장 인기를 끌고 있는 관광 코스는 헤밍웨이 관광이다. 그의 발자취를 쫓아 호텔과 집, 단골 술집을 둘러보는 상품이다. 여기에는 쿠바에서 집을 구하기 전까지 정기적으로 묵었던 암보스 문도스 호텔과 말년 한때를 보냈던 핀카 비히아의 집이 포함돼 있다. 호텔에는 아예 헤밍웨이의 방을 따로 정해 두고 그의 물품을 전시해 놓았다. 그의 집에는 그가 가장 아꼈던 조그만 배인 필라호도 보관돼 있다. 헤밍웨이가 매일 빠짐없이 들렀던 단골 술집 두 곳, 라 보데기타와 엘 플로리디타도 관광객 필수 코스다. 그곳에 줄지어 선 관광객들은 누가 뭐라고 할 것도 없이 모히토와 다이커리 같은 칵테일을 주문한다. 모두 미국 문학의 거장이자 세계인의 사랑을 한 몸에 받는 헤밍웨이가 사랑했던 술이다. 이쯤 되면 쿠바, 아니면 적어도 쿠바 관광은 헤밍웨이가 먹여살린다고 해도 과언이 아니다.

뉴욕 하이 라인에는 있고 서울로7017에는 없는 것

서울로7017은 철거 직전이던 서울역 고가도로를 도심 공원으로 되살린 공간이다. 이는 단순 철거나 재개발이 아닌 복원, 환경과의 조화로운 발전, 보행자 중심주의 등 최근 세계적 도시 개발 트렌드와 잘 맞아떨어진다.

2014년 9월 이후 3년여 만에 600억 원을 들여 완성한 이곳은 앞으로 서울의 대표적 랜드마크로 자리 잡을 수 있을까? 사실 5년여의 성과를 크게 자부하기는 어렵다. 앞으로도 낙관할 수 없다는 이들은 스토리의 부재를 아쉬워한다. 특히 이 프로젝트의 모델이 됐던 뉴욕 맨해튼의 하이 라인과 비교해서 더욱 그렇다. 이들은 서울로7017이 세계적 명성을 얻기에는 전할 만한 이야깃거리가 없다고 지적한다.

하이 라인은 1999년 흉물스러운 9미터 높이의 화물열차 선로였다. 선로의 처리를 둘러싼 공청회부터가 하나의 서사다. 당시 2명의 청년이 선로 보존을 주장했고 주민들도 둘의 주장을 적극 지지하고 보존 운동에 참여했다. 2001년 9·11 테러 당시 프로젝트 중단 위기도 있었다. 하지만 이 일로 오히려 지역 공동체의 정서적 유대감을 높일 수 있다는 주장이 힘을 얻으면서 위기를 극복했다. 10년 만에 어렵게 하이 라인이 완공되자 이 일에 직접 참여한 1,000여 명의 시민들이 '내가 하이 라인을 살렸다'는 배지를 달고 뉴욕에서는 꿈이 이루어진다며 기쁨을 함께 나눴다. 그에 비하면 서울로7017의 경우는 지방자치단체가 하이 라인의 예를 쫓아 비슷하게 만들었을 뿐이다. 대중의 마음에 쏙 들 만한 이야깃거리 자체가 부족하다.

현대 마케팅의 총아는 단연 스토리텔링이다. 이야기가 가진 힘을 기업이나 경영자가 주목하고 활용한 이래 스토리는 환상 상품의 핵심 구성 요소가 되었다. 세계적인 가구 업체 이케아의 인기 비결에는 합리적인 가격이나 스스로 자신이 쓸 가구를 직접 만든다는 환상이 있다. 하지만 창업주 잉바르 캄프라드(Ingvar F. Kamprad)가 운영하던 가구점에 불이 났을 때 남은 가구를 싸게 팔면서 브랜드의 정체성이 결정됐다는 전화위복 스토리도 중요한 성공담의 일부다.

환상 상품은 대부분 성공한 기업이나 경영자의 작품일 뿐만 아니라 성공적인 마케팅의 산물이다. 특히 소셜미디어 소비 시대의 부산물이다. 단순히 내 환상을 충족시키는 것뿐만 아니라 소셜미디어를 통해 내 소비를 미화하고 자랑할 만한 이야깃거리 하나 없다면 그 상품은 환상 상품으로 등극할 가능성이 낮다.

타인의 시선 : 인정 욕구는 생각보다 힘이 세다

개인적인 환상에서 타인의 시선은 중요한 부분을 차지한다. 가족의 기대와 대중의 관심, 평판 등이 종합적으로 환상의 실체가 된다. 개인의 환상이 집약되어 상품화된 환상 상품 역시 마찬가지다. 타인의 시선이 없다면 환상 상품은 존재할 수 없다. 결국 남을 의식하면서 환상 상품을 소비한다. 이는 환상 상품의 효용과 가치를 훨씬 더 높여준다.

오로지 기록만을 위해 4,000억 원을 쓴 고흐의 해바라기

1980년대 후반 일본의 거품경제가 최고조에 달했다. 주식과 부동산 가격이 거품 전보다 네 배가량 뛰면서 금융기관과 기업이 자산 투자에 몰두했다. 오늘날 일본뿐만 아니라 세계적으로도 많이 쓰이는 재테크라는 말도 당시 모든 경제주체가 불로소득을 노리고 빠져들었던 투기 활동에서 비롯된 용어다. 당시 금융기관이 매집에 가장 열을 올렸던 것 가운데 하나가 바로 서양화, 특히 인상파 그림이다. 오늘날 고흐를 포함해 인상파 화가의 그림값이 회화로는 인류 역사상 최고가가 된 것도 당시 일본 금융기관의 수집 열이 크게 작용했다.

당시 고흐의 해바라기는 약 500억 원(4,000만 달러) 가까이로 단일 작품 최고가 기록을 갈아 치웠다. 이 작품이 세계를 경악시킨 것은 단지 가격만이 아니다. 작품을 산 야스다화재해상보험의 구매 이유 때문이기도 했다. 야스다화재해상보험의 CEO는 작품 구입 후 인터뷰를 통해 해바라기가 자신의 환상 상품이 된 동기를 밝혔다. "저희는 세계에서 가장 비싼 작품을 보유하고 싶다는 욕망이 간절했습니다."

이 구매 때문에 인상파 작품이 유독 동아시아 지역에서 인기 있는 이유라든가 기업이 어떤 대상에 어느 선까지 투자 활동을 해야 하느냐 하는 논란이 일었다. 그 후에도 일본 거품경제의 비합리성을 보여주는 사례로 종종 회자된다.(『금융투기의 역사』, 에드워드 챈슬러, 국일증권경제연구소) 하지만 이 이야기에도 반전이 있다. 작품을 보러 오는 유료 관객이 급증하면서 10여 년 만에 수입이 구매가를 넘어섰다. 또한 회사가 파산 직전 합병을 하면서 투자자산을 재평가하는 과정에서 가장 알짜배기로 인정받기도 했다. 재평가한 이 작품의 가치는 8,000만 달러에서 1억 달러 선이었다. 미술 애호가뿐만 아니라 모든 사람의 환상이 되는 순간 구매가라든가 내재 가치 같은 전통적인 경제적 개념은 무의미해졌다. 야스다 보험의 작품 구입 자체가 일본 대중은 물론 세계 미술 시장 수집가나 구매자들의 환상을 엄청나게 자극했음은 말할 것도 없다.

환상은 기본적으로 지극히 사적이고 본능적이다. 그럴싸한 명분을 사랑하는 것이 아니다. 어쩌면 드러내 놓을 수 없는 은밀한 것을 꿈꿀 때도 있다. 미인 대회를 지켜보는 관객이나 시청자들은 모든 참가자가 거론하는 세계 평화 같은 진부한 이야기에 환상을 갖지 않는다. 그들의 외모에 대해 나름의 환상을 갖는다.

그렇다면 개인이 간직한 지극히 사적인 환상은 어떻게 환상 상품으로 발전할까? 만약 개인의 선호가 집단이나 조직, 사회의 환상과 공통분모가 전혀 없다면 아마 불가능할 것이다. 하지만 사람들의 환상은 거의 비슷하다. 더욱이 같은 전통이나 문화를 공유하는 집단이나 사회의 경우는 더욱더 그렇다. 따라서 환상 상품은 대중의 환상이 발현된 결과다. 개인의 환상이 대중과 충돌하는 경우도 있지만 개인은 대중의 환상으로부터 지속적인 영향을 받는다.

다시 미인 대회로 돌아가 보자. 이 대회의 우승자는 당신의 개인적인 취향과는 크게 관련이 없다. 그저 참가자 중 괜찮은 외모와 실력을 보여준 이들 가운데 하나다. 적어도 당신이 내심 점찍은 후보는 아니라 하더라도 대중이 수긍할 만한 이들 중 한 명일 것이다. 각자의 환상은 꽤 다르지만 대중의 환상은 엇비슷한 데가 많다.

만일 미인 대회 우승자를 맞추고자 한다면 당신의 취향보다는 심사 위원과 대회 성향, 다른 사람들의 환상을 더욱 유심히 살펴야 한다. 이는 주식 투자를 포함한 시장경제의 작동 원리로 케인스가 이미 활용한 바 있는 비유다. 환상 상품을 기획하거나 만들려는 사람들은 개인 취향이나 환상을 떠나 대중의 것을 찾아내야 한다. 그것이 시장에서 환상 상품에 대한 수요와 공급으로 이어진다. 이는 다시 개인의 환상에 직간접적 영향을 미친다.

메뉴 선택의 비밀

행동 경제학의 대가인 댄 애리얼리(Dan Ariely)가 연구한 메뉴 선택 실험은 개인과 대중의 환상이 어떻게 상호작용 하는지를 잘 보여준다. 여럿이 레스토랑에 들렀을 때, 다른 동료들이 레스토랑이 추천한 메뉴를 일관되게 선택했을 때, 개인의 반응을 관찰하는 실험이었다. 결과는 예상대로다. 혼자 조용히 주문할 때 좋아했던 음식과 달리 여럿이 공개적으로 주문할 때는 그다지 좋아하지 않는 음식도 주문한다. 심지어 동료가 모두 같은 메뉴를 주문하지 않더라도 자신의 취향을 희생했다. 이때는 첫 번째 사람이 주문한 것과 같은 선택을 하는 경우가 많다.

사람들은 대부분 유일무이한 존재가 되고 싶어 한다. 동시에 타인에게도 인정받고 싶어 한다. 튀고 싶은 욕구와 순응하고자 하는 욕망이 공존한다. 개인적인 환상에서는 전자가 차지하는 비중이 클지 모르지만 대중 속에서 꿈꾸고 소비할 때 사람들은 순응하고자 하는 욕구가 크다. 대중의 환상을 포착하고 그와 다를지도 모를 개인까지 그것에 포획되도록 하는 것이야말로 시장에서 대박 치는 환상 상품을 만드는 핵심 전략이다. "특이한 존재가 되고 싶다는 욕망이 큰 사람이라 하더라도 타인의 주목을 끌기 위해 자신을 희생하는 경우가 많다. 한마디로 무리에서 인정받기 위해서 자신의 선택을 희생한다." 댄 애리얼리의 말이다.

갤러리와 박물관, 사진 촬영을 용인하다

최근 박물관이나 미술관 분위기가 급변하고 있다. 대부분이 사진 촬영을 허가하기 시작했다. 아예 셀카 촬영이 가능하다는 점을 마케팅 포인트로 삼는 갤러리도 크게 늘었다. 그토록 권위적이고 오만했던 루브르도 밀려드는 셀카족을 어쩌지 못했다. 내가 경험했던 촬영 금지 시절은 상상조차 할 수 없을 정도다. 루브르박물관 리뷰에 꼭 빠지지 않고 셀카 지옥을 하소연하는 불만이 등장한다. 최근 박물관 측은 셀카 필수품이 된 셀카봉이 미술품에 피해를 입힐지 모른다는 우려 때문에 사용 금지를 고려하고 있다.

그렇게 권위적이고 오만했던 곳이 왜 이토록 관대해졌을까? 셀카 혹은 인증샷이 박물관이나 미술관 관람의 핵심이 됐기 때문이다. 이런 곳을 찾는 사람들은 자신이 좋아하는 작품을 보고 느끼는 것만으로 만족하지 못한다. 유명 작품과 함께 한 자신을 소셜미디어를 통해 드러냄으로써 자신의 취향을 자랑하려 한다. 스마트폰 보급은 박물관과 미술관 관람의 방식을 바꾸었다. 설령 박물관이나 미술관 측이 촬영을 금지하더라도 손바닥만 한 스마트폰으로 몰래 사진을 찍는 것은 어려운 일이 아니다. 사실 경비원에게 제지당했던 1990년대 초반에는 대포만 한 아날로그 카메라를 들고 다녀야 했기에 몰래 촬영을 할 수 없었을 뿐이다. 이를 완전히 금지하는 것은 실질적으로 불가능할 뿐만 아니라 그로 인한 관람객 수 저하를 무시할 수도 없다. 셀카 촬영을 금지해도 방문객이 줄을 설 소수의 유명 박물관이나 미술관 정도만 촬영 금지 정책을 앞으로도 고수할 터다. 대부분은 소비자의 환상 앞에 두 손 두 발 다 들었다.

자존감 : 진짜만이 가질 수 있는 효용

명품 시장은 전통적으로 타인의 시선을 기반으로 오랫동안 성황을 누렸다. 전통적 명품이든 새롭게 떠오르는 명품이든 소비자는 널리 알려진 해당 상품이나 브랜드가 어떻게 비치는지 잘 안다. 이를 위해 실제 품질보다 훨씬 후한 가격을 지불했다. 어떻게 보면 짝퉁 시장의 존재가 이를 반증한다. 일부 소비자들은 훨씬 싼 가격으로 사람들이 부러워할 만한 상품이나 브랜드를 누리려고 했다. 때로 조롱이나 비난의 위험을 무릅쓰면서까지 말이다.

사실 짝퉁의 존재는 의복의 역사와 궤적을 같이한다. 산업혁명 이전 수작업으로 옷을 만들던 시절에도 유행하는 드레스의 실루엣이나 컷, 제작 방법을 흉내 내는 일은 비일비재했다. 대량생산이 시작되자 상황은 더욱 심각해졌다. 유명한 의류 제작소나 생산 기업은 고가의 패션이 탄생하자마자 이를 그대로 복제하는 사람들로 골치를 앓았다. 어떻게 보면 오늘날 SPA 패션 브랜드 역시 명품 디자인을 상당 부분 차용한다는 점에서 이런 부류로 볼 수 있다.

1951년 미국의 시사 잡지 〈애틀랜틱〉 9월호에는 당시 유명 칼럼 니스트였던 샐리 아이셀린이 이를 통탄하는 글이 실려 있다. 그녀에 따르면 프랑스 파리에서 최신 유행 드레스를 사서 이탈리아 로마에 갖다 주면 숙련된 재단사들이 같은 가격으로 똑같이 두 벌을 만들어 준다. 파리에서는 이들을 비하해서 부르는 복제꾼(copyist)이라는 말 까지 있을 정도다. 아이셀린은 사람들의 속물적인 쇼핑 문화뿐만 아 니라 이를 위해 존재하는 짝퉁 시장에 대해 개탄해 마지않았다.(〈The Atlantic〉, Sep., 1951, 'I bought a dress in Paris') 타인의 시선을 의식하는 이 시장은 하루아침에 생긴 것도 아니고 쉽게 없어질 것도 아니다. 오 늘날에도 많은 명품 기업이나 지적재산권 관련 단체, 선진국 정부는 이 시장을 규제하기 위해 엄청난 비용과 에너지를 쏟아붓고 있다.

슈퍼페이크 시장의 인기는 무엇이 다를까?

최근 미국과 유럽에서 유행하는 이른바 슈퍼페이크(superfake)는 명품 기업에게 기존의 짝퉁 시장과는 다른 문제의식과 고민을 안긴 다. 과거에는 짝퉁이라면 브랜드나 디자인은 베꼈지만 전문가는 물론 소비자 상당수도 그 사실을 알아차릴 수 있었다. 반면 최근 등장한 슈퍼페이크는 전문가도 쉽게 식별할 수 없을 만큼 정교한 제품이다. 특히 명품 가방 시장과 함께 급성장 중인 이 분야는 가죽의 질도 거의 흡사할 뿐만 아니라 박음질 수까지도 같다. 그간 명품과 짝퉁을 구분하는 다양한 기준을 넘어선 진짜 복제품이다. 과거 각종 등급으로 분류되었던 짝퉁의 수준을 완전히 넘어섰다. 짝퉁과 슈퍼페이크의 공통점이라면 생산지다. 주로 재료비와 인건비가 싼 신흥국에서 만들어진다. 슈퍼페이크는 중국, 주로 광둥 지역에서 생산되지만 소비 지역은 신흥국에만 한정되지 않는다. 최근 북미와 유럽 지역으로 급속히 확산되고 있다.

슈퍼페이크 소비 심리는 사실 짝퉁과는 다르다. 전문가마저 못 알아볼 정도로 같다면, 명품 가격의 5분의 1에서 10분의 1 가격으로 타인의 부러움 어린 시선을 누리는 것이 무엇이 잘못됐다는 말인가? 법이나 도덕적인 잣대를 떠나서 경제적으로만 보면 그게 더 합리적인 것이 아닌가? 그렇지만 슈퍼페이크는 결국 짝퉁으로 남을 수밖에 없다. 결코 명품 반열에 올라설 수 없다. 명품의 인기는 단지 타인의 시선을 의식하는 인간의 본능 때문만은 아니다. 사람들은 스스로를 의식하기도 한다. 제값 주고 사는 것도 명품 소비의 효용이다. 보통 상품과 다른 높은 가격과 이를 지불할 수 있다는 자존심이야말로 환상 상품의 일부다.

소구점 : 소비자의 욕구는 진화 발전한다

운동할 때 신는 신발이라고 애당초 특별할 것은 없었다. 운동화가 전 세계적으로 특별해지기 시작한 것은 1924년 독일의 스포츠 용품 브랜드 아디다스가 설립되면서다(아디다스 상표의 등장은 1949년). 그 후 운동화를 포함해 스포츠 용품은 거대한 세계시장을 형성했다. 근대 올림픽이나 월드컵 등 국제 스포츠 이벤트가 인기를 얻으면서 스포츠 용품에 새겨진 선명한 3개의 줄은 세계인의 가슴에 아로새겨졌다.

1970년대에 접어들면서 운동은 스포츠 선수들에서 대중으로 점차 확산되기 시작했다. 미국을 중심으로 퍼진 조깅이 열풍의 진원지다. 이 흐름과 맥을 같이 하며 설립된 스포츠 브랜드가 나이키다. 나이키 공동 창업자이자 전설적 육상 코치인 빌 바우어만은 3쪽짜리 조깅 매뉴얼을 선보였다. 이 글이 사람들의 관심을 끌자 바우어만은 1966년 심장병 전문의와 함께 90쪽짜리 『조깅의 기초』란 책을 펴냈다. 이때를 기점으로 미국에 조깅 붐이 불기 시작했다. 이듬해에는 127쪽짜리 개정판을 냈다.

나이키, 라이프스타일이 되다

극소수의 선수뿐만 아니라 대중에게 스포츠 용품이 본격적인 환상 상품으로 등장한 것은 이때였을 것이다. 전문적 기능이 추가된 운동화와 다양한 용품에 박힌 다국적 스포츠 브랜드 상표는 당신이 건강과 트렌드에 신경을 쓰며 특정한 라이프스타일을 선호한다는 상징과도 같다.

1989년을 기점으로 세계 스포츠 용품 시장에서 나이키가 선두 주자로 올라섰다. 그 후 아디다스는 옛 아성을 되찾을 수 없었다. 나이키는 아디다스와 함께 세계적인 스포츠 이벤트와 스타를 후원하면서 성장했다. 하지만 나이키는 보통 사람들에게 단순히 스포츠 애호가가 아니라 스스로 스포츠를 즐긴다는 인상을 강렬하게 주었다. 나이키가 대단한 것은 갑부에서 노숙자까지 부나 사회적 지위와 관계없이 대부분의 사람들이 선호한다는 점이다. 똑같은 스포츠 용품이라도 한쪽에 스우시(swoosh 나이키 로고)만 붙어 있으면 모든 사람들에게 명품 비슷한 대접을 받기에 이르렀다. 이렇게 모든 소비자의 환상을 자극하는 브랜드는 극히 드물다.

나이키나 아디다스 같은 스포츠 용품 브랜드가 독특한 입지를 차지하게 된 것은 스포츠 용품이라는 전문 상품을 일종의 패션으로 탈바꿈시킨 마케팅 전략 덕이다. 운동화를 포함한 스포츠 용품은 수명이 다해야 바꾸는 것이 아니다. 스포츠 의류는 기능이나 용도뿐만 아니라 색상에 따라 여러 벌 갖출 필요가 있는 패션 아이템으로 거듭났다. 한정판 제품이나 특정 연도나 이벤트를 기념하는 상품을 생산하는 것은 물론 글로벌 스포츠 스타와 패션 디자이너와의 컬래버레이션을 종종 벌이는 것도 이런 전략의 일환이다.

2015년 글로벌 스포츠 용품 시장에는 또 한 번의 격변이 일어났다. 설립된 지 20년이 채 안 된 언더아머가 미국 시장에서 아디다스를 제치고 2위 내셔널 브랜드로 올라섰다. 언더아머가 환상 상품으로 등극한 것은 나이키와 다른 전략을 통해서다. 언더아머는 23세 전직 대학 풋볼 팀 선수 출신인 케빈 플랭크(Kevin Plank)가 할머니 집 지하실에서 창업했다. 그는 선수 시절 땀에 젖은 저지 원단의 옷을 갈아입느라 애를 먹곤 했다. 기존 스포츠 의류 대부분이 땀에 별 관심이 없다는 데 착안했다. 땀을 흡수해 날려버리는 합성섬유로 스포츠 의류를 만들어 공급하기 시작했다. 스포츠 용품으로서의 기능을 획기적으로 강화하는 접근법이었다. 합성섬유 기술이 획기적으로 발전해 다양한 기능적 수요를 충족시킬 수 있게 된 것도 성공의 토대가 되었다. 많은 사람들이 어느 때보다도 더 스포츠를 즐기게 된 요즘 스포츠 용품 소비자들은 더욱 빼어난 기능을 꿈꾼다는 점에 착안한 셈이다. 2010년대 후반 이후 모든 스포츠 용품 브랜드가 합성섬유 기술을 활용하기 시작하자 언더아머는 패션이나 스타일의 단점이 오히려 부각됐다.

오랜 스포츠 용품 역사가 무색하게 된 아디다스는 나이키의 스타일이나 언더아머의 기능과는 전혀 다른 전략을 모색했다. 아디다스는 2012년경부터 성장이 정체되는 기미가 역력했다. 2016년 독일 화학회사인 헨켈에서 영입한 신임 CEO 카스퍼 로스테드(Kasper Rorsted)는 핵심 경쟁력을 속도로 잡았다.(《조선일보》, 2017년 6월 10일, '맞춤형 신발이 반나절 만에 뚝딱…아디다스 속도 혁명') 소비자가 원하는 맞춤형 제품을 가장 빨리 전하는 데 주력하겠다는 전략이다. 소비자는 스마트폰으로 자신이 좋아하는 선택 사항을 취합해 자신만의 제품을 구상한다. 그러면 완전 자동화된 공장에서 즉각 제품을 만들어 고객에게 보내는 식이다. 여기에는 앱으로 소비자가 선택 사항을 고르는 소비 환경 변화도 고려했다. 이 전례 없는 실험이 이루어질 유럽 시장을 위해 독일에 생산 인력 없는 로봇 전용 공장도 설립 중이다. 다른 사람들과는 다른 나만의 상품을 갖는다는 환상을 겨냥하는 접근법이다.

스포츠 브랜드 대전의 결과가 어떻게 될지는 아직 장담하기 어렵다. 분명한 것은 스포츠 용품 소비자, 즉 스포츠를 즐기는 이들이 가진 환상도 시대에 따라 변한다는 사실이다. 처음 그것은 빼어난 선수를 닮고 싶은 단순한 욕망에서 더 멋지고 건강하게 보이고 싶은 욕구로 발전했다. 그러다 온몸으로 운동을 즐기는 데 필요한 더 나은 기능을 갈망했다. 그렇다면 다음은 스마트폰 앱으로 내가 원하는 기능과 디자인을 선택해서 바로 받아 보게 되길 바랄까? 먼저 스포츠 애호가인 당신의 가슴속 깊은 곳에 있는 환상부터 들여다보자. 거기에 질문에 대한 답이 있다.

진정성 : 과잉 마케팅에 지친 사람들의 환상

제이미 컨 리마는 2000년대 중반까지만 해도 방송인의 길로 달리는 듯했다. 미국 워싱턴주립대学을 졸업하고 미스USA 워싱턴주 대표를 거친 후 리얼리티 쇼에도 얼굴을 내밀었다. 미국 내에서 화제가 된 〈빅 브라더〉였다. 그 후 컬럼비아대학에서 경영대학원(MBA) 과정을 마친 후 오리건주 포틀랜드시의 폭스TV 지사에 안착했다.

방송인으로서의 삶은 고단했다. 특히 두터운 화장에 늘 시달리는 그녀의 피부가 문제였다. 화장을 지우고 나면 피부는 울긋불긋하게 변해 있었다. 좁쌀 같은 것이 나 오돌토돌해지기도 했다. 부모로부터 물려받은 유전병인 모낭충이 늘 리마를 괴롭혔다. 2008년 리마는 방송사를 그만뒀다.

대신 자신의 약점을 활용한 사업을 구상했다. 치료제를 겸한 화장품 사업을 구상한 것이다. MBA 과정에서 만난 브라질계 남편 지인을 통해 기술적인 문제와 생산 시설 문제를 해결했다. 제품 자체는 그녀가 이사한 로스앤젤레스의 살림집 거실에서 포장하고 배송했다. 리마가 가장 주력한 것은 여성들이 화장품 신제품에 대한 정보를 얻고 상품을 구매하는 홈쇼핑 채널이었다. 그러나 미국과 캐나다 홈쇼핑에 몇 차례 얼굴을 내밀었지만 반응이 신통치 않았다.

2012년 화장품 전문 홈쇼핑 채널인 QVC 코스메틱에 어렵게 출연하면서부터 상황은 급변했다. 당시 그녀가 소개한 제품은 아이 컨실러였다. 단 10분 만에 준비한 상품이 다 팔렸다. 이런 변화를 이끌어 낸 것은 리마가 제품 소개 방식을 완전히 바꾸면서였다. 리마는 홈쇼핑 판매에 큰 성공을 거둔 경쟁 제품 사례를 꼼꼼하게 연구했다. 이날 그녀는 카메라 앞에서 실시간으로 아이 컨실러를 지웠다. 스스로 약점이라고 생각한 울긋불긋하고 오돌토돌한 피부를 적나라하게 드러냈다. 그녀 곁에는 같은 아이 컨실러를 쓴 66세 노인이 있었다.

방송 후 피부 치료제와 메이크업 혼합 화장품 전문 회사인 IT코스메틱은 미국뿐만 아니라 세계에서 가장 주목받는 브랜드가 되었다. 매년 성장률이 3퍼센트 이하로 떨어진 화장품 포화 시장에서 IT코스메틱은 독보적인 존재가 되었다. 무엇보다도 회사는 소셜미디어를 통해 젊은 여성들에게 가장 가까이 다가간 브랜드로 평가된다. 리마가 자신의 결함투성이 피부를 보여주는 동영상은 유튜브에서 2020년까지 무려 1,000만 뷰 이상을 기록했다. 페이스북에서는 하루에 평균 3,600번 정도가 언급되거나 공유되었다.

성장이 정체되다시피 한 화장품 시장에서 로레알이나 코티, 에스티로더 같은 선두 주자의 전략은 젊은 고객층에 어필하는 유망한 브랜드를 일찌감치 사들이는 것이다. 이 3대 업체의 인수 합병이 이어지는 와중에 리마의 IT코스메틱도 로레알에 1조 2,000억 원에 매각됐다. 이 일로 리마는 개인적으로 4,000억 원 이상을 챙긴 것으로 평가된다. 회사 경영권은 여전히 리마에게 있다. 여성 고객을 대상으로 한 화장품 회사지만 200여 개 브랜드를 가진 로레알에서 여성이 계열 브랜드 CEO가 된 것은 그녀가 처음이다.

소비자들은 종종 기업과 상품, 광고에 기만당하고 있다고 느낀다. 그들은 마케팅 과잉 시대에 좀처럼 진정성을 찾을 수 없다고 본다. 그만큼 진정성을 높이 평가한다. 리마의 성공은 그녀가 자신의 치부까지 드러내며 진정성을 보여주었다고 평가한 소비자의 판단 덕분이다.

환상 상품은
살아 움직인다

나는 미키마우스고 사람들은 그 의상 속에 정말 누가 들어 있는지 모릅니다. 내 존재가 아주 고상하다거나 멋지지 않아서 미안할 따름이지요.

- 키아누 리브스(Keanu Reeves 1964~ 할리우드 영화배우)

환상에도 생로병사가 있다

환상 상품도 보통 상품의 수명 주기와 같은 운명을 맞는다. 그러나 상품 주기가 단순하지만은 않다. 상품이 탄생하고 쓰임이 최고조에 달했다가 사라져 버리는 과정만 겪는 것이 아니다. 평범한 상품이 어느 순간 소비자의 환상으로 거듭 태어나기도 하고 반대의 경우도 벌어진다. 때때로 상상을 초월할 정도로 오래도록 환상 상품의 지위를 유지하는 경우도 있다. 그 상품의 고유한 특질이 시대적 요구나 대중의 변덕과 딱 맞아떨어지는 경우가 그렇다.

월스트리트에 등장한 편안하지만 흉측한 신발

젊은 세대라면 다소 기괴하게 생긴 이 샌들을 한 켤레쯤은 가지고 있을 것이다. 하지만 이 신발의 역사가 250년 가까이 되었다는 사실을 아는 사람은 거의 없다. 버켄스탁(Birkenstock)은 1774년 독일 프랑크푸르트 인근 소도시에서 출발했다. 당시 교회 기록에 이 이름이 현지 구두 업자로 등장한다. 20세기 초까지만 해도 이 가문이 신발을 본격적으로 생산한 것은 아니었다. 고무와 코르크 소재 구두 밑창 전문 업체였다. 정형외과 지식과 권위를 바탕으로 발의 편안함을 추구하는 데 특화되어 있었다.

그 후 점차 신발, 그 가운데에서도 샌들에 주력했지만 패션이나 디자인 관점에서 각광받던 기업은 아니다. 오히려 괴짜나 신는 신발이라는 이미지가 강했다. 히피나 과학 교사, 휴일 하이커가 즐기는 신발이었다. 이 샌들이 패셔너블하지 않다는 인상을 강화시킨 것은 이들이 종종 발목까지 올라오는 양말과 함께 신었기 때문이었다.

이 신발 회사가 2023년 10월 10일 미국 증시에 상장됐다. 몸값만 무려 8조 원, 물론 공모 직후 공모가 대비 20퍼센트 가까이 빠지기는 했다. 기업공개(IPO)가 아니어도 버켄스탁의 인기를 보여주는 통계가 많다. 2022년에는 3,000만 켤레를 팔았다. 2014년 매출액은 5,000억 원이 채 안 됐지만 지난해는 1조 5,000억 원 이상을 기록했다. 우리에게 눈에 익은 기본형 5개 제품 가격은 평균 5만 원 안팎이다. 그러나 최근 생산하는 한정판 럭셔리 스타일 제품 가격은 230만 원 이상으로 40배 이상 비싸다.

패션과는 거리가 멀어도 한참 멀었던 것으로 여기던 이 브랜드는 어떻게 환상 상품으로 거듭날 수 있었을까? 세계 패션 업계의 이목이 집중되는 파리 패션위크를 계기로 꼽을 수 있다. 2012년 셀린느의 크리에이티브 디렉터였던 패션 디자이너 피비 필로가 모피가 달린 버켄스탁 샌들을 선보였다. 이 제품은 단숨에 세계인의 눈길을 사로잡았다. 물론 버켄스탁에도 오랫동안 소수의 광팬이 있었다는 점도 잊어서는 안 된다. 이 신발은 코르크와 라텍스를 주조로 한 밑창 덕분에 발꿈치가 워낙 편했고 내구성도 좋다. 남 눈치를 보지 않는 사람이라면 시기나 계절과 상관없이 즐겨 신었다. 애플 창업주 스티브 잡스가 대표적인 애호가다. 잡스가 즐겨 신던 갈색 버켄스탁은 경매에서 3억 원 가까이에 팔리기도 했다. 최근에는 패션 아이콘인 켄달 제너가 신은 모습이 파파라치 사진을 통해 종종 소개되었다. 수백 년간 기능 외에는 볼품없던 상품이 거의 한순간에 환상 상품이 되는 데는 특별한 계기와 특별한 사람으로 충분했다.

환상 상품의 주기에서 가장 특이한 점은 때때로 부활한다는 것이다. 사실 보통 상품의 경우 시장에서 사망 선고를 받으면 상품이 다시 살아나는 경우가 드물다. 설령 그런 경우가 있더라도 반짝 관심이나 일시 유행에 그친다. 그러나 환상 상품은 시대를 거스르는 경우가 많다. 환상 상품은 시장이나 경쟁 환경에만 영향을 받는 것이 아니다. 그보다 때로는 현실과 동떨어진 대중의 환상에 기반한다. 종종 시장과 경쟁 환경에 관한 상식과 배치될 때가 많다.

라디오가 사망한 시대, 빈의 FM4

라디오라는 매체도 마찬가지다. 라디오는 20세기 중반 TV의 등장과 함께 사라질지 모른다는 전망이 우세했다. 하지만 지금은 새로운 틈새시장을 찾았다. 1995년 오스트리아 빈에 설립된 FM4는 유럽 지역에서도 마니아층이 많은 라디오 방송이다. 이곳을 찾아 차를 렌트하는 외국인이라면 대개 이 방송을 추천받는다. 영어뿐만 아니라 유럽 주요국 언어들이 등장하는 다언어 방송인 데다 내보내는 음악도 최신 유로댄스 곡에서 힙합, 클래식을 모두 망라한다. 다루는 주제도 다양하고 깊이 있다.

특히 금요일 밤 9시부터 이튿날 오전 6시까지 장장 9시간에 걸쳐 이어지는 '럭셔리 파티(La boum de Luxe)'라는 프로그램은 다양한 음악뿐만 아니라 삶의 의미, 페미니즘, 정치와 취향 등 폭넓은 주제를 다루어 인기를 얻었다. 현재 이 프로그램의 진행자 나탈리 부르너는 이 방송에서 심부름 아르바이트를 하다 라디오의 매력에 빠져 눌러앉았다. "감정적으로, 지적으로, 그리고 정신적으로 연결된 사람들을 찾는 게 중요합니다. 그렇게 할 수만 있다면 당신이 어떤 분야에서 일하는지는 중요하지 않습니다." 부르너의 말이다.

사람들을 연결시킨다는 점에서 라디오는 소셜미디어처럼 환상적인 상품이다. 또한 오늘날 라디오는 앱이나 홈페이지, 모바일 메시징, 소셜미디어 등과 결합하면서 상호작용 하는 쌍방향 미디어로 진화하고 있다. 한쪽이 일방적으로 지식이나 정보를 전하기만 하는 일방적인 매체가 아니다. 한때 기술적으로 뒤처졌다는 이유로 사망 선고를 앞두고 있던 상품이 인터넷과 모바일 분야의 기술 진보로 다시 각광받게 된 것이야말로 진짜 아이러니가 아닐 수 없다.

몰락과 부활의 신화는 계속된다

몇 해 전 서울에서 태양의 서커스 공연을 보러 간 적이 있다. 나는 서커스에 대해 일말의 환상도 가지고 있지 않았다. 호감조차 거의 없었다. 서커스는 아련하고 애틋할지언정 결코 멋지다고 생각한 적이 없었다. 공연 관람을 권한 지인을 원망까지 했을 정도다. 그런데 서커스가 시작되자마자, 더 정확히는 공연장에 입장할 때부터 생각이 바뀌었다. 과감한 곡예나 폭소를 터뜨리게 하는 광대도 전통적인 서커스보다 멋졌다. 하지만 상상을 초월하는 무대 디자인이나 구성, 잠시도 가만 있지 못하게 만드는 음악 등 모든 것이 기대 이상이었다. 한마디로 환상적이었다.

즉각적으로 이 서커스 공연이 어떻게 환상 상품으로 자리 잡을 수 있었는지 이해할 수 있었다. 태양의 서커스는 2018년 1조 원 가까운 매출을 올렸고 미국과 멕시코 등지에 10여 곳의 상설 공연장을 갖추고 있다. 그들이 순회공연을 한 곳만 세계 130여 도시에 달한다. 이해에만 무려 1,000만 명 이상이 그들의 쇼를 관람했다.

태양의 서커스의 성공은 전 세계적으로 서커스 산업이 몰락하는 가운데 이룬 성과여서 더 돋보인다. 미국에서 전통 서커스 공연의 대명사였던 링글링 형제와 바넘 앤 베일리조차 2017년 문을 닫았다. 물론 태양의 서커스도 코로나19는 피해 갈 수 없었고 2020년 캐탈리스트 캐피털과 기업가 짐 머렌에게 매각되었다. 하지만 여전히 새로운 실험을 지속하고 대중의 찬사를 받는다.

디지털 시대, 서커스는 어떻게 살아남았을까?

태양의 서커스는 서커스 산업 몰락이 시작된 1984년 캐나다 퀘벡에 설립됐다. 그 후 공연을 획기적으로 혁신했다. 최근에는 아예 판을 키워 기업화함으로써 사양산업이라는 서커스의 운명을 피할 수 있었다. 2015년 사모펀드인 TPG 캐피털이 태양의 서커스 공동 창업주의 지분을 사들여 최대 주주가 되었다. 이들이 경영 전면에 나선 후 태양의 서커스는 테마파크를 포함해 어린이를 위한 쇼 비즈니스 사업을 추진했다. NFL과는 뉴욕 랜드마크인 타임스스퀘어 광장에 공동 숍을 세우기도 했다. 중국 진출에도 적극적이다.(〈Fortune〉, March 1, 2016, p.56~58)

모든 사업 구상의 핵심은 태양의 서커스가 환상적이라는 이미지를 유지하는 것이다. 디지털 시대 대중의 시선을 끌 만한 충격적일 정도로 참신한 즉석 볼거리를 제공해야 한다. 젊은 세대는 영화나 전자기기가 제공할 수 없는 장소나 순간에 셀카를 찍기 좋아한다. 태양의 서커스는 공연 도중 셀카 타임을 따로 정해 두고 있다.

볼거리만이 아니다. 이 회사는 기업 고객을 대상으로 산업 교육 서비스도 제공한다. 구글이나 어도비 시스템즈, K-마트 호주 같은 기업은 직원들을 태양의 서커스에 보내 교육시키고 있다. 참가자들은 간단한 곡예나 요가, 명상을 하면서 자신을 돌아보고 팀의 일원으로 서로를 믿어야만 한다는 사실을 배우게 된다. 태양의 서커스가 트렌드를 거스르는 변신을 할 수 있었던 것은 여전히 많은 사람들이 그들을 환상적으로 보고 있기 때문이다. 곡예나 서커스가 더 이상 환상의 대상이 될 수 없는 시대임에도 불구하고 말이다.

어느 순간 평범한 상품이 환상 상품으로 거듭난다. 반면 환상 상품이 가면을 벗고 실체를 드러내기도 한다. 대중과 시장이 간직한 환상이 허물어질 때가 바로 그런 시점이다. 사람들은 자신이 가졌던 높은 기대가 실망으로 변할 때 그 대상인 상품에 대한 태도가 돌변한다. 서커스야말로 이런 변화의 좋은 예다.

원형경기장을 뜻하는 라틴어에서 유래한 서커스라는 말은 이미 중세에 등장했다. 하지만 오늘날과 같은 순회공연단의 의미로 쓰이기 시작한 것은 18세기 중반 무렵부터다. 이때는 공중그네를 포함한 곡예가 어디서도 볼 수 없었던 볼거리였다. 그 후 오랫동안 보통 사람들에게 서커스는 환상 상품으로 자리 잡았다. 그러나 TV라는 매체가 거의 공짜로 온갖 시각적 즐거움을 선사하기 시작하자 서커스는 입지를 잃었다. 태양의 서커스는 디지털과 소셜미디어 시대에 환상적으로 변신함으로써 서커스의 회생 가능성을 보여주었다.

상품으로 소비되는 모든 것이 마찬가지다. 순진한 이미지의 연예인이 복잡한 연애 스캔들로 추락하는 것도 비슷하다. 만일 당사자가 자주 열애설에 휩싸였다면 단 한 번의 추문으로 재기 불능이 되지는 않을 것이다. 대중의 시선과 마음이 어디에 초점을 맞추다가 어디로 옮아가느냐가 무엇보다도 중요하다.

환상과 현실 사이의 아슬아슬한 줄타기

환상 상품의 본질이 소비자가 누리고자 하는 환상이나 이미지라고 현실이 배제되어서는 안 된다. 오히려 현실은 환상을 자극하는 양념 같아야 한다. 그 경계는 분명하지 않다. 환상 대 현실이 몇 대 몇 하는 식으로 기계적인 구분은 곤란하다. 역할이 중요하다. 환상은 현실을 벗어나는, 현실은 환상을 필요하게 만드는 기제여야 한다. 이는 보통 상품이 환상 상품이 되기 위해서도 필요하지만 대중의 환상을 소재로 한 영화나 드라마 같은 콘텐츠 산업에서 훨씬 더 중요한 문제다.

재패니즈 위스키라는 환상과 현실

2010년대 중반 들어 갑작스럽게 일본 위스키 인기가 폭발했다. 관심이 고조되면서 일본 위스키는 스코틀랜드, 아일랜드, 캐나다, 미국 등 전통적인 강국 뒤를 잇는 위스키로 손꼽히기 시작했다. 대만 또한 이 무렵부터 위스키 강국 대열에 합류했다. 한국 내 편의점이나 대형 마트에서 고가의 일본 위스키를 팔기 시작했고 오픈런이 일상화되기 시작한 것은 2020년대 들어서면서부터다.

일본 위스키가 각광받기 시작한 이유는 다소 복잡 미묘하다. 우선 일본 위스키가 세계적 경연 대회에서 잇달아 수상하기 시작했다. 품질을 제대로 인정받기 시작한 것이다. 소비자 관점에서는 선진국에서 신흥국으로 위스키 소비 계층이 확대되면서 좀 더 색다른 상품을 찾으려는 수요가 커지고 있었다는 점을 꼽을 수도 있다. 위스키의 특성상 기존 소비자도 점점 더 상위 시장으로 옮겨 가는 경향이 있었다. 스카치 싱글몰트 위스키 시장이 개화한 후 소비자들은 이것보다 더 희귀한 상품을 찾고 있었다. 기존 스카치위스키보다 더 섬세한 맛에 다채로운 향을 간직한 일본 위스키가 이런 욕구에 잘 들어맞았다.

100년 가까이 된 위스키 제조 역사도 이야깃거리를 더했다. 공급 측면에서는 일본 위스키 시장의 최강자인 산토리가 전통 위스키 강국 증류소와 브랜드를 잇달아 인수한 것도 한몫했다. 위스키 문화를 수입한 일본이 이제는 적극 수출한다? 재패니즈 위스키는 환상 상품이 갖는 거의 모든 특성을 간직한 아이템이다.

산토리 위스키도 고민이 없는 것은 아니었다. 히비키 같이 인기 있는 브랜드가 있는가 하면 자신들이 인수한 스카치위스키 가운데는 오켄토션(Auchentoshan)처럼 좀처럼 인기를 얻지 못하는 것도 있었다. 같은 싱글몰트 위스키인데도 히비키 30년산은 병당 1,500만 원을 호가하는 반면 오켄토션은 12년산이 7~8만 원대에 머물렀다. 하나는 수요에 비해 물량이 부족하고 다른 하나는 물량에 비해 수요가 부족했다. 산토리는 한국 내에서 두 라인업의 장단점을 합쳐보기로 했다. 위스키 유통업체 관점에서는 끼워팔기다. 산토리는 인기 있는 브랜드 제품을 배정할 때 남아도는 제품을 얼마나 사느냐를 고려했다. 환상을 살 수는 있지만 현실적인 고려도 같이 해야 하기 때문이다. 고연산 히비키 한 병을 사려면 저연산 오켄토션을 여러 병 구매해야 했다.

결과는 어땠을까? 산토리의 희망대로 이미 열광적이었던 일본 위스키의 인기를 배가시키지 못했다. 오히려 인위적 물량 배정의 폐해가 드러나면서 환상 상품으로서의 매력이 퇴색했다. 2023년 히비키 30년산의 가격은 500만 원대까지 떨어졌다. 그렇지만 그것도 터무니

없을 정도로 비싸다. 기업이 환상과 현실의 균형을 고려한 마케팅 전략을 펼 때 환상을 더 자극할 것인지 현실을 더 드러낼 것인지는 사랑하는 사람 앞에서의 언행과 처신처럼 어려운 대목이다.

혁신은 기업가가 꿈꾸는 환상이다

요즘 기업은 혁신을 지상 명제로 여긴다. 혁신 자체가 일종의 목표다. 그러나 혁신은 때로 기업에 독이 되기도 한다. 실제로 경영 현장에서는 혁신의 긍정적인 면보다는 부정적인 면을 확인할 때가 많다. 만병통치약처럼 기능하는 혁신을 찾아보기는 쉽지 않다. 몇몇 경영학자들은 성공하면 혁신, 실패하면 구태라는 결과론적 기준을 제시하기도 한다.

상품 시장에서 환상 상품은 혁신을 통해서만 탄생 가능하다는 믿음이 굳건하다. 아이폰을 탄생시킨 스티브 잡스 같은 기업가가 이런 속설을 탄생시키고 확고하게 했다. 하지만 혁신 자체가 일종의 환상이라는 점을 간과해서는 안 된다. 혁신은 기업가가 꿈꾸는 환상이다. 경영계의 환상 상품이다. 이 환상은 실제보다 훨씬 더 환상적이다. 기업가들은 너절한 현실보다 혁신이라는 환상에 훨씬 더 끌린다. 이 점이 바로 혁신이 때로는 독이 되기도 하는 이유다. 혁신이라는 환상 상품을 꿈꾸지만 현실적으로 밉상인 경영전략을 내놓는 기업가나 경영자가 많다.

불확실성이 큰 분야에서 나타나는 혁신의 역설

엔지니어의 아들이었던 경영학자 파올로 아베르사(Paolo Aversa)는 어려서부터 F1 경기 광팬이었다. 아버지와 함께 TV 중계를 지켜보곤 했다. 어린 그의 마음속에는 늘 한 가지 의문이 떠나질 않았다. 예상대로라면 가장 성능이 빼어난 차, 실력이 탁월한 레이서가 우승해야 마땅했다. 하지만 실제로는 특출하지 않은 차나 운전자가 이기는 일이 비일비재했다. 일종의 패턴이 존재하는 것이 아닌지 의심스러울 정도였다.

그에 대한 아버지의 답은 운이라는 것이었다. 이 문제를 두고 부자는 항상 입씨름을 벌였다. 이런 일이 잦아지자 아베르사는 자신의 주장을 입증할 근거를 찾는 일을 필생의 임무로 여기게 되었다. 우승과는 거리가 멀어 보이는 팀이 우승하는 것이 단지 운 때문만은 아니고 우승 가능성이 높은 팀이 오히려 우승에서 멀어지는 데는 논리적인 이유가 있다는 주장 말이다.

그로부터 20년이 흐른 후 영국 런던시립대 교수가 된 아베르사는 어릴 적 스스로에게 낸 숙제를 마침내 해냈다. 그의 연구는 지나친 혁신이 부정적 결과를 초래한다는 점을 시사했다. 이는 상식을 뒤집는 결과로 기업 경영에 대한 시사점이 컸다. 그의 연구 결과는 경영 학술지 가운데 가장 널리 알려진 〈하버드 비즈니스 리뷰〉에 논쟁의 형태로 실리는가 하면 경영 베스트셀러인 『메시(Messy)』에 비중 있게 소개되기도 했다.(〈Harvard Business Review〉, May~June, 2017, 'Sometimes Less Innovations Better')

2009년 F1은 하이브리드(hybrid 내연기관과 전기 배터리 기술을 결합한 동력) 기술을 허용한다고 공식 발표했다. 기술력을 뽐낼 기회를 만난 각 명차 브랜드 팀은 혁신적인 차량을 선보였다. 오직 한 팀, F1 베테랑 구단주인 로스 브라운이 막 사들여 나중에 메르세데스란 이름을 가지는 팀만이 새로운 차를 내놓지 않았다. 막 팀을 인수한 터라 연구 개발비가 부족했기 때문이다. 재정 사정 탓에 레이서도 상대적으로 수준이 떨어지는 젠슨 버튼을 선택했다. 그는 그 전해 거의 꼴찌 수준인 18위에 머물렀던 레이서였다. 결과는 근래 F1 역사상 최대 이변이었다. 아예 혁신이 없었던 이 팀이 우승했던 것이다. 지난 30년간 F1 경기에 참가한 차량의 혁신성과 레이서 평점을 각각 3등급으로 구분하고 분석한 결과, 아베르사는 이런 결과가 이변이 아니라 일상적이었다는 사실을 밝혔다.

이를 토대로 그는 혁신이 기업 성과에 미치는 영향이 일종의 뒤집힌 U자 곡선에 가깝다는 가설을 내놓았다. 혁신이 증가할수록 성과에 미치는 긍정적인 영향은 어느 수준까지만이라는 것이다. 그 이후에는 오히려 역효과가 나타난다. 소속 팀, 즉 기업과 선수가 사활을 건 승부를 겨루는 F1 분야는 역효과가 극대화되는 분야다. 아베르사 교수는 불확실성이 지나치게 큰 분야, 미래 예측 가능성이 낮고 변화 빈도는 높고 범위가 넓은 분야에서는 혁신의 딜레마가 분명하게 나타난다고 주장했다. 그는 세계적으로 화제가 된 자신의 가설을 노년의 아버지에게 보여주었다. 그는 아버지가 20년 전 논쟁을 기억하고 기뻐했다고 밝혔다.

취향을 주도하는 소수의 역할

환상과 현실은 결코 고정불변이 아니다. 대중의 마음에 환상 혹은 현실로 각인된 것들은 시시각각 변한다. 한때 환상이었던 것도 많은 대중이 수용하기 시작하면 현실로 전락한다. 반대로 일상적이었던 것도 어떤 사람이나 사건을 계기로 환상으로 거듭난다. 기존 경영학이나 마케팅 이론에서는 이를 속물근성(snobism)과 유행의 주기로 설명한다. 트렌드세터나 얼리어답터는 대중을 벗어난 자신만의 취향을 자랑하고 싶어 한다. 이들의 영향력이 커져 많은 사람들이 해당 상품을 수용하게 되면 상황은 달라진다. 취향을 주도하는 소수는 새로운 유행을 찾아 나선다.

일부 유행 전문가들은 폭포수 가설(cascade theory)을 제시하기도 한다. 마치 폭포수처럼 유행은 높은 곳에서 낮은 곳으로, 상류층에서 밑으로 흘러 내려온다는 발상이다. 실제 중세 이후 많은 유행이 이런 형식을 취한 것은 맞다. 대중은 소수의 왕족이나 상위 계층을 흉내 내려 한다. 하지만 사람들 사이의 계급이 희미해지고 각 계층이나 지역의 문화가 동시다발적으로 흡수되는 최근 상황은 전과 다르다. 힙합처럼 하위 혹은 비주류 문화가 상위 혹은 주류 문화로 자리 잡는 경우도 드물지 않다. 따라서 오늘날 유행이나 관심은 단지 폭포수처럼 떨어지는 것이 아니라 스펀지처럼 젖어 든다고 하는 게 맞다.

할매니얼은 왜 단순한 복고가 아닐까?

약과나 인절미 같은 어르신들이나 좋아할 만한 옛 간식들이 다시 인기다. 참외가 망고 같은 인기를 누린다. 온라인에서는 이를 할매 입맛이라고 부른다. 음식 분야만이 아니다. 카디건이나 풍성한 치마 같은 할미룩도 유행이다. 자신의 이런 취향을 소셜미디어에 드러내는 것을 커밍아웃에 빗대 할밍아웃이라고 한다. 급기야 이런 트렌드를 주도하는 밀레니얼 세대를 두고 '할매니얼'이라고 부르기도 한다.

이 흐름에 대한 언론의 가장 피상적인 분석은 복고다. 대침체와 코로나19를 거치며 강해진 불황의 기운과 맞물려 나타나는 복고풍이라는 것이다. 그다음으로 밀레니얼 세대가 어르신 입맛이나 패션에 익숙해진 배경을 따지기도 한다. 이들은 부모의 맞벌이가 보편화된 최초의 세대다. 할머니들이 많이 키웠고 그들의 영향을 받았다. 그럴듯하지만 일반화시키기에는 무리가 있다.

인기를 끌고 있는 전통 간식들이 소비되는 양상을 살펴보자. 약과나 인절미도 과거 그대로 즐기지 않는다. 포장은 세련되고 새로운 식재료나 특성도 가미됐다. 그만큼 가격도 비싸졌다. 참외도 씨앗을 활용한 소스와 올리브유, 후추 등을 곁들인 참외 샐러드라는 독특한 방식으로 먹는다. 한마디로 인스타그램에 올리기에 딱 좋은 상태로 소비한다. 그렇기에 젊은 세대가 이토록 열광하는 것이다. 이들은 전통 간식이나 패션같이 익숙한 것을 새롭게 재해석했다. 익숙한 것과 참신한 것의 조화, 달리 말하면 현실과 환상의 조화라는 환상 상품의 법칙이 여기서도 똑같이 작용한다.

자아에 대한 환상의 발현

미국에서 가장 큰 문화적 차이를 보이는 두 계층을 꼽으라면 일명 레드넥(red neck)과 화이트칼라를 들 수 있다. 전자는 육체노동자고 후자는 정신노동자다. 대학 졸업 여부도 두 계층을 가르는 기준이다. 미국에서는 지역적 편재도 두드러진다. 레드넥이 주로 남부 지역의 지배 세력이라면 화이트칼라는 동북부다. 2016년 대선에서 트럼프를 탄생시킨 것이 전자라면 주로 힐러리를 선택한 것은 후자다.

그런데 이렇게 단절된 두 계층을 잇는 정신적 공감대가 하나 있다. 이를 기반으로 시민운동까지 벌어지고 있다. 계층 구분까지 허물만 한 강렬한 환상이 무엇일까? 바로 자아에 대한 환상이다. 미국인이라면 자신의 물건쯤은 능숙하게 고칠 줄 알아야 한다는 생각 말이다. 그 환상은 오랜 세월 미국인의 삶을 지배했다. 자신의 차를 직접 세차하고, 고치고, 변신시키는 차고 문화(garage culture)라는 미국 특유의 전통이 탄생한 것도 그 때문이다. 미국의 기술 기업 다수가 차고에서 탄생한 것은 결코 우연이 아니다.

물론 레드넥과 화이트칼라가 고치고 싶어 하는 대상은 좀 다르다. 전자는 농기구, 후자는 아이폰이 대표적이다. 농기구의 전자화가 진행되면서 미국의 농부들은 새로운 현실에 직면하고 있다. 복잡한 농기구를 고치려면 제조사의 애프터서비스 직원을 불러야 하고 그들은 전자 기기를 들고 와 문제가 있는 부분부터 찾아야 한다. 적당한 부품만 있다면 농부 자신이 직접 문제를 진단하고 수리하던 것이 머나면

옛일이 되어버렸다.

화이트칼라도 자존심의 상처를 입기는 마찬가지다. 아이폰의 액정 화면 하나 갈아 끼우는 데도 애플 애프터서비스 센터를 찾아가야 한다. 여기에는 농기구 수리와 마찬가지로 많은 시간과 비용이 들어 간다. 이들은 수리할 권리(Right to Repair)라는 시민 단체를 결성하고 여러 주에서 소송을 벌이고 있다. 제조사가 소비자 개인이 스스로 기 계를 고칠 수 있도록 필요한 정보를 공개하고 부품을 판매하라는 주 장을 펼친다. 이 계층 연합은 2021년 7월 놀라운 성과를 이끌어 냈 다. 미국 바이든 행정부가 소비자 수리권을 제한하는 제조사의 관행 을 불법으로 규정하는 행정명령을 발효시키기에 이르렀다. 이에 따 라 애플과 삼성전자는 2022년 미국 내에서 자가 수리 프로그램을 출 범시켰다. 삼성전자의 경우 2023년 5월 말부터 국내 프로그램도 시 작한다.

계층을 떠나 자가 수리(개조)라는 틈새 환상을 추구하는 흐름은 점 차 거세지고 있다. 예를 들어 기계광이 만든 기계 수리를 위한 웹사이 트가 최근 급증하고 있다. 주요 기기의 매뉴얼과 자가 수선을 지원하 는 콘텐츠를 올리는 사이트다. 수많은 미국인이 이런 부류의 웹사이 트를 즐겨 찾는다.

속옷 브랜드 에어리가 자극한 환상

2018년 봄 미국의 캐주얼 브랜드 의류 업체인 아메리칸 이글 아 웃피터스의 속옷 전문 브랜드인 에어리(Aerie)가 봄 광고 캠페인의 새

얼굴을 공개했다. 미국 체조 대표 팀 간판이었던 에일리 레이즈먼(Aly Raisman)이다. 그녀는 2016년 리우데자네이루 올림픽 체조 마루운동과 개인 종합 부문에서 은메달을 딴 10대의 롤 모델이다. 그녀는 올림픽 체조 팀 닥터로 오랫동안 어린 체조 선수들을 농락한 래리 나사르에 대한 고발에 앞장선 용기 있는 선수 중 한 명이었다. 나사르는 후에 150명에 대한 성폭행과 성추행 혐의로 175년을 선고받았다.

레이즈먼과 함께 한 이 브랜드의 동료 모델 모두 청소년 여성의 롤 모델이 될 만한 이들이다. 배우와 가수뿐만 아니라 모델도 있었다. 특히 2014년부터 에일리와 함께 한 영국 모델 이스크라 로렌스(Iskra Lawrence)는 기존 속옷 브랜드의 모델과는 다른 체형을 갖고 있다. 그들보다 더 살집이 있고 다리가 짧다. 이른바 슈퍼사이즈 모델이다. 그런데도 젊은 여성들의 관심과 사랑을 꾸준히 받는 이유는 그녀가 보통 사람의 몸과 흡사한 자신의 몸을 부끄러워하지 않아서다. 그리고 그 사실을 적극적으로 알렸기 때문이었다. 로렌스는 미 섭식장애협회의 홍보 대사이기도 했다.

에어리는 2014년부터 보디 포지티브(body positive)라는 캠페인을 실시했다. 비정상적인 육체를 동경하기보다 자신의 몸을 긍정하자는 취지다. 이 광고가 다른 속옷과 가장 다른 점은 포토샵을 전혀 쓰지 않는다는 사실이었다. 모델도 유명인들 가운데 자신들의 취지에 공감하는 이로 한정했다. 그 결과 에어리 속옷 광고는 뱃살과 주름, 셀룰라이트 등이 적나라하게 드러나는, 패션 업계 사상 유례없는 것이 되었다. 최근에는 인스타그램을 통해 보정하지 않는 자사 모델의 수영복 사진을 공유하도록 하고 횟수에 따라 적립된 금액을 섭식장애협회에 기부하고 있다.

　처음 캠페인이 등장했을 때 광고업계는 물론 소비자의 반응은 반신반의 그 자체였다. 사람들은 패션 광고 모델을 보면 그들을 부러워한다. 그들처럼 입으면 그들과 비슷해지지 않을까 하는 착각도 한다. 그런 환상을 깨버리는 것이 과연 매출 증가로 이어질 수 있을까? 비관론자들의 예측과는 달리 에어리의 매출은 급증하고 있다. 캠페인이 시작되고 처음 한 해 동안 20퍼센트나 뛰었다. 성장이 비교적 정체된 속옷 시장에서 이 수치는 놀라운 성과였다. 만일 소비자가 특정 상품이나 브랜드, 기업에 대한 환상을 간직하도록 하는 것이 성공의 비결이라면 에어리의 캠페인은 어떤 환상을 만들어 낸 것일까?

　보통 속옷 소비자라면 이 비밀을 알아내기란 어려운 일이 아니다. 어느 순간부터 속옷 광고에 등장하는 모델의 지나치게 마르거나 특정 부위가 강조된 몸매는 현실성을 잃었다. 캘빈클라인 광고에 등장하는 마크 월버그의 복근이나 빅토리아 시크릿 광고와 무대에 등장하는 슈퍼 모델은 어쩐지 비현실적으로 느껴진다. 환상과 현실의 간극이 벌어지면 벌어질수록 환상의 위력이 배가된 것이 아니다. 오히려 현실을 깨우치는 자극이 되고 말았다. 포토샵의 도움까지 받은 초현실적 광고를 보면서 이제 소비자는 모델의 몸매를 단지 부러워하기만 하는 것이 아니었다. 자신의 초라한 몸을 깨닫고 부끄러워하기 시작했다. 광고에 등장하는 속옷을 착용하더라도 그들과 비슷해질 수 없다는 점이 자명해졌다.

이때 에어리의 사진 보정 없는 광고는 강력한 위안이 되었다. 그 사진들은 환상적인 모델과 현실의 평범한 자신 사이의 격차를 극적으로 좁혔다. 모델도 사람이다. 사진 보정이 없다면 나와 비슷한 몸매일 수도 있다. 멋진 속옷으로 조금만 보완하면 내 몸매도 자신을 가질 만한 것이라는 새로운 환상을 심어 주었다.

환상에는 여러 종류가 있을 뿐만 아니라 다양한 층위가 있다. 어떤 환상을 지나치게 밀어붙이면 오히려 현실을 자각하게 하는 역효과를 낼 때도 있다. 그럴 때는 새로운 부류의 환상을 자극할 기회가 나타나기도 한다. 환상을 자극하려는 최근 마케팅의 핵심은 그 균형점을 찾는 데 있다.

정원은 어떻게 여성의 로망이 되었을까?

많은 중년 여성들이 자신만의 정원을 가꾸는 로망을 가지고 있다. 평생 아파트 같은 곳에서 공동생활을 하다 보니 공유하는 공간이 아니라 온전히 자신만의 영역을 가지고 싶어서일 것이다. 귀농이나 귀촌 흐름의 기저에도 어느 정도는 정원에 대한 갈구가 자리 잡고 있다.

그런데 왜 여성일까? 정원은 왜 남성이 아니라 여성의 환상 상품이 되었을까? 실제로 19세기까지는 정원을 가꾸고 보살피는 일 대부분이 남성의 몫이었다. 땅을 일구고 나무와 풀, 꽃을 심고 가꾸는 일은 꽤 힘든 일이다. 잘 손질된 정원에서 정치나 사회 활동과 관련한 모임을 갖는 것도 당시까지 남성의 세계에 속하는 일이었다.

정원이 여성의 품에 안기게 된 데는 계기가 있다. 모든 것은 19세기 제인 루던(Jane C. W. Loudon)이라는 SF 소설가에서 비롯됐다. 그녀는 최근 할리우드에서 거듭 영화화되고 있는 〈미이라〉라는 소설의 원작자다. 그녀의 남편 존 루던은 원예가이면서 원예 잡지 편집장이었다. 그녀는 남편을 도와 원예를 연구하면서 정원에서 일어나는 모든 일을 꼼꼼하게 기록했다. 당시 연구와 기록을 바탕으로 1840년『꽃과 허브의 정원, 여성을 위한 원예』라는 책을 출간했다.(『정원생활자』, 오경아, 궁리, p.262~263)

이것이 정원 원예의 역사를 완전히 바꾸어 놓았다. 책이 당대 최고의 베스트셀러로 등극하면서 정원 일은 여성의 환상이 되었다. 책에는 당시로는 익숙하지 않았던 원예용 기구도 소개되어 있다. 여기에는 여성의 고운 손을 흙이나 나뭇가지, 가시로부터 보호해 줄 정원용 장갑도 포함되어 있었다. 이후 정원용 장갑은 여성의 정원 활동 필수품으로 자리 잡는다. 제인 루던이 SF 소설가로서 남다른 상상력의 소유자였기 때문이었을까? 드물지만 한 사람이 대중의 은밀한 환상에 눈뜨게 하여 오랫동안 시장에 자리 잡는 환상 상품을 만드는 경우도 있다.

예상치 못한 곳에서 꽃히는 틈새 환상

환상 상품은 처음에는 소수의 환상을 자극한다. 이들은 사회적 시선이나 평가와 관계없이, 가격과도 무관하게 어떤 상품이나 변수에 열광한다. 문제는 어느 시점에 이들의 취향이 대중과 시장의 환상으로 발전할 것인가다. 가끔은 상품 자체보다는 상품의 비본질적인 요소가 점점 더 많은 사람들의 환상으로 자리 잡기도 한다.

아이콘이 된 이세탄 백화점 포장지

한때 사업차 일본에 자주 들른 적이 있지만 쇼핑은 거의 하지 않는다. 공예품이나 생활 소품을 가끔 구매하긴 했지만 일본의 수많은 각종 패션 디자이너 의류나 잡화는 내 덩치에 맞지 않고 내 취향도 아니다.

그런 내게도 딱 한 곳은 예외였다. 고급 백화점 이세탄 미쓰코시(伊勢丹 三越)다. 이곳 남성관에 들어설 때는 심호흡부터 해야 한다. 워낙 가격이 비싸서 정신을 차리지 않으면 대형 사고를 칠 가능성이 높다. 이 백화점의 좋은 점은 단순히 좋고, 비싼, 그리고 취향에 맞는 브랜드만을 잘 선별해 전시해서만이 아니다. 상품을 사면 포장을 해서 쇼핑백에 넣어 주는데 그 포장이나 쇼핑백이 환상적이다. 악마는 디테일에 있다고 했던가? 대부분의 유통업체나 제조업체는 포장지에 크게 신경 쓰지 않는다. 중요한 외관의 일부지만 상품을 뜯는 순간 쓰레기통에 처박힐 순간의 운명에 불과하기 때문이다. 본질은 아닌 것이다. 그러나 이세탄 미쓰코시는 이런 통념을 거부했다.

미쓰코시 백화점은 이미 1950년에 자사를 상징하는 포장지를 디자인했다. 당대의 저명한 화가이자 그래픽디자이너였던 이노쿠마 겐

이치로(猪熊弦一郎)는 당시 해변 산책 중 파도에 다듬어진 자갈을 보고 영감을 얻었다. 그 결과 탄생한 것이 하얀 바탕에 빨강과 자줏빛의 중간에 해당하는 독특한 색으로 그린 다양한 문양이었다. 수십 년에 걸쳐 그 디자인은 백화점의 상징으로 자리 잡았다. 실제로 그 문양으로 포장된 선물 꾸러미나 쇼핑백을 들고 다니는 것만으로도 도심에서 사람들의 눈길을 끌기에 충분하다. 사람들 사이에서 이 디자인이 상징적인 것으로 받아들여지기 시작하자 이 유통사는 2011년부터 이를 각종 공예품이나 인형, 수건 등 지역 특산품에 적용하는 일본 감각(Japan Senses)이라는 캠페인을 시작했다.

스타벅스에서 누리는 공간의 평등성

세계적인 에스프레소 커피 전문점 스타벅스의 인기 비결은 여러 가지가 있다. 스타벅스의 급성장세는 세계화와 글로벌 중산층 확대, 이에 따른 커피 문화 확산 등의 추세와 잘 맞아떨어졌다. 여기에 가장 고급스러운 이탈리아의 에스프레소 커피 문화를 가장 미국적인 방식으로 마케팅했다는 점을 꼽을 수 있다.

흥미로운 점은 스타벅스의 경우 각 소비자 집단별로 가장 중요하게 생각하는 환상이 각기 다르다는 사실이다. 예를 들어 미국인들은 여행 중 세계 곳곳에 퍼진 이 커피 전문점에 들러 고국이나 고향의 익숙함과 편안함을 느낀다. 실제로 세계 주요 도시의 스타벅스 점포에 들르면 미국인들이 적지 않은 비중을 차지하는 것을 확인할 수 있다. 스타벅스에 익숙해진 한국의 젊은 해외여행객도 스타벅스를 찾아 위안을 구하는 경우가 급격히 늘고 있다.

1999년 이대점을 시작으로 한국에 진출한 스타벅스가 25년 만에 매출 2조 원을 넘어선 데는 20~30대 젊은 여성 소비자의 서구 고급 문화 취향과 동경이 한몫했다. 그곳에 들르면 커피만 소비하는 것이 아니라 미국의 라이프스타일까지 공유하는 것처럼 느낀다. 초기에 또래 남성이 이들을 된장녀라고 부당하게 공격한 사실이 그 반증이다. 그들은 스타벅스에서 밥값에 맞먹는 커피를 달고 사는 여자라고 구체적으로 손가락질했다.

인구 5만 명당 1개꼴 이상으로, 골목마다 매장이 생긴 후에는 젊은 세대를 자극하는 환상이 달라졌다. 공간이 주는 아늑함과 실용성이 소구 포인트가 되었다. 1인 가구나 사무실이 따로 없는 자유직이나 학생 등에게는 절실하고도 고마운 공간이다. 스타벅스는 그들에게 일종의 공간 비즈니스(space business)를 운영하고 있는 셈이다. 젊은 남성 고객도 크게 늘고 된장녀라는 비난도 사라졌다.

그렇다면 국내에 들어와 있는 외국, 특히 비영미권 유학생들에게 스타벅스는 어떤 의미가 있을까? 몽골 출신 유학생 벗드갈이 쓴 '가장 평등한 공간, 한국의 커피 가게'라는 제목의 칼럼을 보면 국내 소비자와는 다른 매력을 발견한 듯하다.(《동아일보》, 2017년 6월 13일) "커피 가게는 사회를 구성하는 모든 계층이 한 공간에서 마음의 여유를 누릴 수 있는 유일한 공간이 아닐까? 커피 가게 같은 장소가 사회에 많이 존재한다면 서로에 대한 이해와 배려가 깊어질 듯하다."

그녀는 스타벅스가 가진 공간의 평등성, 모든 종류의 사람들이 똑

같은 조건에서 모여들 수 있다는 매력에 주목했다. 아마 국내에 들어와 여러 종류의 차별을 경험해야 하는 국외자로서 일종의 도피처나 해방구가 필요했을지도 모른다. 개개인, 더 나아가 각 집단의 환상은 제각각이다. 스타벅스처럼 각양각색의 환상을 제공하는 브랜드는 장기적으로 변신에 성공하며 롱런할 가능성이 높다.

취향의 고정화로 나타나는 상품 페티시즘

상품에 대한 집착은 자본주의 역사만큼이나 오래됐다. 성적인 분야에서 특정 부위에 대한 집착을 페티시즘이라고 한다. 상품 분야에서도 페티시즘이 종종 나타난다. 둘은 차이가 있다. 성적 집착과 달리 상품에 대한 집착을 본능에 가까운 것이라고 하기는 힘들다. 그보다는 취향의 고정화 혹은 견고화라고 보는 것이 맞다.

하이힐에 대한 집착을 예로 들어 보자. 처음 하이힐에 대한 집착을 드러낸 것은 프랑스 루이 14세였다. 그는 작은 키를 보완해서 왕의 위엄을 보여줄 수 있는 방편으로 높은 굽 신발을 고집했다. 그 후 하이힐에 대한 집착은 주로 여성에게서 나타났다. 필리핀 국민에게 쫓겨난 마르코스 전 대통령의 아내 이멜다의 하이힐 사랑이나 미드 〈섹스 앤 더 시티〉의 여주인공 캐리의 하이힐에 대한 애정은 전설로 남아 있다.

신발을 지극히 사랑했던 스페인 알바 공작

신발에 대한 집착에는 남녀 구분이 따로 없다. 스페인 알바 공작의 신발에 대한 집착도 유명하다. 18세기 영국의 버위크 리리아(Berwick Liria) 공작은 스페인 명문가 알바의 딸과 결혼해서 마드리드에 리리아 궁전을 지었다. 그가 결혼한 알바 공작부인이 바로 고야의 그림 '마야'에 등장하는 모델이라는 설이 있다. 스페인 내전 당시 공화파 의용군이 궁전을 점령했다가 나중에 프랑코 총통파에 함락됐다. 당시 의용군은 저택을 보존하기 위해 온갖 노력을 다 기울였다. 그럼에도 불구하고 세계 언론의 오해와 음해 대상이 되었다. '유서 깊은 알바 공작 저택, 빨갱이가 약탈'이라든가 '처참한 파괴의 현장', '역사적 보물 구출해야' 등등의 헤드라인이 스페인 안팎의 주요 언론을 장식했다. 실제로 궁전 주인인 알바 공작, 즉 버위크 리리아는 내전이 벌어지자마자 자신의 집에서 값나가는 명화와 보석을 모두 챙겨서 런던으로 이미 달아났지만 말이다.

공화파로 참전했던 칠레 시인 파블로 네루다는 대저택의 최후를 목격한 이다.(『파블로 네루다 자서전-사랑하고 노래하고 투쟁하다』, 파블로 네루다, 민음사) 그의 자서전에 따르면 그곳에 마지막까지 남아 있던 진귀한 것이라고는 박제 동물과 신발뿐이었다고 한다. 특히 신발로 그득한 신발장 하나만은 놀랍고도 믿기지 않을 정도였다고 기술했다. "천장까지 닿는 긴 유리문 신발장에는 수천 켤레의 신발이 진열돼 있었다. 도서관에서 흔히 볼 수 있는 사다리가 놓여 있어서 높은 곳에 있는 신발도 굽을 잡고 꺼낼 수 있었다. 플러시 천을 덧대고 자개 버튼을 단 신발도 있었다. 오버슈즈, 단화, 각반도 많았는데 모두 신골이 들어 있어서 마치 신고 있는 듯했다. 유리문만 열리면 공작을 뒤쫓아 런던으로 달려갈 태세였다."

수천 켤레의 신과 이를 담은 신발장만으로 그 규모와 화려함을 미루어 짐작할 수 있었던 리리아 궁전은 일주일 후 프랑코 장군을 지원하는 독일 폭격기의 공습으로 무너져 내렸다. 알바 공작이 평생에 걸쳐 집착했던 신발 컬렉션도 한순간에 사라져 버렸다. 그는 런던에서 프랑코 장군을 대변하다 그와도 사이가 멀어졌다. 내전 후 스스로 총통 자리에 오른 프랑코와 왕정 복귀를 두고 견해차가 커졌기 때문이었다. 역사상 이름난 신발광이었던 그는 1947년 영국 엘리자베스 여왕의 결혼식에 들러리로 세계적 유명세를 얻는 데 만족해야 했다.

프레임 따라 달라지는 집단 환상

구글이나 페이스북, 우버, 에어비앤비 같은 실리콘밸리의 신세대 기업만큼 대중에게 자주 거론되고 사랑받는 기업도 없을 것이다. 이들 가운데 창업 7~8년 차 정도 되는 70조 원짜리 우버나 30조 원짜리 에어비앤비 같은 기업은 몇 년 전만 해도 '연인 같은 기술 기업, 테크 달링(tech darling)'이라고 불렸을 정도다. 파인 다이닝 레스토랑을 연상시키는 구글의 구내식당이나 놀이터와 구분이 가지 않는 페이스북 사무실 이야기는 지나치게 많이 언급돼 진부하게 느껴질 정도다.

물거품처럼 사라지는 대중과 시장의 환상

2015년 우버는 5,000명에 이르는 전 직원이 3박 4일간의 동반 여행으로 근무 환경과 관련한 직장인들의 환상에 새로운 화젯거리 하나를 추가했다. 그 여행에서 직원들은 창업주이자 당시 CEO였던 트래비스 캘러닉이 교통편 혁명을 통해 세계 주요 도시에서 삶의 질을 제고하는 경영 목표에 대해 설명하는 것을 들었다. 관련 세미나도 개최했다. 하루는 라스베이거스 지역 푸드뱅크(food bank 남은 음식을 모아 결식 인구에게 제공하는 서비스 네트워크)에서 봉사 활동도 했다. 마지막 날 밤 유흥이 하이라이트였다. 그들은 우버 투자자 중 한 명인 가수 비욘세를 특별 초청해 사적인 콘서트 무대를 즐겼다. 우버 직원들은 4일간의 특별한 이 여행을 일과 휴가를 병행했다는 의미에서 워케이션(workation)이라고 불렀다. 이 용어는 훗날 팬데믹 당시 기업과 직장인들 사이에서 일상어로 자리 잡았다.

테크 딜링에 대한 대중과 시장의 환상은 여러 이해 당사자의 이해관계가 맞물려 극적으로 고조됐다. 회사의 투자자와 경영자는 그 환상이 자사 상품에 대한 마케팅이나 주가와 기업 가치 상승에 큰 보탬이 된다고 생각했다. 대중이나 시장은 새로운 세대의 기업이 시도하는 모든 변화를 혁신으로 여기는 경향이 있었다. 이를 통해 혁신에 대한 자신들의 갈증을 채우려고 했다. 하지만 한때 유행 상품처럼 흥했던 이런 집단 환상은 깨지는 것도 한순간이었다. 우버의 창업주 트래비스 캘러닉은 성추행을 비롯한 난폭한 기업 문화에 대한 책임을 지고 CEO직에서 사임했다. CEO직을 유지 중인 에어비앤비 창업자 브라이언 체스키는 팬데믹과 각종 규제로 회사가 어려워지는 상황에서 '업데이트'라고 스스로 명명한 대규모 구조 조정을 진행 중이다. 최근에는 언론이든 대중이든 테크 달링이라는 표현 자체를 쓰지 않는다.

크리스토퍼 놀란 손에서 태어난 덩케르크라는 집단 환상

아카데미 3관왕에 빛나는 영화 〈덩케르크〉는 여러모로 특이한 전쟁 영화다. 대규모 전투 장면이나 극적인 스토리가 없다. 역사적 사실에 기반한 영화라 이야기의 결말도 잘 알려져 있다. 제2차 세계대전 초반 독일의 전격전에 놀란 영국군과 프랑스군이 프랑스의 벨기에 접경 지역인 덩케르크에 몰렸다가 영국군과 민간인의 도움으로 탈출에 성공한다. 어쩌면 이 일은 영국과 프랑스에게는 치부일 수도 있는 일이다. 어떻게 보더라도 오늘날 영화 산업의 주요 소비자인 미국과 유럽의 자랑스러운 역사로 기억할 수 없는 사건이었다.

할리우드에서 천재 감독이자 각본가로 손꼽히는 크리스토퍼 놀란은 바로 이 치욕스러운 역사를 환상 상품으로 재탄생시켰다. 덩케르크에서 40만 명의 영·프 군대가 안전하게 철수한 것이 훗날 세계대전 승리의 원동력이 되었다고 본 것이다. 단순히 위기에 몰려 물러선 것이 아니라 끝까지 싸우겠다는 항전 의지를 보인 극적 사건으로 재해석했다. '살아남은 것이 승리다!' 놀란 감독이 영화 포스터의 헤드라인으로 쓴 문구다.

어떻게 놀란 감독은 서구의 역사적 치부를 환상으로 바꾸었을까? 최근 서구 문명이 처한 위기 상황에서는 이해하기 어려운 시각이다.

공산주의 붕괴 후 자유민주주의의 독주가 예상되었다. 하지만 글로벌 금융 위기로 한계가 드러났고 권위주의로의 퇴행도 가시화되고 있다. 서구 모델의 위기가 분명해진 상황에서 오히려 최악의 시기를 견디고 이겨 냈던 경험을 상기시키는 것이다. 이런 맥락은 영화 〈덩케르크〉와 거의 동시에 개봉된 〈다키스트 아워〉도 마찬가지다. 영국 윈스턴 처칠 수상이 덩케르크 철수 직후 맞은 영국 역사상 가장 암울했던 시기 결사 항전의 의지를 다졌던 일을 소재로 하고 있다.

크리스토퍼 놀란은 〈덩케르크〉 구상을 25년 전에 시작했다고 밝혔다. 영화제작자이기도 한 자신의 아내와 함께 보트를 타고 해협을 건널 때였다.

"믿을 수 없을 정도로 힘든 경험이었다. 우리가 건너갈 때는 폭탄이 떨어지는 상황도 아니었는데 말이다. 사실 영국인이라면 누구에게나 덩케르크는 어렸을 때부터 들은 이야기일 것이다. 그것은 명백한 패배지만 그 패배 속에서 벌어진 대단한 일을 담은 이야기다. 누군가는 구원을 바라고 그게 실제로 이루어졌다. 어쩌면 성서 같은 이야기이면서도 원초적 사건의 연속이다. 이게 매력적인 이유는 개인의 영웅담이 아닌 집단의 영웅담이기 때문이다."

전쟁의 승부가 아니라 사건에 담긴 의미로 프레임을 바꾸자 덩케르크 이야기는 역사적 반전이라는 환상이 될 수 있었다. 혼자가 아니라 여럿이 함께 견딘 것이 나중에 승리의 토대가 되었다는 해석을 제시한 것이다. 그것도 요즘처럼 절실할 수밖에 없는 상황에서 그런 미덕을 부각시킨 것이다. 발상을 바꾸자 덩케르크 이야기는 왜 진작 영화화가 되지 않았는지 이해가 되지 않을 정도였다. 놀란 감독은 "〈덩케르크〉가 다른 영화와 다른 것은 수많은 구성원이 하나의 공동체로 완성되는 이야기를 담고 있다는 점이다. 지금까지 영화 역사상 누구도 이 이야기를 들려주지 않은 게 놀라울 정도다. 나는 감독으로서 늘 그런 공백을 주시해 왔다"고 말했다.

시장세분화는 환상 상품에도 통용된다

누군가에게 역겨운 것이 다른 누군가에게는 환상이 되기도 한다. 개인적 취향의 차이만을 이야기하는 것이 아니다. 집단 간에도 차이가 벌어진다. 여기서 집단은 다양한 기준으로 구분된다. 세대나 지역, 대중의 시각 등 마케팅에서 말하는 모든 시장세분화 요소가 여기서도 그대로 적용될 수 있다.

클레오파트라 여왕이 흑인이라면?

2023년 상반기 온라인 스트리밍 서비스 업체 넷플릭스가 〈퀸 클레오파트라〉 4부작 다큐멘터리를 발표했을 때 즉각 세계적인 논란이 일었다. 이유는 단 하나, 여주인공 역에 흑인인 아델 제임스(Adele James)를 캐스팅했기 때문이다. 이집트 최후의 파라오이자 세계 최고 미인의 상징인 그녀가 흑인이라는 발상은 단지 노이즈 마케팅을 넘어 문화 충돌 양상을 빚었다. 당장 이집트 관료와 국민들이 반발했다. 그들은 흑인 클레오파트라의 존재가 역사 오류일 뿐만 아니라 적극적인 왜곡이라고 여겼다. 각종 규제를 통해 이 다큐멘터리를 자국민들에게 시청할 수 없도록 만들기도 했다. 글로벌 시청자의 반응도 신통치 않았다. 작품의 신선도를 평가하는 로튼토마토 지수는 20퍼센트에 머물렀고 관객 평점도 3퍼센트에 불과했다. 이는 단순히 한 다큐멘터리 작품의 품질 논란을 넘어서 대중이나 국가적 환상이 부딪힐 때 어떤 환상이 더 우세해지는가를 따져 볼 기회를 제공했다.

사실 클레오파트라 여왕의 인종이 무엇인지는 확인할 길이 없다. 2,000년 전 조성됐을 그녀의 무덤은 아직 발견되지 않았다. 다만 그녀는 알렉산더 대왕의 이집트 정복 후 시작된 프톨레마이오스왕조의 마지막 왕이다. 이 때문에 그리스와 중동, 아프리카 인종의 혼혈이었을 가능성만 제기됐다. 이집트가 로마에 멸망하기 전까지 300년간 이집트가 헬레니즘의 주역이었다는 점도 이런 추론을 뒷받침했다.

클레오파트라 여왕을 흑인으로 묘사한 다큐멘터리는 전 세계적으로 일고 있는 아프리카 중심주의(Afrocentrism)의 일환이라는 주장도 있다. 유럽 중심주의를 극복하기 위해 탄생한 이 사조는 아프리카가 인류 문명과 문화에 미친 영향을 중시한다. 인류가 아프리카 대평원에서 발원했다는 점도 부각시킨다. 이런 관점에서라면 아프리카 대륙에 있는 이집트 여왕이 흑인이라는 것이 이상할 일도 아니고 부끄러워 할 일은 더더욱 아니다.

이집트인의 환상은 아프리카 인종과 문화에 대한 세계적 각성과는 어울리지 않는다. 많은 이집트인들은 자신을 아프리카와 구분 짓는다. 오히려 그리스와 로마, 중동의 영향을 받은 독특한 존재로 여긴다. 문화적으로도 헬레니즘의 특성을 만들고 지켰다고 자부한다. 이집트인들의 환상 속에서 다큐멘터리의 흑인 여왕은 결코 클레오파트라가 될 수 없다. 차라리 〈원더우먼〉의 주역인 이스라엘인 갤 가돗(Gal Gadot 이스라엘방위군 출신 여배우)이 캐스팅됐다면 반겼을 가능성이 더 높다. 그들에게 클레오파트라는 환상은 여전히 '밝은 피부색에 얇은 입술, 기다란 코를 가진' 특별한 존재다.

가짜 뉴스가 진짜 뉴스보다 잘 퍼지는 이유

소셜미디어에는 가짜 정보나 뉴스가 넘친다. 새로운 밀레니엄 네트워킹 수단이 전 세계를 하나로 연결한 순간부터 이는 숙명과 같다. 하지만 가짜 정보나 뉴스에 대한 예상은 당초와 완전히 달라졌다. 얼마 전까지만 하더라도 가짜 정보나 뉴스가 넘칠 수는 있겠지만 이내 걸러질 것이라는 시각이 우세했다. 이는 시장에서 형편없는 것이 버림받는다는 전통적 시장경제관과도 잘 맞아떨어졌다. 최근의 정보통신 기술 환경상 진위를 금방 파악할 수 있을 것이란 기대도 이런 예상에 힘을 실었다. 장기적으로 가짜는 순간적으로나 통하는 잡음에 불과할 것이라는 믿음이 강했다.

그러나 지금까지의 결과는 당초 예상과 전혀 다르다. 전통적인 그레셤의 법칙(Gresham's Law 통화 시장에서 악화가 양화를 구축한다는 가설)처럼 가짜가 진짜를 몰아내고 있다. 잡초가 화초를 압도하는 지경에 이른 것이다. MIT 슬로언경영대학원의 시난 아랄(Sinan Aral) 교수 등은 트위터가 생겨난 2006년부터 2017년까지 300만 명 이상이 450만 번 이상 리트윗한 13만여 건(트윗이 봇물을 이룬 콘텐츠)을 분석했다. 그 결과 가짜가 진짜에 비해 훨씬 더 잘 확산된다는 사실을 발견했다. 정치와 연예, 사업 등의 모든 영역에서 가짜 정보와 뉴스가 진짜에 비해 70퍼센트 이상 더 관심을 끌었다. 심지어 가짜 뉴스와 정보를 퍼뜨리는 계정이 진짜에 비해 팔로워 수가 적고, 덜 활동적이고, 시간을 덜 쓰고, 실명 계정이 아닌 경우가 많은 데도 그랬다. 트윗을 자동적으로 대량 유포하는 이른바 봇의 역할로만 돌릴 수는 없다. 진짜 뉴스나 정보 역시 봇의 도움으로 널리 확산되기 때문이다. 가짜에는 사람들의 마음을 잡아끄는 무엇인가가 있다. 환상 상품의 요소가 있다.(〈New York Times〉, March 11, 2018, 'How lies spread online')

가장 중요한 사실은 가짜 뉴스나 정보가 대부분 신기하다는 점이다. 사람들에게 더 큰 놀라움을 선사하는 쪽은 가짜다. 반면 진짜는 기껏해야 즐거움과 신뢰에 약간의 영향을 준다. 무엇인가 아는 척하기 위해서는 상대를 놀라게 할 가짜 쪽이 훨씬 더 유용하다. 그것이 가짜가 대중의 관심을 끄는 방식이다. 금이나 은이 많이 든 진짜 주화는 깊숙이 숨기고 다른 성분이 많이 포함된 가짜 주화를 유통시켰던 중세의 왕실처럼, 사람들은 화끈한 정보나 뉴스를 전함으로써 자신이 박식하고 사려 깊은 척하는 것이다.

경영자가 대중의 환상을 이용하는 방법

소수의 광팬과 시대정신이 맞아떨어지면 틈새 환상은 대중의 환상으로 부상한다. 팬의 존재야 어느 시대든 확인할 수 있다. 다만 시대정신은 쉽지 않은 문제다. 많은 개인과 집단, 나라가 자신의 행보를 시대정신에 맞추는 것이라고 착각한다. 나치 정권조차도 제1차 세계대전에 패배한 게르만족의 부활이라는 대중의 환상을 악용했다. 오늘날 포퓰리스트는 모두 세계화 앞에서 나약하고 불안해진 대중의 분노를 적극적으로 활용한다. 그런 대중의 환상은 곧 깨지고 만다. 이제 그들은 현실성 없는 꿈이 사태를 더욱 악화시켰다는 사실을 깨닫는다. 따라서 중요한 것은 대중의 욕망이지만 당시 현실에 의해 더욱 공고해진 인식이 중요하다. 기술이나 사회적 흐름에 발맞춘 변화가 핵심이다. 대중의 환상에 따른 수요 변화는 기업가나 정치인 등의 사례에서 극적으로 나타난다.

일론 머스크의 독특한 비즈니스 모델

과거 기업계의 제왕은 결코 자신을 드러내지 않았다. 드물게 자기 노출을 할 때도 용의주도하게 기획했다. 이를 통해 항상 안정되고 성숙하고 일관된 이미지를 쌓기 위해 노력했다. 미국의 앤드류 카네기, J.P. 모건, 존 D. 록펠러 등과 한국의 1세대 재벌 총수들도 마찬가지다. 당시 시장이나 대중이 그들에게서 그런 모습을 원했다고 볼 수 있다. 동시에 그들이 한 짓을 널리 알려 봐야 자신이나 자신의 기업에

이로울 것이 조금도 없었기 때문이다. 훗날 밝혀진 바에 따르면 그들은 폭력을 동원해 노동조합을 파괴했으며 경쟁 업체를 협박하거나 매수해 독점 체제를 공고히 했다. 정경 유착이나 불법 자금 조성도 다반사였다. 그들에게 강도 남작(robber baron)이라는 별명이 붙은 것은 결코 우연이 아니다.

테슬라와 스페이스 X의 CEO 일론 머스크에게서도 과거 강도 남작의 향이 풍긴다. 그는 경쟁 업체를 가차 없이 공격하고 비노조원만 고용하며 정부와의 거래에서 항상 많은 이득을 챙긴다. 그런데 대중은 그를 과거의 부자처럼 부정적으로 보지 않는다. 오히려 그 반대다. 2000년대 초반 인류의 화성 개척과 이주라는 몽상가다운 목표를 내세우며 스페이스 X를 창업했을 때만 해도 그는 틈새 환상을 충족시키는 이미지였다. 소수의 광팬만 있는 그런 존재였다. 그러나 테슬라로 전기차 시장을 열면서 대중은 그를 환상적인 이미지로 수용하기 시작했다. 한 세대에 한 명 나올까 말까 한 혁신가로 보았다. 그의 과장되고 전통적이지 않은 언행이나 처신도 천재에게서 으레 볼 수 있는 모습이라고 너그러이 수용했다. 아이폰 시리즈를 발표하던 스티브 잡스의 현실 왜곡 장이 사내에서 받아들여진 것처럼 일론 머스크의 광대 짓도 마찬가지다. 차이가 있다면 머스크는 회사 안에서보다 바깥에서 오히려 더 환영받는 분위기다.

머스크의 이런 전례 없는 경영자로서의 모습을 그만의 참신한 비즈니스 모델로 보는 시선도 있다. 미국의 유명 역사 및 전기 작가인 데이비드 나소(David Nasaw)는 이를 소셜미디어 시대라는 경영 환경에 걸맞은 수익 창출 방식이라고 평가한다. 머스크의 트위터 글은 유치하다 싶을 정도다. 툭 하면 똥과 관련한 이모티콘이 등장하고 자신이 싫어하는 캐나다 쥐스탱 트뤼도 총리를 아돌프 히틀러에 비유하기도 한다. 뜬금없는 주장이 거의 매일 올라온다. 자신의 주장을 뒷받침할 근거도 아예 없다. 혁신가이자 천재로서 머스크는 그럴 필요조차 못 느낀다. 이렇게 관심을 끌어모으고 팬덤을 확장한다. 그들은 테슬라를 알아서 홍보하고 스페이스 X의 로켓 발사를 환호한다. 머스크는 따로 홍보 부서를 두지 않고 대중을 상대로 한 광고를 돈 낭비라고 여긴다.

그러나 2023년 들어 전기차 분야에서 자동차 완성 업체의 반격이 거세진 후 테슬라는 전방위적인 가격 인하에 나섰고 머스크는 광고에 대해서도 고심 중이라고 밝혔다. 정치 분야에서 트럼프가 그랬듯 경영 분야에서 머스크는 완전히 새로운 경영자 전형을 만들었다는 주장이다.

머스크의 방식을 소셜미디어 시대의 새로운 비즈니스 모델이라고 본다면 무려 59조 원을 주고 사들인 트위터 인수도 말이 된다고 할 수 있다. 외형상으로만 보면 이 거래는 손해 보는 장사가 분명해 보인다. 인수 후 회사의 기업 가치는 반토막 이하를 기록하기도 했다. 머스크 스스로도 거의 두 배 가까이 많이 주고 샀다고 토로하기도 했다. 하지만 달리 생각하면 머스크는 트위터 인수 직후 무자비한 해고를 통해 이 소셜미디어를 완전히 사유화했다. 자신과 지지 세력들에게 일종의 거대한 확성기를 단 것이다. 심지어 트럼프 계정도 복원시켰다. 테슬라나 스페이스 X 같은 전형적 글로벌 기업이 매년 광고에 쏟아붓는 돈을 생각해 보라. X가 단시일 내에 비운을 맞지 않는다면 수지맞는 거래라고 할 수 있다.

3부

환상 상품은
어떻게 만들어지는가

5장

환상 상품
설계의 포인트

고객이 가장 원하는 것과 자신의 기업이 가장 잘하는 것을
먼저 파악하라. 둘이 마주하는 지점에 초점을 맞춰야 한다.

- 케빈 스터츠(Kevin Stirtz 미국의 경영 저술가이며 블로거)

스타벅스의 환상을 되살리기 위해 돌아온 CEO

2008년 실질적인 스타벅스 창업주 하워드 슐츠가 경영 일선으로 돌아왔다. 단지 금융 위기로 회사 상황이 나빠졌기 때문만은 아니다. 그가 떠난 사이 오린 스미스(Orin Smith)와 짐 도널드(Jim Donald)가 CEO 역할을 했다. 둘은 유능한 경영관리자였다. 하지만 이미 2005년 경부터 회사는 예전 같은 폭발적인 성장세를 잃은 상태였다. 슐츠가 보기에 진짜 문제는 딴 데 있었다. 도널드에게 보낸 그의 메모가 훗날 공개됐는데 한 구절로 문제를 요약했다. '스타벅스에서의 경험을 지나치게 상품화해 버렸다.' 회사 내부 운영에 치중한 나머지 고객들이 웃고 즐거워하던 경험을 스타벅스에서 제대로 할 수 없게 만들어버렸다는 뜻이다. 한마디로 스타벅스에 대한 환상의 빛이 크게 바랬다는 이야기다.

돌아온 슐츠가 제일 먼저 한 것도 바로 환상을 되살리는 일이었다. 그가 이탈리아 출장길에서 직접 체험한 에스프레소 바의 따뜻하고 편안한 분위기를 다시 고객들이 느낄 수 있도록 만들었다. 슐츠는 이탈리아 에스프레소 바 문화를 미국에 이식하겠다는 일념으로 스타벅스를 지금의 위치까지 성장시켰다.

슐츠는 포스트잇에 몇 가지 문구를 적어서 자신의 자리에 붙였다. 커피의 윌리 웡카(『찰리와 초콜릿 공장』의 주인공), 고객을 마법 양탄자에 태워라, 완전히 몰입시키는 즐거운 고객 체험, 최정상의 커피. 실제로 그는 회사 내 크리에이티브와 디자인 팀장인 밀러와 함께 영화 〈찰리와 초콜릿 공장〉을 함께 보며 시애틀에 연구실을 열었다. 고객의 환상을 채워 줄 새로운 브랜드를 내놓기 위해서다.

2014년 슐츠는 기존 스타벅스보다 각각 한두 단계 높은 커피 문화를 선보일 리저브(Reserve)와 로스터리(Roastery)를 내놓았다. 두 브랜드의 목표는 이곳에 한 번 들른 소비자가 기분 좋게 약 2만 원 정도를 쓰도록 만드는 것이다. 현재 스타벅스 기존 매장에서는 5,000원 가량을 소비한다. 이를 위해 리저브에서는 단일 원산지(single origin) 커피를 팔고 로스터리는 커피 문화와 관련된 고급 상품을 판다.

이는 최근 커피 시장에서 일고 있는 제3의 물결로 불리는 새로운 추세에 대한 대응책이기도 하다. 최근 소비자들은 스타벅스 같은 대형 커피 체인을 거부하는 대신 소규모의 스페셜티 커피숍을 선호하는 경향이 있다. 블루보틀이나 스텀프타운이 흐름의 선두 주자다.

이 일에 전념하기 위해 하워드 슐츠는 2017년 봄 스타벅스의 CEO 자리를 두 번째로 넘겨주었다. 그의 뒤를 이은 이는 IT분야 베테랑인 케빈 존슨(Kevin Johnson)이다. 그는 스타벅스를 IT 기반 기업으로 만드는 데 주력했다. 대신 슐츠는 미국에 정착시킨 이탈리아 에스프레소 바 문화라는 환상의 커피 문화를 한 단계 격상시키고자 노력했다. 지난 환상이 어느 정도 퇴색한 지금 다시 새로운 환상을 추구하는 데 몰입하고 있다.

일단 사람들의 환상이 비상하기 시작하면 이는 걷잡을 수 없는 추세가 된다. 소비 지상주의와 낭만주의가 결합하고 세계화와 소셜미디어가 세계를 하나로 묶는 요즘 이는 누구도 거스를 수 없는 흐름이다. 하워드 슐츠는 누구보다도 이를 더 잘 이해하고 활용하는 커피 산업의 경쟁자다. 존슨에 이어 2023년 CEO직을 승계한 랙스먼 내러시먼(Laxman Narasimhan)은 슐츠의 비전에 맞춰 매장을 업그레이드하고 부가가치를 높이는 데 주력하는 중이다.

환상 상품을 설계할 때 혹은 재설계할 때 일반적인 상품 설계와 다른 면은 무엇일까? 보통 기업이나 기업가는 수요를 예측하고 이를 바탕으로 상품을 기획한다. 그 후 제조와 판매가 이루어진다. 이 모든 과정에서 위험을 부담하고 그 판단에 대한 보상이나 벌을 받는다. 이미 세상을 지배한 환상 상품의 경우도 기본적으로 경로는 같다. 하지만 수요 예측이라는 점에서 다소 다른 양상을 보인다. 대부분의 환상 상품은 단순한 수요가 아니라 폭발적 잠재수요를 바탕으로 한다. 대중이 스스로 잘 깨닫지 못하는 집단 환상이 기반이 된다는 점에서 이를 포착하는 것이 설계와 재설계의 핵심이다. 폭발적 집단 환상은 막연한 숫자로 표현할 수 있는 것이 아니다. 기존의 자료나 정보를 바탕으로 파악할 수 있는 것도 아니다. 때로는 사소한 경영자의 직관, 소비자로서의 직감 등이 바탕이 된다. 동시에 다른 상품 기획과 달리 행운이라는 요소도 크게 작용한다. 환상 상품은 어느 경우에도 예외 없이 보통 상품에 비해 고위험·고수익 분야다.

관점이 달라지면 해법도 달라진다

미국인은 동물을 사랑한다. 미국 가구의 40퍼센트 이상이 반려동물을 기르고 있을 정도다. 그렇다고 미국이 반려동물의 천국인 것은 아니다. 매년 300만 마리 이상의 개가 버려진다는 통계가 있다. 반려동물을 어느 곳보다도 많이 소비하고 동시에 폐기한다.

미국 전역에 산재하는 유기견 보호소는 입양을 적극 추천한다. 이들은 동물 보호 단체와 함께 입양 캠페인을 벌인다. 보통은 슬픈 눈의 유기견을 모델로 써서 '생명을 구합시다-개를 입양하세요'라는 문구가 적힌 포스터를 제작·배포한다. 입양 희망자는 유기견에 비해 턱없이 부족하다. 적극적인 캠페인에도 불구하고 매년 입양자는 140만 가구에 불과하다. 이런 불균형 상태는 수십 년간 지속됐다. 입양되지 않은 유기견은 대부분 안락사 절차를 밟는다.

미국 로스앤젤레스 지역 도심 개구조 협회(Downtown Dog Rescue)와 유기견 보호소는 그동안 지속했던 유기견 입양 캠페인을 재평가하기로 했다. 우선 개를 버리는 가구가 왜 개를 버리는지 알아보기로 한 것이다. 이에 따르면 유기견 30퍼센트 이상이 주인이 스스로 포기한 경우다. 그런 가정 대부분은 경제적 부담 때문에 자신의 개를 버렸다. 한 방에 10달러 이상 하는 광견병 주사를 맞히는 것을 포함해 수의사의 진료 자체가 큰 부담이었기 때문이다.

입양만이 유기견 문제의 유일한 해답일까?

상황이 위와 같다면 입양만이 유기견 문제의 유일한 답이 될 수는 없다. 지역 보호소는 입양 캠페인 외에 다른 전략도 구사하기 시작했다. 보호소에 개를 맡기려는 이들을 대상으로 꼼꼼한 배경 조사를 했다. 왜 개를 버리려 하는지 원인을 파악하는 절차였다. 이때 개를 기를 능력도 안 되면서 당초 왜 개를 들였느냐고 비난하지 않는다. 만일 경제적 이유를 포함해 기를 수 없는 이유가 단순히 몇 가지라면 즉, 사소한 장애만 해결된다면 계속 기르고 싶다는 사람들이 의외로 많다는 사실도 확인했다.

보호소는 자신들이 가진 네트워크나 지식을 총동원해서 문제를 풀기 위해 노력했다. 결과는 경이로웠다. 처음 개를 버리고 싶어 했던 가구의 약 75퍼센트가 다시 개를 계속 키우고 싶어 했다.(〈Harvard Business Review〉, Jan.~Feb, 2017, p.78~83) 최근 경영학계, 특히 심리학 지식을 활용하는 경영전략 분야에서는 이를 리프레이밍(reframing 틀 재정의)이라고 한다. 문제 진단에 대한 이런 새로운 접근법은 행동 경제학에 기반한 것으로 사고에 대한 사고 혹은 초인지 등으로도 널리 알려져 있다.

문제에 대해 다시 바라봄으로써 해법도 달라진다. 예를 들어 어느 빌딩 세입자들이 빌딩 내 구형 엘리베이터에 대해 불만을 제기한다. 너무 느리고 오래 기다려야 한다는 불평이다. 심지어 이 문제를 해결하지 않는다면 사무실을 옮기겠다는 세입자도 등장했다. 건물주 입장에서 당장 떠오르는 문제는 '구형 엘리베이터'다. 문제를 이렇게 정의

하고 나면 해법은 지극히 한정된다. 더 빠른 최신 엘리베이터로 교체하는 것밖에는 답이 없다. 그러면 현재 자금 사정이나 엘리베이터 교체 손익 분석 정도만이 유일한 고려 요소가 된다.

이때 문제의 본질을 느린 엘리베이터로 한정하지 말고 입주자들의 대기 시간이 길고 짜증 난다는 점에 맞추어 보자. 엘리베이터 교체가 유일한 해법은 아니다. 엘리베이터 안이나 근처에 거울이나 손 세정제를 달거나 엘리베이터 내부에 소형 TV를 설치하거나 음악을 틀어 놓는 것도 괜찮은 답이 될 수 있다.

습관적 소비에서 오는 정서적 유대감

2003년 덴마크 국적의 다국적 장난감 제조사인 레고가 경영난에 처했다. 회사의 위기 징후는 이미 밀레니엄 전야부터 분명했다. 그러나 기업 회생 전문가를 고용하고 각종 회생 전략을 동원한 끝에 2년여 동안은 매출액 증가세가 뚜렷했다. 그 후 매출 급감이 시작되었다. 위기를 근본적으로 벗어난 것이 아니었던 것이다.

당시 신임 CEO 예르겐 비 크누스토르프(Jørgen Vig Knudstorp)는 세계 각국으로부터 엄청나게 많은 편지를 받았다. 대개는 같은 내용이다. 크누스토르프는 편지들의 내용을 이렇게 요약했다. "제발 죽지 마세요. 레고가 없다면 세상은 더 형편없는 곳이 될 거예요." 아이들만이 아니라 성인들 편지도 많았다. 그들은 자신들의 유년기에 레고를 통해 느꼈던 즐거움과 위안을 잊지 않았다. 오늘날 레고가 세계 최대 완구업체로 성장하는 데는 이런 소비자의 대를 잇는 정서적 유대감이 큰 도움이 되었다.

대를 잇는 레고의 정서적 유대감

소비자는 무엇 때문에 특정 상품에 정서적 유대감을 느낄까? 그것도 대를 이어 전해진다면? 부모들은 아이들에게 매일 밤 침대에 눕기 전 이를 닦도록 가르친다. 처음 그런 행동은 부모가 아이들에게 강요한 것에 불과하다. 하지만 시간이 흐를수록 아이들은 자기 전에 이를 닦지 않으면 불편해진다. 그 무렵이면 양치질하는 습관이 하나의 가치가 된다. 반드시 해야만 할 일이 된다.(〈Harvard Business Review〉, Jan.~Feb, 2017, p.58)

만일 어떤 상품이 누군가의 가치가 되어 정체성의 일부가 될 수 있다면, 또 부모가 자식들의 가치를 형성시키는 방식으로 만들 수 있다면, 그 브랜드는 거의 불멸의 비교 우위를 누릴 수 있다. 스위스 명품 시계 브랜드 파텍 필립(Patek Philippe)이 오랫동안 지속한 광고 문구가 대표적인 예다. '당신은 실제로 결코 파텍 필립을 가져 본 적이 없을 것입니다. 단지 다음 세대를 위해 돌볼 따름이지요.'

소비자와 상품 사이 정서적 유대감의 핵심은 습관적 소비다. 습관적 소비의 위력은 오늘날 재평가 받는 분위기다. 비교 우위는 의식적인 구매 행위에서 경쟁 제품이나 회사에 앞서는 요소를 뜻한다. 하지만 경영학이나 마케팅 교재와 달리 많은 소비자들은 제품을 살 때 여러 가지를 의식적으로 고려하지 않는다. 그저 습관처럼 자신이 고르던 것을 고른다. 대개는 자신이 평상시에 쓰던 제품이다. 다른 것을 고르면 무엇인가 어색하고 불편하다. 부지불식간에 소비자에게는 익숙함이라는 장벽이 생긴 것이다. 최근 경영학자들은 이를 기존의 비교 우위와 상대되는 개념으로 축적 우위라고 부르기도 한다. 축적 우위를 중시하는 경영학자들은 세계 최대 소셜미디어인 페이스북이나 섬유 유연제 타이드, 콜게이트 치약의 지칠 줄 모르는 성공 요인을 축적 우위로 설명한다.

환상 상품의 관점에서 습관적 소비와 그것에 기인하는 정서적 유대감은 일종의 잠재된 환상이다. 그것을 써야만 세상과 소통할 수 있다. 세탁물은 향기로워지며 입안은 청결해질 것이란 믿음이 생긴 결과다. 몸과 마음에 완전히 밀착한 가치의 일종이다. 그런 생각은 대개 가족이나 친구, 주변 사람들을 통해 대를 이어서(Generation to Generation) 전해진다.

참신함과 구태의연함 사이의 균형점 부근

1894년 프랑스의 부유한 수집가였던 귀스타브 카유보트(Gustave Caillebotte)가 사망했다. 공학도 출신의 그는 500여 점의 그림을 그린 화가이기도 했다. 하지만 당시 그는 인상파 화가들을 적극 후원하고 그들의 작품을 수집한 사람으로 더욱 유명했다. 1876년 르누아르와 친구가 되어 공동 전시회를 연 이래 그를 자신의 유산 집행인으로까지 임명했을 정도다. 이해는 인상파 화가들이 기성 화단의 살롱(Salon 프랑스 정부가 후원하는 공식 전시회)에서 대거 탈락한 후 자신들만의 독립 전시회를 처음으로 연 지 2년이 지난 뒤였다. 카유보트가 죽었을 때 그는 르누아르, 시슬레, 피사로 등 인상파 작품 68점을 남겼다.

그가 인상파 작품을 주로 수집한 것은 이례적이다. 당시 이 흐름은 지나치게 새로워 기성 평단으로부터 혹평을 받았다. 이들의 첫 독립전이 열린 후에도 오늘날과 같은 인기는커녕 인기를 얻을 조짐조차 보이지 않았다. 인상파 화가들의 작품 세계는 당시 살롱을 중심으로 이루어지던 기성 화단과는 달라도 너무 달랐기 때문이다. 몇 안 되는 프랑스 아카데미 회원들이 주도하던 당시 화단은 신화와 역사 관련 소재를 대형 캔버스에 그렸다. 반면 인상파 화가들은 카페, 호텔, 해변, 정원, 공원 등지에서 사람들이 벌이는 레저 활동을 주로 다루었다. 오늘날 기준으로는 이런 대상이야말로 현대성의 발로지만 모든 혁신적인 것은 처음에 거부감을 주기 마련이다.

더욱이 기성 화가들이 그린 대규모의 정교한 작품과 달리 인상파 화가들은 스케치 스타일의 소규모 작품을 주로 그렸다. 이런 작법을 주도한 것으로 알려진 모네는 시시때때로 움직이고 바뀌는 빛이 색감에 주는 영향을 반영하기 위해서 불가피하게 이렇게 미완성 상태인 것처럼 보이는 방식을 고안해야 했다. 반면 기성 화가들은 몇 년에 한 번씩 열리는 살롱에서 관객의 주목을 받기 위해 대규모 작품을 선보여야만 했다. 결국 인상파 화가들은 기존 살롱을 포기하고 독립전이라는 방식을 선택해야 했다. 소재나 작법뿐만 아니라 대중과의 만남도 지나칠 정도로 혁신적이었던 셈이다. 이는 오늘날 화가들이 화랑을 통하지 않고 인터넷이나 소셜미디어를 통해 작품을 소개하고 판매하는 것에 비견할 만하다. 여러모로 인상파 화가들은 당시 화단의 시선으로 보자면 좋게 보아도 아마추어적인 미완의 작품만 그리거나 말썽을 일으키려고 작정한 것처럼 보였다.

인상파의 역주행을 촉발한 특이점

카유보트가 남긴 인상파 작가의 작품들을 두고 카유보트의 후손과 르누아르가 프랑스 정부를 상대로 협상을 벌일 때도 이런 시각은 여전했다. 카유보트는 이 작품을 프랑스 루브르박물관에 기증하려 했지만 조건이 있었다. 작품 전부를 모두 박물관 측이 수용하고 카유보트 유산전이라는 이름으로 전시할 것을 요구했다. 박물관 측 작품 선정위원회는 관행에 어긋나는 이 요구가 탐탁하지 않았다. 당시 박물관 측은 한 작가의 작품을 3점 이상 사들이지 않았다. 위원회는 유족의 요구가 작품값을 올리려는 교묘한 수법이라고 여겼다. 1년여의 긴 줄다리기 끝에 카유보트의 유언이 받아들여져 룩셈부르크박물관에서 전시되기 시작했다. 그날 이후 인상파 화가의 그림은 가장 많이 공개된 작품이 되었다. 오늘날 카유보트의 유산이 기반이 된 루브르박물관과 인상파 화가들의 성소(聖所) 오르세 미술관은 세계에서 가장 인기 있는 미술관이자 전시 공간, 그리고 가장 널리 알려진 관광 명소 가운데 하나가 되었다. 인상파 화가들의 작품이 미술 작품 경매에서 가장 비싸게 팔리는 대상이 된 것은 말할 것도 없다.

평범한 상품은 언제, 어떤 방식으로 환상 상품으로 변할까? 상품이 히트하는 시기와 계기를 찾는 다양한 시도와 노력이 있었지만 여전히 그 비밀은 완전히 드러나지 않았다. 히트 비결 사이의 공통점은 있다. 특이점, 변곡점, 심지어는 마법의 황금 가루 등 이름이야 무엇이든 간에 어떤 모멘텀(momentum 운동이나 힘이 추진력이나 탄력을 받는 시점)이 있다는 것이다. 그 모멘텀은 대개 대중을 깜짝 놀라게 하는 참신함과 시장을 질리게 하는 구태의연함 사이의 균형점 부근이다. 미국 시사 잡지 〈애틀랜틱〉의 선임 기자인 데릭 톰슨(Derek Thompson)은 자신의 저서 『히트 메이커스: 세상을 사로잡은 히트작은 어떻게 만들어졌는가』에서 대중이 가진 새것 선호 본능(neophilia)과 새것 거부감(neophobia) 사이의 결정적 긴장 관계가 상품의 히트에 가장 중요하다고 강조한다. 비록 대중은 나중에 질리거나 공포감을 갖더라도 처음에는 어느 순간 막연히 좋아하다가 열렬히 열광하는 지점을 찾아낸다는 것이다. 그는 이를 심미적 유레카(aesthetic aha)라고도 부른다. 욕조에 있다 갑자기 진실을 깨닫는 아르키메데스처럼 사람들은 갑작스럽게 특정 상품에 심미적으로 빠져드는 순간이 있다. 그 순간은 개인적인 깨달음일 수도 있고 주변 사람들과 미디어의 추천과 평판, 입소문 때문에 생길 수도 있다.

이유야 어떻든 사람들은 마치 최면에 홀린 듯 어떤 제품을 그것이 가진 품질이나 기능 이상으로 평가하기 시작한다. 더 나아가 그 상품 없이는 견디기 힘든 정서적 유대감을 느끼기도 한다. 그 순간부터 이

상품은 소비자에게 거부할 수 없는 환상이 된다. 그러기 위해서는 대중에게 해당 상품이 거듭 노출되고 사람들은 질리지 않을 정도로 그 상품을 경험할 수 있어야 한다. 미술 애호가뿐만 아니라 보통 사람들에게 인상파가 환상 상품으로 거듭난 특이점은 사람들이 생각하는 것처럼 살롱에서 거부당한 그들의 작품이 독립 전시회를 처음 열었을 때가 아니다. 그보다는 카유보트의 유산이 루브르박물관에 수용돼 정기적으로 대중에게 선보여질 무렵부터다. 그때부터 인상파 화가의 작품은 사람들에게 새롭지만 아주 낯설지는 않고, 소유하고 싶지만 아무나 가질 수 없는 것이 되었다.

자주 만나면 좋아하게 된다

인상파 화가 그림은 오늘날까지도 세계에서 가장 널리 알려졌고 가장 인기 있는 회화 작품이다. 가장 비싸게 팔리는 편이기도 하다. 미술에 문외한이라고 하더라도 당장 2~3명의 인상파 화가를 댈 정도다. 훗날 워낙 유명해진 후기인상파 고흐나 고갱을 빼면, 대개 거론되는 이들은 모네, 르누아르, 드가, 세잔, 마네, 피사로, 시슬레 등이다. 당대 화단으로부터 전혀 인정받지 못했던 이들은 어떻게 후대에 불멸의 작품이자 상품이 됐을까? 그 가운데서도 왜 이 7명의 화가가 더 특별한 유명세를 얻었을까?

카유보트라는 특별한 수집가의 유언이 계기가 돼 대중에게 집중적으로 노출됐기 때문이다. 데릭 톰슨은 문화 예술 상품의 첫째 히트 비결로 노출 효과를 꼽았다. 소비자는 좋아하는 것을 자주 접하려고 할 뿐만 아니라 자주 접하는 것을 좋아한다는 것이다. 그는 브람스의 자장가가 세계에서 가장 유명한 자장가가 된 사연도 노출 효과로 설명한다. 10세기 중반 이후 미국으로 건너간 독일계 이민자가 급증하면서 많은 미국인이 이 멜로디를 접하게 되었다는 것이다.(『히트 메이커스: 세상을 사로잡은 히트작은 어떻게 만들어졌는가』, 데릭 톰슨, 21세기북스)

인스타그램의 초기 노출 전략

현재 소셜미디어 업계 총아인 인스타그램도 출시 초기 노출 효과 덕을 톡톡히 보았다. 인스타그램은 출시 전부터 실리콘밸리 거물의 소셜미디어를 통해 유명해졌다. 애플 앱스토어에 앱이 처음 공개된 날 무려 2만 5,000개 다운로드로 1위를 기록했다. 그다음부터는 탄탄대로였다.

기존 매체인 신문과 라디오, TV 외에 케이블과 위성 TV, 소셜미디어, 온라인과 모바일 등 미디어와 플랫폼의 종류는 크게 상관없다. 어디서든 많이 등장하는 것이 효과적이다. 노출이라는 단어를 굳이 쓰는 이유는 전과 달리 상품에 대한 정보가 전해질 채널이 극적으로 증가해서다.

미디어 역사에서 오랫동안 회자될 2016년 미 대선과 공화당 예비 경선이 좋은 예다. 당내 주류 세력의 지지를 한 몸에 받던 젭 부시와 마코 루비오는 후원금 모금 경쟁의 선두 주자였다. 둘은 2016년 초

각각 TV 광고로만 1,500억 원 가까이를 썼다. 후원금 액수와 TV 광고가 선거 캠페인을 좌우한다는 전통적인 기준에 따르면 둘은 경선의 가장 강력한 승자여야 했다.

반면 도널드 트럼프는 TV 광고에 200억 원만 썼다. 사실 그는 광고를 할 필요조차 없었다. 트럼프는 미디어 노출이란 면에서는 여러 후보를 이미 압도했다. 그는 전격적인 입후보나 과격한 언사, 눈에 띄는 이력 등으로 각종 미디어에 잇따라 등장했다. 신문이나 TV뿐만 아니라 새로운 미디어와 플랫폼 모두 그를 외면하기 어려웠다. 그들은 좋든 싫든 트럼프를 다루었고 트럼프는 그들을 적극적으로 이용했다. 일부 미디어 전문가들은 트럼프가 유료 광고 대신 무료 노출 전략으로 미디어를 활용한 시간을 금액으로 환산하면 무려 3조 원에 달할 것으로 추정하기도 했다. 새로운 정보 채널까지 총망라한 노출 전략에서 그는 압승을 거두었다.

물론 무조건 노출을 늘리는 것이 능사는 아니다. 익숙해지는 것만이 히트의 전제 조건은 아니다. 몇몇 심리학자들은 사람들의 용모에 대한 선호 조사에서 자신의 얼굴과 흡사한 모습을 가장 좋아한다는 결과를 제시한다. 매일 보는 익숙한 자신의 모습을 가장 좋아할 것이란 근거에서다. 하지만 반드시 그런 것만도 아니다. 자신과는 완전히 다른 외모를 선호한다는 조사 결과도 심심찮게 등장한다. 일부 상품은 익숙함보다는 놀라움 때문에 사랑받기도 한다. 오히려 대중의 접근을 막는 신비주의 전략으로 대중의 환상을 키우기도 한다.

중요한 것은 적절한 채널을 통해 노출을 늘리는 것이 중요하다는 것이다. 싸이 〈강남 스타일〉의 성공은 무료 동영상 사이트인 유튜브를 빼놓고는 생각할 수 없다. 이 채널은 가벼운 후크송과 코믹한 뮤직비디오가 널리 퍼지는 데는 최적이었다.

소셜미디어를 타고 떠오르는 타이중

대만에서 신흥 관광지로 떠오르고 있는 타이중(臺中)은 제품에서 경험으로 소비와 경제의 중심이 옮아간 현실을 잘 보여주는 예다. 1920년대 이후 일본 강점기에 주로 개발된 이 도시는 1990년대까지 나이키를 비롯한 글로벌 기업의 하청 생산 시설이 주요 수입원이었다. 제조업이 경제 기반이었다. 이 기업들이 생산 시설을 중국으로 이전하자 지역 경제가 붕괴될 뻔했다.

타이중은 제조업 대신 관광산업으로 경제활동의 중심을 옮겼다. 현대와 고대가 공존하는 듯한 묘한 도시의 분위기와 고색창연한 건물을 집중적으로 부각시켰다. 여기에 공원과 박물관, 트렌디한 카페와 레스토랑을 추가했다. 마침 고속철도가 타이베이와 연결된 것도 호재로 작용했다. 지금 타이중은 대만을 찾는 관광객이 꼭 들르는 도시가 되었다. 소셜미디어에서 가장 멋진 곳이 된 것은 말할 것도 없다.

경험적 소비에서 핵심은 관계와 추억이다. 이를 강화하는 것이 바로 소셜미디어다. 소셜미디어에서 자신의 멋진 경험을 주위 사람들과 빠르고 쉽게 공유하면 경험적 소비의 만족도는 더 높아진다. 최근 환상 상품의 상당수가 단순한 제품이 아니라 경험을 요체로 하는 것은 이 때문이다.

경험과 참여의 놀라운 힘

환상 상품 이전 시대에도 노출과 경험은 히트의 전제 조건이었다. 소비자에게 가닿지 못하고 소비자가 체험하지 못한다면 아무리 좋은 상품도 사장되고 만다. 간단한 이 원리는 기업이 엄청난 비용을 들여 광고를 하고 시식 코너를 운영하는 이유다.

네스프레소의 30년짜리 마케팅

환상적인 중년 할리우드 배우 조지 클루니가 등장해 자신만만하게 what else?를 외치는 에스프레소 반제품 네스프레소를 최근 상품으로 오인하는 소비자가 많다. 그러나 이 제품은 글로벌 식음료 기업인 네슬레가 이미 1980년대 개발에 성공했다. 그러나 좀처럼 새로운 시장을 열지 못했다. 오죽했으면 회사 내부에서는 네스프레소 사업부가 무덤으로 불릴 정도였다. 야심 차게 이 프로젝트를 떠맡고 나서 승진은커녕 살아남은 임원이나 관리자가 거의 없었다.

사실상 포기하다시피 했던 사업은 무료 시음 기회를 제공하면서 근근이 유지했다. 비용이 추가되는 데도 시음을 늘린 데는 이유가 있다. 에스프레소 커피 문화가 확산되는 와중에도 이 간편한 방식의 신규 시장을 열 수 없는 것은 사람들의 에스프레소에 대한 인식에 문제가 있었기 때문이다. 에스프레소라면 건강한 이탈리아 청년이 셔츠 소매를 걷어붙이고 뜨거운 김이 칙칙 거리는 에스프레소 머신 앞에서 만들어야 하는 것이라는 소비자의 생각이 강했다. 그런 선입견 때문에 간편하게 기계로 만드는 반제품은 믿음을 줄 수 없었다.

네슬레 네스프레소 사업 본부는 비즈니스급 이상 호텔과 항공기의 비즈니스, 퍼스트 클래스를 공략했다. 이곳에 무료로 기계와 캡슐을 제공했다. 수십 년간 이 사업부는 이익이 아니라 비용 센터로, 사실상 돈이 새는 곳이었다. 2010년대가 되면서 상황이 바뀌기 시작했다. 일단 시음해 본 소비자들은 네스프레소의 맛이 에스프레소 바의 그것과 차이가 없음을 알았다. 좋은 호텔과 항공편의 경험과 맞물려 더욱 근사한 추억으로 남았다. 지금은 네슬레가 이 에스프레소 반제품을 무료로 제공하는 호텔이나 항공편이 더 이상 없다.

네스프레소가 새로운 시장을 열고 수익 센터로 변신하는 데까지는 무려 30여 년이 걸렸다. 그동안 줄기차게 고객이 멋진 경험을 할 수 있도록 애썼다. 다만 오늘날이었다면 그 기간이나 비용을 훨씬 단축할 수 있지 않았을까? 조지 클루니가 자신의 소셜미디어에 인증샷을 올리는 것만으로도 충분한 관심과 마케팅 효과를 누렸을 테니까 말이다.

기적을 일상으로 만드는 플랫폼

정보통신 분야에서 최근에 벌어진 가장 큰 사건은 네 가지 정도가 있다. 2005년 페이스북이 설립됐다. 이듬해 유튜브, 그 이듬해는 아마존이 아마존웹서비스(AWS)를 창립했다. 마지막으로 애플이 아이폰과 구글의 안드로이드 스마트폰 운영 시스템을 상용화했다.(〈Harvard Business Review〉, Jan.~Feb, 2017, p.54~57)

네 가지 사건은 각각 별개의 것처럼 보인다. 하지만 서로 합쳐져 폭발적인 변화를 이끌었다. 우선 AWS는 온라인 창업을 쉽고 싸게 만들었다. 유튜브는 동영상을 올리는 일을 한결 간편하게 만들었다. 페이스북은 동영상을 공유하는 기존 채널을 제공했다. 결정적으로 이 모든 것이 결합되어 소비자의 소비 트렌드나 사업 환경의 변곡점을 몰고 온 것은 대중의 스마트폰 보급이었다. 보통 사람들이 스마트폰을 통해 이 모든 서비스에 접근할 수 있게 되자 과거에는 상상할 수도 없었던 일이 벌어졌다.

이 모든 서비스가 환상 상품이기는 하지만 단일 상품이라기보다는 일종의 플랫폼이라고 볼 수 있다. 이런 플랫폼에서는 새로운 형태의 환상 상품이 등장할 가능성이 높다. 2012년에 등장한 달러쉐이브클럽이 좋은 예다. 이 신종 구독 서비스(subscription service 특정 기간 동안 일정한 제품을 특정 가격에 제공하는 웹 기반 서비스)는 얼핏 보면 별일 아닌 것처럼 보인다. 심지어 진부하게까지 느껴진다. 회사가 소비자에게 주기적으로 면도기와 면도날을 싼 가격에 문 앞까지 배달하는 서비스이기 때문이다.

달러쉐이브클럽의 서비스가 환상 상품인 이유는 배달 서비스 대상이 면도기와 면도날이라는 데 있다. 이 상품은 꼭 필요한 것이지만 매번 살 때마다 여간 번거로운 것이 아니다. 직접 대형 마트나 슈퍼마켓에 들러야만 한다. 간혹 자신이 늘 사던 제품의 재고라도 떨어지는 날에는 여간 낭패가 아닐 수 없다. 더욱이 면도기와 면도날은 예상외로 비싸다. 종종 절도 대상이기도 해서 잠겨 있는 보관함에 넣어 놓는 매장도 있다. 간단한 제품을 자주, 어렵게 사야만 했던 문제를 일거에 해결한 것이 바로 달러쉐이브클럽이 환상적인 이유다.

오늘날 회사는 3조 원에 달하는 미국 면도기 시장에서 8퍼센트의 시장점유율을 차지한다. 면도날 카트리지 시장점유율은 무려 15퍼센트에 달한다. 2015년에는 유니레버에 현금 1조 원에 팔렸다. 생필품과 화장품 다국적기업이 이 서비스의 잠재력을 높이 평가한 결과였다. 이렇게 시장이 근본적으로 변화하는 시기에 보통 상품이 환상 상품으로 돌변하는 경우는 흔하다. 시장이 근본적으로 변할 때 소비자는 쉽게 새로운 상품을 경험하고 자신의 체험을 다른 사람에게 노출한다. 밀레니엄 이후 벌어진 IT 플랫폼의 대혁신은 상품 시장에서 특이점의 도래를 기적 같은 일에서 일상으로 만들었다.

콜드플레이 내한 공연이 세계적인 화제가 된 이유

2017년 4월 영국 콜드플레이의 첫 내한 공연이 잠실 올림픽 주경기장에서 열렸다. 워낙 세계적 명성을 자랑하는 록 밴드인 데다가 세계 순회공연도 잦은 편이어서 내한 공연이라고 별다를 것은 없었다. 세계 투어의 일부일 따름이었다.

하지만 이 내한 공연은 세계적인 화젯거리로 떠올랐다. 10만 명의 관객이 모두 형광봉을 들고 떼창을 하는 장면은 세계 어디서도 찾아볼 수 없었기 때문이다. 공연을 마친 콜드플레이 리더 크리스 마틴조차 이날 공연을 환상적인 경험이었다고 말했을 정도다. 이 공연은 소셜미디어에서 더 큰 화제가 되었다. 공연을 찍은 동영상과 사진이 페이스북이나 인스타그램에 넘쳤다. 공연 이후 일주일 정도 소셜미디어 이용자는 콜드플레이 공연을 본 사람과 보지 못한 사람이라는 계급으로만 나뉠 정도였다. 지금은 세계적인 가수들의 내한 공연에서 떼창은 트레이드마크다. 동시에 이는 세계 대중가요 무대에서 한국을 상징하는 장면이 되었다.

과거 히트 상품은 주로 제품에 국한됐다. 대침체 시기 초반 한때 소비가 주춤했다가 곧 예전의 명성과 인기를 되찾은 명품을 연상하면 된다. 이런 유형의 소비는 소유적 소비다. 제품을 사서 갖는 방식의 소비다. 소비자들은 그 제품을 소유하는 기쁨을 누린다. 반면 최근 환상 상품으로 등극한 것은 단순한 물건이 아니다. 그보다는 경험 자체를 소비하는 이른바 경험적 소비다.

과거에 비해 경험이 소비로서 더 각광받기 시작한 데는 이유가 있다. 행동 경제학이 규명한 바에 따르면 같은 규모의 소비라고 할 때 경험적 소비가 소유적 소비에 비해 더 큰 효용을 제공한다. 멋진 차를 살 돈으로 즐기는 세계여행과 공연 관람, 맛집 체험 등이 더 만족스럽다는 뜻이다. 그 비결은 관계와 추억에 있다. 대부분의 경험은 자신과 친하거나 사랑하는 누군가와 함께 하기 때문에 더 오래도록 좋은 느낌을 간직한다. 어떤 상품을 산 후 그저 간직하는 것보다도 훨씬 만족스럽다. 새로운 경험 소비가 환상 상품으로 등극한 것도 이 때문이다. 이 점은 과거 소비에서 크게 주목받지 못했던 부분이다.

향기를 경험하고 퍼트리게 한 조 말론

경험적 소비뿐만 아니라 취향과 스타일 소비가 크게 늘면서 마케팅에서는 소비자의 경험뿐만 아니라 참여가 중요해졌다. 직접 경험하고 더 나아가서 상품의 제조나 판매, 유통 전 과정에 힘을 보탠다면 해당 상품에 대한 애정이 커질 수밖에 없다. 가장 극적인 경우는 환상 상품을 재설계하는 경우다.

여기 환상 상품이 갖춰야 할 거의 모든 특징을 갖춘 상품이 있다. 향수 업계의 에르메스로 떠오른 조 말론 런던. 조 말론 런던은 향을 중시하는 현대인의 트렌드에 맞춰 1994년 영국 런던에서 시작한 브랜드다. 게다가 창업주 조 말론은 이야깃거리가 많은 인물이었다. 그녀는 어려서부터 향기에 대한 집착이 남달랐다. 가족들을 위한 비누나 양초를 직접 만들고 선물용 제품을 팔기도 했다. 그녀는 플로리스트, 피부관리사로 사회 활동을 시작했다. 하지만 자신이 고른 향기를 기초로 한 제품에 대한 사람들의 관심이 커지자 런던에 매장을 열고 향수 산업에 뛰어들었다.

1999년 그녀의 브랜드가 세계적 명성을 얻자 글로벌 화장품 업체인 에스티 로더가 사들였다. 매각 대금은 공개되지 않았다. 하지만 업계에서는 수백만 달러 수준으로 조 말론이 성급한 결정을 한 것으로 여겼다. 말론은 에스티 로더를 통해 자신의 브랜드를 글로벌 브랜드로 키우고 싶다는 생각을 했던 것으로 보인다. 매각 후에도 그녀는 브랜드의 크리에이티브 디렉터로 활동했으나 곧 건강상의 문제로 사퇴했다. 조 말론 없는 조 말론이 된 셈이다.

2011년 유방암을 견디고 돌아온 조 말론은 자신이 잘하는 분야에서 다시 일하기를 원했다. 마침 경업 금지 기간도 끝난 터여서 그녀는 새 브랜드를 출시했다. 조 러브스(Jo Loves)라는 향수다. 물론 누가 보아도 조 말론임을 암시하는 브랜드지만 이것만 가지고 과거 조 말론의 영화를 되찾을 수는 없었다. 말론이 새 브랜드에서 가장 차별화한 부분이 바로 경험과 참여다. 그녀는 소비자들이 자신의 향수를 단지 뿌리는 것이 아니라 경험하게 하고 이를 소셜미디어를 통해 알리는 마케터가 되도록 하는 데 주력했다. 이 일은 에스티 로더 같은 글로벌 기업이 제대로 하기 어려운 도전이었다. 넘버42 플라워숍(No.42 The Flower Shop)이라는 대표 향수는 그녀가 처음 일했던 꽃집을 기리기 위한 것이다. 조 말론과 달리 런던에 2개의 플래그십 점포만 두고 주로 온라인으로 사업을 확장하는 것 역시 조 말론의 실험 덕분에 재설계한 마케팅 방식이다.

어느 카테고리에 포지셔닝할 것인가?

2010년 이후 세계 최대의 자동차 시장 미국에서는 SUV 차량의 인기 비결이 업계의 화제이자 고민거리였다. 전통적으로 픽업트럭과 오프로드 자동차에 대한 수요가 강한 미국에서도 이 두 분야를 포함해 SUV는 제한적인 시장으로 간주했다. 자동차 시장의 주류는 줄곧 세단이었다.

하지만 2010년 이후 SUV가 세단 시장을 잠식한다는 점이 분명해졌다. 미국뿐만이 아니다. 중국이나 인도, 브라질 같은 신흥 시장을 포함해 전 세계에서 가장 빠르게 성장하는 시장이다. 처음 차를 사는 소비자가 SUV를 선택하기 시작했다는 것도 이전과 다른 현상이었다. 전통적으로 자동차 소비자는 가족이 쓰던 해치백으로 운전을 시작해 세단과 SUV를 거친 후 럭셔리 카로 향한다는 믿음이 있었다.

SUV의 신분 변화에 영향을 미친 요인

처음 SUV 인기 비결은 원유 가격 안정에서 비롯됐다는 주장이 힘을 얻었다. 이 시기 원유가가 반값으로 뚝 떨어지면서 소비자는 연료 소모에 크게 신경 쓰지 않게 되었다. 연비가 나쁜 SUV는 호재였다. 하지만 SUV의 인기는 기름값 등락에 크게 좌우되지 않는다는 점이 금방 분명해졌다.

SUV의 품질이 크게 개선된 것도 인기에 한몫한 것이 분명했다. 과거 SUV 성능은 세단에 비해 나았지만 각종 사양이나 실용성 면에서 크게 뒤처졌다. 심지어 높은 차고와 낮은 휠베이스 비율 때문에 전복 위험이 컸다. 그러나 세단의 사양이나 실용성을 곧 따라잡기 시작했다. 가죽 시트와 냉난방 시스템, 각종 커넥티드 카 사양을 갖추었다. 넓은 공간 덕에 멀티스피커 시스템을 통합할 수 있게 되어 오디오는 오히려 더 나았다. 원래 더 나았던 견인 능력과 성인 5명 이상을 태울 수 있는 승차 여력은 여전했다. 이렇게 되자 SUV는 합리적인 가격에 살 수 있는 최고 사양의 픽업트럭이 되었다는 해석이 난무했다.

SUV의 지속적인 인기 비결을 파악하려면 소비자의 마음을 더욱 깊이 파고들어야 한다. SUV라는 자동차 시장의 한 부문에 대한 그들의 인식이 어떻게 바뀌었는지 말이다. 소비자는 처음에 SUV 차량이 덜컹거리고 시끄러운 괴물 같다고 생각했다. 짐을 많이 실어야 하거나 오프로드 주행을 해야 하는 사람들을 위한 차였다. 세단이 전형적으로 사회적 지위나 신분을 상징하는 차량이듯 SUV 역시 소유주를 알려 주는 자동차였다.(〈Infotoso〉, Feb. 4, 2018, 'Why are SUVs so Popular?')

갑작스런 인식 변화는 단지 유가 하락이나 품질 개선 때문만은 아니다. 그와 함께 SUV의 신분에도 변화가 일어났다. 소비자가 이 상품 카테고리를 전과 달리 보기 시작한 것이다. 큰 덩치와 차 높이 덕분에 SUV 운전자는 자신들이 대담하고 색다르다고 여기기 시작했다. 더 안전하다고 느꼈다. 여기에 두 가지 변화가 가세했다. SUV의 인테리어 변신이 시작됐다. 넓은 공간에 우드 트림(wood trim 목재 혹은 인공 목재로 각종 기기 판에 한 장식)이라든가 다양한 시각적 장치 같은 스타일 혁신을 이루어 냈다. 한마디로 럭셔리로 거듭났다. 여기에 세계적인 명차 브랜드가 SUV 시장에 본격적으로 뛰어들기 시작했다.

SUV의 미래와 관련해 이제 남은 의문은 이것뿐이다. 너도나도 SUV를 사서 더 이상 SUV를 사는 것이 신기한 일이 아닐 때는 어떻게 될 것인가? 누구도 대담하고 색다르다고 느낄 수 없게 되었을 때도 SUV가 대단한 환상으로 남을 수 있을 것인가?

어떤 상품은 그것이 속한 카테고리만으로도 환상의 대상이 될 수 있다. 같은 상품이라 하더라도 손수건이 아니라 포켓스퀘어로 분류될 때 훨씬 더 값지고 의미 있는 것이 된다. SUV도 새로운 세기에 들어서며 손수건에서 포켓스퀘어로 승격됐다. 계속 그럴 수 있느냐는 소비자의 변덕과 자동차 업계의 대응에 달려 있다. 지속적으로 SUV에 대한 환상을 자극하기 위한 시도가 이루어질 것이다. 이미 시작된 SUV 시장의 세분화 즉 콤팩트 SUV, 크로스오버, 풀사이즈, 럭셔리 모델 등이 그 첫 시도다.

팬덤이라는 무서운 돌풍

2018년 이후 음원 시장에서 유독 역주행 논란이 많이 일었다. 특별한 화제성 없이 발표 직후 잊혔던 곡이 뒤늦게 음원 차트를 석권하는 일이 잦아서다. 발표된 지 비교적 오래된 노래가 다시 인기를 끌게 되는 역주행은 사실 과거에도 흔한 일이었다. 하지만 당시는 가수가 앨범을 중심으로 활동하던 음반 시장이었다. 국내 가수의 음반은 방송 외에는 알릴 방법이 없었고 팝송과의 경쟁도 치열했다. 대부분의 곡은 묻히기 일쑤였다. 발표 한참 뒤에 우연한 계기에 방송에 소개되어서 인기를 얻는 경우가 허다했다. 아예 앨범에 대한 반응이 없어서 가수를 포기하려던 차에 의외의 히트로 돌아왔다는 전설적인 예도 적지 않다.

음원 역주행 뒤에 감추어진 비밀

디지털 음원 시장은 이 모든 풍속도를 바꾸어 놓았다. 방송이 아니어도 인터넷을 통해 곡을 널리 알릴 수 있게 되었다. 1990년대 서태지가 대중음악 시장을 지배한 시기와 맞물려 팬덤도 바뀌었다. 팬층 대부분이 10대였으며 이들은 자신이 좋아하거나 숭배하는 가수만 소비했다. 그 결과 대중가요의 유행 패턴은 전과 확연히 달라졌다. 곡은 음원 발표 직후 즉각 히트했으며 또 오래가지 않았다. 데뷔 혹은 복귀라는 이름의 방송 출연이나 화제성 이벤트도 한몫했다.

2018년에는 이 패턴에도 커다란 변화가 나타났다. 닐로, DJ손까지 음원이 발표된 지 서너 달이 지나서야 정상을 차지하는 경우가 눈에 띄게 늘었다. 그렇다고 이들이 화제가 될 만한 특별한 일이 벌어졌던 것도 아니다. 팬이 직접 찍은 영상이나 유명 아이돌 앞에 출연한 것이 계기가 돼 역주행에 성공한 EXID나 김연자 같은 경우와는 달랐다. 음원 발표 후 잠잠하다가 어느 순간 갑자기 정상에 올라가는 식이었다. 대중과 언론은 음원 사재기 의혹을 제기했고 연예기획사나 음반사, 해당 가수가 부인하는 일이 되풀이됐다.

실제로 이해 당사자들이 음원을 집중적으로 사들였는지는 확실하지 않다. 하지만 역주행 논란의 당사자조차 자신의 정상 정복을 위해 마케팅 기법을 활용했다는 점만큼은 자인했다. 이들이 공개적으로 밝힌 마케팅 기법은 음악을 고르려는 엄청난 팔로워를 거느린 페이스북 계정을 활용했다는 것이다. 딱히 어떤 개인이라기보다는 음원 산업 일각에서 만든 것으로 보이는 이런 계정에서 집중적으로 음악을 소개하고 추천하는 식이다. 이런 방법은 생각처럼 그렇게 터무니없는 것은 아니다. 우리나라 음원 시장은 80만 번 정도의 순간 선택을 받으면 차트 정상에 오를 수 있다. 수십만 명의 팔로워를 가진 이런 계정이 그 정도의 영향력을 발휘하는 것은 아예 불가능한 것이 아니다. 역주행 논란은 우리나라 음원 시장의 규모와 폭이 얼마나 작은지를 보여주는 것이기도 하지만 팬을 거느린 몇몇이 시장에서 어떤 영향을 미칠지 잘 보여주는 예도 된다. 그가 사람들이 훨씬 쉽게 클릭하거나 지갑을 열게 할 정도의 영향력을 가진 인플루언서라면 말이다. 이들은 막연히 어떤 노래가 좋더라는 식의 어중간한 수많은 팬에 비해 훨씬 더 상품 소비에서 중요한 존재다.

모든 팬덤은 굿즈로 통한다

지금의 10~20대 소비자층도 LP나 CD를 좋아할 줄은 몰랐다. 이들은 자신이 좋아하는 아이돌 음반을 무더기로 사들인다. 같은 곡이 수록된 동일한 앨범을 말이다. 과거 LP와 CD로 음악을 소비하던 대중음악 팬으로서도 이해하기 어려운 소비 행태다. 이들이 LP나 CD가 포함된 앨범을 사는 이유는 이 음반을 통해 음악을 즐기기 위해서가 아니다. 이들은 주로 음원을 통해 음악을 접한다. 그러므로 실제로는 음악이 아니라 앨범에 포함된 사진과 캐릭터를 수집하기 위해서다. 포켓몬 카드, 띠부띠부씰을 모으기 위해 빵을 사는 것과 흡사하다. 카드를 중시하는 소비자들은 정작 빵은 그냥 버리는 경우가 허다하다. 아이돌의 LP나 CD 역시 마찬가지다. 음반 업계에서 환경에 미치는 악영향을 우려할 정도다.

굿즈는 오늘날 팬덤과 떼려야 뗄 수 없는 관계다. 굿즈는 원래 이름난 아이돌이나 유명인, 인플루언서가 팬들에게 팔 목적으로 제작한 상품을 뜻하는 용어로 널리 쓰였다. 젊은 세대가 소비하는 LP와 CD가 그 의미에 가깝다. 각 캐릭터와 기념품, 공연 관련 상품 등 굿즈의 세계는 갈수록 확장되는 중이다. 엔터테인먼트 업계에서는 굿즈 산업이 음원을 주로 하는 당초의 비즈니스 모델을 능가할 것이라고 전망한다. 이제 좁은 의미의 굿즈는 넓은 의미의 상품과 재화를 뜻하는 본래 의미로 회귀하고 있다. 아이돌이나 유명인, 인플루언서가 내놓는 상품의 특징을 거의 모든 상품이 추구하기 시작했다.

본질에 집중하는 것이야말로 진짜 한 방

1989년 에스터 쉬퍼(Esther Schipper)는 독일 쾰른에서 1인 갤러리를 열었다. 따로 직원을 두지 않으며 직접 작품을 고르고 전시하고 사고파는 소규모 화랑이었다. 당시 쾰른은 독일 최고의 예술 중심지였다. 독일인인 그녀는 프랑스 파리에서 자랐고 그르노블에서 큐레이터 과정을 마쳤다. 자신만의 갤러리를 여는 것은 인생의 정해진 수순처럼 느꼈다. 하지만 쾰른은 보수적인 예술 도시였다. 상업 예술과 비상업적인 것의 경계가 뚜렷했고 갤러리 사이의 위계도 확실했다. 그녀가 세운 것 같은 소형 갤러리 운영자가 할 일은 별로 없었다. 1989년 베를린 장벽 붕괴로 독일뿐만 아니라 유럽, 세계의 예술 지형이 급격하게 변했다. 베를린이 영국 런던과 함께 유럽의 새로운 예술 수도로 떠오르기 시작했다.

1994년 쉬퍼는 베를린의 아우구스트슈트라세 지역에 직원 4명을 두고 이전보다 약간 큰 규모의 갤러리를 열었다. 이 지역 갤러리는 지금은 중단된 미술품 전시 및 판매 행사인 베를린 예술 포럼(Berlin Art Forum)에 기대를 많이 걸었다. 하지만 이 행사는 원하는 만큼 많은 컬렉터와 구매자, 관객을 끌어모으지 못했다.

갤러리 위크엔드 베를린이 특별한 이유

쉬퍼는 예술가 집단과 사람들의 일반적인 예상과는 다른 선택을 했다. 갤러리 중심의 이벤트를 당초 취지에 걸맞게 운영했다. 쉬퍼는 소규모 지역 갤러리와 손을 잡고 갤러리 위크엔드 베를린(Gallery Weekend Berlin) 행사를 시작했다. 이전 행사처럼 딱딱한 공간에 예술 관련 종사자들이 모여 경직된 의견을 나누는 형태가 아니었다. 전시 부스가 아닌 멋진 갤러리에서 실제 작품을 앞에 두고 컬렉터와 구매자, 관객, 그리고 작가들이 편안하게 의견을 내고 흥정을 벌였다.

쉬퍼의 아이디어는 크게 성공했다. 지금은 전문 갤러리 중심으로 이런 형태의 미술품 이벤트가 상당히 보편화됐다. 베를린이 단지 유럽만이 아니라 세계의 예술 수도로 부상한 데는 에스터 쉬퍼의 갤러리 위크엔드 베를린이 지대한 공헌을 했다.

어떻게 보면 지극히 평범해 보이는 아이디어가 크게 히트한 이유는 무엇일까? 아무리 세상이 디지털화되어도 사람들이 얼굴을 맞대고 대화를 나누는 것이 예술품 거래 사업의 핵심이기 때문이다. 사람들은 멋진 갤러리에서 환상적인 사람들과 작품을 앞에 두고 느긋하게 즐기고 싶어 한다. 대상이 예술품인 이상 판매와 구매 같은 비즈니스 협상도 그런 분위기에서 하려고 한다. 딱딱한 전시 부스 안에서 예술을 논하고 예술품에 가격을 매기고 싶어 하는 사람은 없다. 쉬퍼와 갤러리 위크엔드 베를린의 성공 비결은 '진짜'에 집중한 것이다.(⟨Monocle⟩, June~July, 2017, p.96~99)

기술 진보뿐만 아니라 트렌드 진화는 대중과 시장을 오해하게 만든다. 특히 상품 공급자의 오판을 이끈다. 기술과 트렌드뿐만 아니라 바뀐 것을 따라잡지 못하면 뒤처질 수밖에 없다는 생각을 하게 만든다. 상품 기획에서 제조, 유통까지 많은 것을 변화에 발맞추어 바꾸려고만 한다. 하지만 변화의 선봉에 서야만 환상 상품이 되는 것은 아니다. 중요한 것은 변화가 아니다. 오히려 사람들이 갖게 된 환상과 그에 걸맞은 무엇인가다. 변화보다 중요한 것은 상품이 환상을 추구하는 소비자의 정곡을 찌르는 진짜 한 방이다. 오히려 변화를 거슬러야 환상 상품이 되기도 한다.

언론의 불모지 이탈리아에서 가장 성공한 미디어

신문 산업의 전체적인 쇠락에도 불구하고 진짜를 추구하는 것으로 추세를 거슬르려는 미디어 그룹도 등장하고 있다. 2009년부터 2016년까지 7년여는 금융 위기의 여파가 완전히 가시지 않은 상황에서 전 세계적인 신문 산업의 몰락이 두드러진 시기다. 이 당시 이탈리아 미디어 대부분이 급격하게 경영이 악화됐다. 이탈리아는 주요 선진국 가운데서도 영국과 함께 타블로이드의 황색 저널리즘과 주요 정치인과 기업인의 언론 독점 폐해가 가장 큰 곳 중 하나다.

이 기간 이탈리아 미디어 그룹 가운데 유일하게 수익성을 유지한 곳은 게르디(Gerdi)지주회사였다. 이 회사는 판매 부수 1, 2위를 다투는 일간지 〈라 레푸블리카(La Repubblica)〉와 주간지 〈레스프레소(L'Espresso)〉 등 20개의 인쇄 매체와 3개의 라디오 방송국을 운영하고 있다. 이 미디어 그룹은 상대적으로 나은 수익으로 2017년 4월 판매 부수 3위의 일간지 〈라 스탐파(La Stampa)〉를 인수함으로써 전국적으로 600만 명에 가까운 인쇄 매체 구독자를 거느리게 되었다.

이 미디어 그룹을 이끌고 있는 여성 CEO 모니카 몬다르디니(Monica Mondardini)는 수익성 유지와 공격적 인수 비결로 언론의 본질에 집중하는 전략을 꼽는다. "우리는 고품격 저널리즘에 대한 믿음을 가져야 합니다. 대부분의 독자 역시 같은 결론에 이를 거라고 믿어야 하지요." 그녀는 가짜 뉴스나 친러시아 성향 사설과 음모론을 다룬 웹사이트와 연계된 포퓰리즘이 판치는 이탈리아 언론 환경에서도 진짜에 대한 소비자의 수요가 대중의 내면 깊숙이 잠재되어 있다고 생각한다. "어느 사회나 좋은 저널리즘과 팩트 체크를 통해 얻는 질 좋은 정보를 갖는 것이 얼마나 중요할지 점점 더 절실하게 깨닫게 될 것입니다."(〈Monocle〉, June~July, 2017, p.72~73)

환상의 장애물을 제거하는 정공법

2010년대는 명품 브랜드에게는 악몽 같은 시기였다. 금융 위기 여파는 완전히 가시지 않았다. 명품 시장의 성장 엔진이었던 중국 시장도 악재의 연속이었다. 부패와의 전쟁 선포로 선물용 명품 판매에 타격이 컸다. 수입 관세 인상도 나쁜 영향을 끼쳤다.

보석 산업에는 이런 변수와는 비교도 안 되는 악재마저 이어졌다. 사랑과 결혼의 상징이어야 할 보석과 관련 브랜드의 빛이 바래기 시작했다는 점이다. 2006년 레오나르도 디카프리오가 주연한 〈블러드 다이아몬드〉 개봉 후 다이아몬드를 둘러싼 갈등이 국제적으로 공론화됐다. 시판되는 다이아몬드 중 일부가 정치적 갈등이 벌어지거나 인권이 침해당하는 나라에서 나온 것이고, 판매액이 해당 지역 갈등을 더 부추기고 폭력을 조장하는 데 쓰인다는 논란이었다. 금 같은 귀금속을 추출할 때 시안화물을 포함한 유독성 화학물질을 쓰는 것도 비난의 대상이 되었다.

무너진 환상을 다시 일깨운 티파니

대표적인 보석 브랜드이자 미국에는 몇 안 되는 보석 명품인 티파니는 이밖에도 달러 강세로 인한 부담까지 감수해야 했다. 다른 보석상과 달리 디자인과 세공, 판매를 일관화한 수직적 통합 전략도 강점이 아니라 약점으로 변하고 있었다. 1848년 찰스 티파니와 공동 창업자들이 뉴욕 맨해튼에 첫 매장을 연 이래, 모든 과정을 직접 실행하고 책임진다는 것은 티파니의 핵심 차별화 전략이었다. 그들은 매장 2층에 수십 명의 장인들이 상주하는 작업장을 열었다. 경제와 산업 환경이 급격히 악화되면서 티파니의 브랜드 이미지도 추락했다. 영화 〈티파니에서 아침을〉에서 시골 출신 홀리가 환상으로 간직했던 바로 그 브랜드가 아니었다.

환상 상품의 핵심 경쟁력인 소비자의 환상이 깨졌을 때 기업은 어떻게 대처해야 할까? 보통 상품에 문제가 생겼을 때는 기업이나 브랜드 이미지를 개선할 방법이 많다. 그러나 환상 상품이라면 이야기가 다르다. 소비자들이 가장 좋아했던 바로 그 환상이 깨진 이상 달리 방법이 없다. 정공법으로 환상에 장애가 되는 것을 제거해야만 한다. 그렇게 해서 환상을 부활시켜야 한다.

2010년 이후 티파니의 선택도 같았다. 위기의 티파니는 프랑스 명품 제국인 LVMH 출신 프레드릭 쿠메널(Frederic Cumenal)을 채용해 사회와 환경에 대한 책임 활동을 강화했다. 당장 논란 많은 다이아몬드는 취급하지 않기로 했다. 그 후 앙골라, 콩고민주공화국, 짐바브웨 다이아몬드를 구매하지 않고 있다. 보조 장식으로 쓰는 작은 다이아몬드조차도 출처를 따지도록 했다. 캄보디아 프놈펜에 공장을 세우면서 공정 임금을 지급해 세계적인 화제가 되기도 했다. 각각의 형편에 맞는 임금을 직접 조사해 지급함으로써 단지 저임금만을 위해 현지에 공장을 세운 것이 아니라는 점을 분명히 했다. 공장의 800여 명 근로자들에게 공짜 점심과 육아 휴직을 제공하고 심야 근무와 주말 작업을 없앰으로써 호평을 받았다. 명품 브랜드로서는 드물게 최고지속가능경영자(CSO Chief Sustainability Officer)를 임명하기도 했다.

티파니는 2013년 이익이 크게 줄어드는 고비를 맞이하기도 했지만 2015년에는 모든 노력이 결실을 맺었다. 4조 원 이상 매출에 10퍼센트가 넘는 이익률이라는 유례없는 실적을 기록했다. CEO 쿠메닐은 정공법의 의미를 이렇게 해석했다.

"기업이 역풍을 만나면 비용 구조에 대해 비판적인 시선을 가지는 것은 당연합니다. 몇몇 기업에서 재무상 도전적인 시기에는 사회적 책임 활동(CSR)을 처음 삭감해야 할 분야로 봅니다. 그러나 티파니에서는 그걸 사업 방식이자 경쟁 우위의 하나로 간주합니다."(〈Harvard Business Review〉, March.~Apr., 2017, p.40~46)

부활의 희망을 자극하는 익숙한 놀라움

목수 아들이 신의 아들로 거듭난 기독교 복음에서 보듯 사람들에게는 부활에 대한 환상이 있는 것 같다. 무엇인가 새롭게 태어나는 것에 대한 갈망 말이다. 이는 히트 상품의 비결로 늘 거론되는 익숙한 놀라움(familiar surprise)과 관련이 깊다. 내가 잘 알고 있던 것이 어느 순간 짠 하고 놀라운 것으로 바뀌어 있다는 것만큼 가슴 설레는 일이 또 있을까? 사실 잠자는 숲속의 미녀를 포함해 전래 동화 대부분이 깜짝 놀랄 만한 부활의 드라마를 담고 있다.

폐건물을 이용한 전 세계의 박물관

영국의 테이트현대미술관은 과거 버려진 발전소였다. 이 점이 화 젯거리가 되었고 관람 욕구를 더 자극했다. 2016년 런던에 꼭 하루만 체류하는 짧은 출장 기간 중에 기어코 이곳을 찾았던 것도 그 극적인 변신을 꼭 체험하고 싶다는 생각에서였다. 하지만 내가 방문한 날은 안타깝게도 얼마 안 되는 휴관일 중 하루였다. 프랑스 오를레앙미술 관 역시 폐역사였다는 사실로 더 많은 화제를 불러일으켰다. 뉴욕 맨 해튼의 미트 패킹(meat packing)이라는 정육 거리가 패션과 예술의 성 지로 재탄생해 젊은 세대를 흡인하는가 하면 서울 시내의 트렌디한 카페나 레스토랑이 예전에는 공장터였다는 점 때문에 회자된다.

거듭남에 대한 호기심과 욕구는 환상 상품의 특징인 스토리와 소 셜미디어가 결합해 전례 없는 폭발력을 가지게 되었다. 미국이나 유 럽 전역에서 쇠락한 도시의 버려진 공장이나 창고가 도시 재생 프로 젝트의 꽃으로 새 생명을 얻게 된 것도 이 때문이다.

G-20 정상회담 장소가 된 버려진 창고

2017년 7월 독일 함부르크에서 세계 주요 20개국(G-20) 정상회담 이 열렸다. 미국 우선주의를 제창한 트럼프 대통령이라는 존재 때문 에 그와 유럽 정상들 사이의 호흡이 최대 관심사였다. 특히 외신들은 주요 외교 무대에서 처음 마주하게 되는 회담 초청국 수뇌부인 메르 켈 총리와 트럼프식 고립주의를 반대하는 프랑스 마크롱 총리가 서로 어떤 태도를 보일 것인가에 주목했다. 결과적으로 당시 주요 언론들은 G-20 회의를 '19+1'이었다고 분석했다.

회담 장소와 선곡에 대한 관심도 고조됐다. 회담 장소는 10여 년 만에 완공돼 2017년 초 문을 연 엘베강 변의 엘프필하모니홀 (Elbphilharmony Hall). 정상회담을 기념한 공연의 선곡은 모두의 예상 대로 베토벤 교향곡 9번 합창이다. 일부 언론들은 주요국 정상들이 G-20 정상회담 때마다 일상이 되다시피 한 반세계화 시위대와 마주 치는 상황에서 이 곡은 아이러니라는 지적도 했다. 9번 베토벤 교향 곡은 프랑스혁명 이후 혁명적 시민을 대변하는 곡으로 널리 알려져 있기 때문이다.

엘프필하모니홀은 아예 깜짝 변신을 염두에 둔 작품이었다. 당초 이곳은 독일 함부르크 엘베강 변의 버려진 창고 건물이었다. 흉물을 파도 혹은 왕관 모양의 비대칭 유리 건물로 재창조했다. 유리 건축물 로는 세계 최대 규모다. 또한 온라인과 모바일을 통합한 문화 예술 프 로그램으로 작정하고 세계 8대 콘서트홀을 의식한 행보를 보였다. 다 만 건축까지 무려 10년이 걸리는 과정에서 비슷한 프로젝트가 일상 이 됐고 이 건축물에 대한 설왕설래도 너무 잦아 환상 상품의 필수 요 소인 놀라움이 빛이 바랜 느낌은 있다. 부활에 대한 환상을 자극하는 전략은 이제 도시 재생 프로젝트보다는 젠트리피케이션(gentrification 도심 원주민 구축 현상)에 시달리는 자영업자들이 활용할 여지가 크다.

6장

환상 상품
성공 전략
10

행동 없는 비전은 백일몽이요, 비전 없는 행동은 악몽이다.
- 일본 격언

대중의 환상을 파악하라

2017년 4월 월드 50 베스트 레스토랑 순위에서 1위에 오른 레스토랑 일레븐 매디슨 파크(11 Madison Park)에는 특이한 직책명의 직원이 한 명 있었다. 드림위버(dreamweaver), 우리 말로 꿈의 직조공쯤 되는 직원이다. 레스토랑에서 일하는 이는 주방 요리사나 홀 서비스 직원으로 양분된다. 드림위버는 대체 무슨 일을 하는 사람들일까?

레스토랑에서 드림위버가 하는 일

굳이 업무 영역으로 따지자면 주방이 아니라 홀이나 딱히 고정된 임무가 있는 것은 아니다. 고객과 종업원 사이를 오가면서 각 테이블에 앉은 손님들의 환상을 파악하고 그에 기초해 서비스를 한다. 그들의 도움으로 평소 TV에서만 보고 들은 낯선 술에 대한 호기심을 충족시킨 한 사람의 예를 들어 보자.

내 친구 하나는 그곳에서 식사를 하던 중에 자기도 모르게 TV 인기 드라마인 〈왕좌의 게임〉과 거기에 등장하는 술인 미드(mead 벌꿀 발효주)에 대해 중얼거린 적이 있습니다. 식사가 끝나기 전에 그 자리로

주문하지 않은 실제 미드 한 잔이 나왔습니다.(〈Esquire〉UK Edition,

July, 2017, 'The Passion of Daniel Humm', p.102)

그 순간 고객과 일행이 느꼈을 기쁨과 감동은 엄청날 것이다. 박장대소하며 그 술잔을 반겼을 것이다. 그뿐만이 아니다. 잡지 기사에서 보듯 이런 에피소드는 두고두고 회자되고 소셜미디어를 통해 확산된다. 당사자들만이 아니라 그날 현장에 있던 모든 손님들이 자발적으로 확성기를 자처한다. 게다가 이런 일이 종종 벌어진다면? 그 효과는 직원 한 명을 따로 고용하는 비용에 비할 바가 아니다.

서비스로 호평받는 일본의 적잖은 호텔이 디테일 매니저(detail manager)라는 낯선 이름의 직책을 두고 있는 것도 비슷한 이유에서다. 이들은 복도의 티끌 하나, 꽃 한 송이에도 신경을 곤두세운다. 화장실 휴지까지 이들이 자주 눈길을 주는 대상이다. 단순히 호텔 환경만 책임지고 있는 것이 아니다. 호텔 고객들이 묵고 지나치면서 눈살을 찌푸리는 대신 화사하게 미소 짓게 하는 것이 그들의 공식 임무다.

호텔이나 레스토랑을 찾는 고객은 숙박 환경과 서비스에 대해 한껏 기대감이 높을 수밖에 없다. 그런 이들에게 감동을 주기란 쉽지 않다. 각자 자신의 역할로도 바쁜 기존 직원들에게 그 일을 기대하기란 쉬운 일이 아니다. 이름이야 어쨌든 고객의 환상을 채워 줄, 그것을 방해하는 장애물을 치워 줄 직원을 구하라. 환상 상품을 만드는 전략의 가장 기본적인 전제는 고객의 환상을 파악하는 것이다.

대중에게 환상을 심어라

환상 상품을 만들 때 중요한 것은 시시콜콜한 제품의 품질이나 성능이 아니다. 상품과 관련된 신화가 더욱 중요하다. 창업주나 기업인이 맞닥뜨렸던 역경과 이를 넘어설 수 있었던 비결 같은 에피소드가 중요하다. 무엇보다 그런 스토리가 대중이 간직한 환상과 맞아떨어져 그 상품에 빠져들 수 있어야 한다. 결국 대중은 알아야 꿈꾼다.

테슬라가 중국에서 겪은 고전과 역전

대중의 환상을 파악하는 것 못지않게 중요한 것은 대중에게 환상을 널리 알리는 것이다. '소비자는 자신이 진정 무엇을 원하는지 알지 못한다. (만일 자동차가 갓 나오기 시작하던 시절) 소비자에게 무엇을 원하는지 물었다면 더 빠른 말이라고 답했을 것이다'라는 헨리 포드의 말이 핵심을 찌른다.

2015년 1월 미국 디트로이트 국제 오토쇼에서 가장 화제가 된 것은 일론 머스크의 한마디였다. 지나칠 정도로 대담하고 자신만만한 그의 입에서 좀처럼 나올 것 같지 않은 말이었다. 머스크는 테슬라의 중국 판매가 '기대 이하'였다고 밝혔다. 그해 봄 그는 중국을 방문해 시진핑 주석을 만났고 자신의 트위터에 중국에서의 성과를 낙관한다고도 밝힌 바 있다. 디트로이트에서 머스크는 이전의 실수를 자인해서 또 한 차례 세계 자동차 업계를 놀라게 했다.

그만큼 테슬라는 중국에서 엉망이었다. 테슬라는 2013년 모델 S

에 대한 선주문을 시작으로 중국 시장에 진출했다. 성공을 과신한 나머지 중국 시장의 특수성을 인정하지 않고 서두른 것이 초기 실착이었다. 주문한 차가 소비자 손에 들어가는 데 무려 8개월이나 걸렸다. 2014년 봄, 배달 지연에 화난 소비자 한 명이 막 도착한 테슬라의 유리창을 깨버리는 장면이 중국 매체 지면과 영상을 장식할 정도였다.

판매 전시장과 서비스 센터도 중국 전역에서 베이징 시내 단 한 곳에 불과했다. 전기차 충전소도 몇 개 되지 않았다. 테슬라는 이 충전소 외에 집에서도 스마트폰처럼 간편하게 충전할 수 있었지만 언론에 소개가 제대로 되지 않은 탓에 이 사실을 아는 소비자가 거의 없었다. 테슬라의 과욕도 한몫했다. 고객 경험을 확실하게 하겠다는 생각에서 차량 판매는 6대 도시로 한정했다. 그 결과 회사의 공식 판매망과 별개의 병행 수입상만 반짝 호황을 누렸다. 홍콩의 유명 자동차 블로거였던 듄 오토모티브(Dune Automotive)는 2016년 일론 머스크가 중국 시장을 파고들기 전에 화성에 먼저 도착할 것이라고 단언하기까지 했다.

2016년 하반기부터 분위기가 반전됐다. 이해 전체를 통틀어 판매량이 그 이전 해 대비 세 배나 늘었다. 매출액만 1조 1,000억 원. 테슬라 전체 판매량의 18퍼센트가 중국 시장에서 나올 정도였다. 2021년 기준으로 테슬라의 중국 전기차 시장점유율은 15퍼센트로 2위다. 2022년 중국은 전기차 세계 최대 수출국 지위를 얻었고 이는 대부분 2019년 상하이에 설립된 테슬라의 기가팩토리 덕이었다.

어떻게 이런 기적 같은 역전극이 벌어졌을까? 한 가지 요인 때문만은 아니다. 몇 가지 행운이 맞아떨어졌다. 우선 테슬라는 이 무렵 SUV인 모델 X를 중국 시장에 투입했다. SUV는 중국 시장에서 가장 급성장하는 분야다. 판매와 서비스 인프라도 크게 늘렸다. 더욱이 직판 시스템만을 고집해서 중국에서 관행화된 딜러들의 횡포와 추가 비용을 피하게 된 것도 긍정적으로 작용했다. 외부 환경 요인 가운데 가장 큰 도움이 된 것은 중국 정부의 전기차 우대 정책이었다. 세계 최대 온실가스 배출국인 중국은 환경을 고려해 전기차에 다양한 혜택을 제공한다. 그 가운데 하나는 악명 높은 번호판 행정이다. 중국은 일반 차량을 구매하고 등록한 후 번호판을 취득하기까지 짧게는 몇 개월에서 길게는 몇 년까지 걸리기도 한다. 하지만 전기차는 대기 시간이 거의 없이 번호를 부여받는다. 과거와 달리 중국에서 테슬라를 사는 것이 메르세데스-벤츠나 BMW, 마세라티를 구매하는 것과 비슷하거나 더 쉬워졌다.

테슬라가 중국에서 갑자기 잘 팔리기 시작한 이유를 더 근본적으로 들여다볼 필요가 있다. 전 세계적으로 테슬라가 잘 팔렸던 이유는 환경을 의식하는 부유층에게 이 차가 '기술적인 것(tech thing)'이란 인상을 주기 때문이었다. 한마디로 테슬라는 좀 색다른 럭셔리 카다. 여기에 머스크의 개인사와 이미지도 차와 잘 맞아떨어졌다. 세계적으로 히트한 마블의 아이언맨 실제 모델이 머스크라는 식의 터무니없는 이미지 메이킹 덕이다. 하지만 트럼프 전 대통령을 실질적으로 돕는 일론 머스크는 결코 토니 스타크처럼 정의의 사도가 아니다.

중국 진출 후 몇 년 동안은 이 모든 것이 잘 알려지지 않았다. 외국 경험이 있는 소수 마니아만 알았다. 미디어도 외면하기 일쑤였다. 테슬라가 중국에서의 실패를 인정하고 머스크가 시진핑을 만나고 나서야 상황이 급변하기 시작했다. 창업주와 기업, 상품에 대한 이야기가 언론과 소셜미디어, 입소문을 타면서 중국인 대다수도 세계인이 다 알고 있는 스토리에 익숙해졌다. 환상도 널리 알려져야 사람들이 꿈꾸기 시작하는 법이다.

소소한 환상을 자극하라

환상을 자극하는 일이 늘 거창한 것은 아니다. 사전에 전략과 전술을 완벽하게 계획해야만 하는 거대 마케팅도 아니다. 사람들에게는 소소한 환상이 많다. 그것 가운데 하나만 자극하는 데 성공해도 연쇄반응의 뇌관을 건드리는 것처럼 큰 효과를 볼 수 있다. 소소한 환상에서 시작해 거대한 사업 기회나 산업으로 발전시킨 몇 가지 예만 살펴봐도 이 점은 분명하다.

내게도 행운이 찾아올 수 있다

많은 사람들이 자신은 불운하다고 믿는다. 평생 복권이나 경품 등에 당첨된 적이 없다는 이유로 그렇게 믿는 사람들이 의외로 많다. 이들 마음 한구석에는 복권 당첨, 즉 행운에 대한 환상이 있기 마련이다. 이런 이들이라면 비록 사소한 혜택에 당첨되어도 실제보다 더 크게 기뻐할 가능성이 높다.

최근 기업의 판촉 전략 가운데 도박이나 복권형 판촉 활동이 크게 인기를 얻는 이유도 이 때문이다. 2014년 단일 종목 이벤트로는 미국인들이 가장 사랑해 마지않는 슈퍼볼 경기에서 시애틀의 가구 회사 하나가 희한한 공약을 내걸었다. 자사가 있는 시애틀 지역을 연고로 한 시호크스(Sea Hawks) 팀이 승리할 경우 600만 원어치 이상을 구매한 고객에게 일정액을 환급해 주겠다는 것이었다. 그해 슈퍼볼이 시애틀의 승리로 끝나자 실제로 회사는 약 60억 원어치의 환불 조치를 단행해야 했다. 하지만 회사로서는 결코 밑질 게 없는 판촉 행사였다. 이벤트에 쏠린 관심이나 미디어 노출은 슈퍼볼 광고 못지않았다. 단일 광고로는 미국 내에서 가장 비싸다는 슈퍼볼 광고의 5분의 1도 안 되는 비용으로 그 이상의 효과를 보았기 때문이다.

마케팅 전문가의 분석에 따르면 가장 효과적인 판촉은 단순한 할인이나 무료 제공 행사가 아니다. 조건부 무료 증정 행사다. 어떤 조건이 성사되어야 공짜로 준다! 판촉 행사가 얼마나 참신한지, 공짜로 주는 것이 무엇인지는 별로 중요하지 않다. 이런 행사를 통해 자신에게도 행운이 찾아올 수 있다는 사실을 확인하면 소비자는 가격에 대해 덜 예민해진다. 실제 가격 할인 폭이 크다고 오판하는 효과도 기대할 수 있다. 사소하지만 소비자의 머릿속에 숨어 있는 기분 좋은 뇌관을 건드렸기 때문이다.

모두가 공평하게 대접받아야 한다

어느새 연예인 할인이나 우대라는 말이 일상용어가 되었다. 예능 프로그램을 통해 연예인들은 제값을 내고 제품을 구매하지 않는다는 사실이 널리 알려지면서다. 연예인들은 대신 그 제품을 즐겨 이용한다는 사실을 드러냄으로써 해당 기업이나 브랜드에 보답한다.

소비자로서는 불편한 진실이다. 그런 뒷거래가 있으리라고 지레 짐작하고 있었지만 그 대상이 자신이 애용하는 제품이라면 마음이 편하지 않다. 연예인에 비해 상대적으로 피해를 본다는 생각이 들기 때문이다. 이 미묘한 배신감을 잘 파악하고 역으로 활용하는 외식업체도 있다.

2009년 홍대입구 상권에서 시작한 한식과 전통주 전문 매장 하나는 이 점을 활용했다. 이곳에는 흔한 연예인 사인이나 사진 한 장도 걸려 있지 않다. 사적인 자리에 끼어들어 서명이나 사진을 요구받는 걸 연예인들이 싫어한다는 사실을 알아채고 보통 손님처럼 대하기로 결정한 것이다. 이 매장은 여기서 한발 더 나아갔다. 연예인이 아닌 고객을 배려하는 차원에서 연예인에 대한 일체의 우대를 없앴다. 이 외식업체의 이름이 널리 알려진 것은 창업 1년여 만에 고객의 소셜미디어에 올라온 한 장의 사진 때문이다. 추운 겨울 이곳에 들른 유명 가수가 다른 고객들과 함께 줄을 서서 기다리는 장면이었다. 여기에 더해 한 유명 개그맨이 이곳에는 연예인에 대한 배려가 전혀 없다고 진담 반 농담 반으로 투덜거린 것이 소비자에게는 깊은 인상을 남겼다. 별것 아닌 것 같지만 소비자의 형평성에 대한 환상을 건드렸기 때문이다. 사실 소비자는 사소한 일에 분개하고 정의감을 드러내는 보통 사람일 뿐이다.

향수에 젖는 순간 모든 것이 달라진다

향수는 고전적인 마케팅 대상이다. 코카콜라가 중간이 잘록한 유리병을 여전히 고집하는 이유는 이 병이 전 세계 소비자에게 향수를 불러일으키기 때문이다. 한국전쟁으로까지 거슬러 올라가는 맛집에 과거를 떠올리게 하는 사진이나 기사를 걸어둔 것도 마찬가지다. 대기 시간이 길거나 대기 줄이 긴 경우 향수를 자극하는 음악을 틀면 고객의 참을성이 더 높아진다는 분석 결과도 있다.(〈Harvard Business Review〉, March~Apr., 2017, 'Nostalgia makes people more patient', p.36) 사람들이 향수에 젖어 들면 시간 개념이 달라지기 때문이다. 평상시에는 10분으로 느끼던 시간이 2~3분 정도로 짧게 여겨진다.

확실히 시간은 상대적이다. 중·장년이 주로 찾는 고급 식당에서 매니저가 자리를 마련하는 동안 잠시 기다리는 중이라고 하자. 당신을 맞는 것이라고는 '기다려 달라'는 매니저의 고압적인 말뿐이다. 이때 아주 은은하게 비틀스의 옛 노래가 흘러나온다. 당신은 손이나 발을 까닥거리며 혹은 일행과 옛일을 이야기하며 슬며시 추억에 젖을지도 모른다.

레스토랑 자리를 기다릴 때만이 아니다. 파일 다운로드나 해외 사이트에서 직구하고 물건을 기다릴 때처럼 짜증 나는 대기 시간에 모두 이 전략을 적용할 수 있다. 예를 들어 다운로드 버튼을 눌렀을 때

진척률 몇 퍼센트로 표시되는 긴 막대기가 나타나는 대신 멋진 사진 한 장과 '당신의 인생에서 다시는 돌아갈 수 없는 가장 행복했던 순간은 언제였습니까'라는 질문이 뜬다. 실제로 사진과 문장 밑에 있는 퍼센트로 표시된 막대기에 관심을 보이는 사람은 거의 없다.

질투는 힘이 세다

당신은 광고 제작자다. 값비싼 스포츠카가 광고해야 할 품목이다. 실무자가 만든 두 가지 시안이 앞에 놓여 있다. 하나는 인기 있는 배우가 그 차를 구입하면 소비자의 사회적 지위가 얼마나 올라갈지에 대해 설명하는 콘셉트다. 다른 시안은 당신의 마당에 세워진 그 차를 보고 옆집 남자가 부러워하는 장면을 담은 광고다.

당신이라면 어떤 시안을 채택하겠는가? 대부분 광고업계 종사자는 후자를 선택한다. 그들은 말로 하는 설명보다 이야기로 전하는 묘사의 힘을 믿는다. 그리고 더 중요한 사실은 질투심은 인간이 가진 그 어떤 감정보다도 강렬하다는 사실이다. 현대사회에서 광고는 대놓고 혹은 은밀하게 사람들의 질투심을 유발하게 만드는 수단이다. 질투심을 자극하는 것이야말로 어떤 상품에 대한 사람들의 환상을 구성하고 자극하는 가장 효과적인 수단이다.

철학자 프랜시스 베이컨은 자신의 책 『질투에 대해서』에서 '질투에는 휴일이란 없다'고 말했다. 대부분 인간의 감정은 상황에 따라 시시때때로 변한다. 반면 질투심은 쉴 새 없이 치솟아 오른다. 사람들은 끊임없이 자신과 다른 누군가를 비교하기 때문이다. 이것이 타고난 본능인지, 무리 생활을 시작하면서 생긴 사회적 진화의 결과인지는 확실하지 않다. 소셜미디어는 비교 충동과 그 결과물인 질투라는 감정이 항상 머무를 신세계를 열었다. 당신이 소셜미디어를 통해 누군가와 연결되어 있다면 당신은 이미 그와 비교하고 그에 대해 질투하고 있다는 의미다. 질투심과 소셜미디어, 소비를 활용하라. 당신이 팔아야 할 상품에 대한 환상을 갖도록 하는 데 이보다 더 효과적인 방법은 없다.

환상 트렌드를 예측하라

유럽 대륙에서 자전거는 18세기 중반 이후 환상 상품으로 떠올랐다. 미국이 그 흐름을 이어받은 것은 수십 년이 흐른 후다. 그렇지만 정작 자전거에 오늘날과 같은 공기 압축 타이어를 먼저 쓴 쪽은 미국이었다. 자전거는 마차와 달리 당시 널리 확산되던 개인주의적 성향과 잘 맞아떨어졌다. 자전거는 말과 비슷했지만 유지에 드는 에너지와 비용이 훨씬 적다.

자전거가 당시 신사, 숙녀에게 선풍적인 인기를 끌면서 예기치 않은 일도 벌어졌다. 패션에 변화가 생긴 것이다. 연미복에 중절모를 쓰거나 긴 치마에 양산을 받쳐 들고 자전거를 타기는 아무래도 번거로웠다. 이 때문에 정장과 모자, 양산 업체가 타격을 입었다. 특히 영국 모자 제조업체는 로비를 통해 새로 자전거를 구입하는 사람들은 의무적으로 모자 3개씩을 사게 하는 법을 통과시키기기도 했다. 이 일은 졸속 입법사에 신기원을 이룩한 악명 높은 예로 꼽힌다.

자동차와 오토바이 같은 내연기관 차량이 등장하자 더 이상 자전거는 옛 영화를 누릴 수 없을 것 같았다. 기껏해야 자동차가 널리 보급되기 전 개발도상국 소비자가 대용으로 사는 탈것이다. 환상 상품과는 거리가 멀었다. 자전거는 밀레니엄에 접어들면서 인기가 급격히 되살아났다. 그것도 미국과 유럽 등 선진국에서 환상 상품으로 떠올랐다. 세계에서 자전거의 인기가 가장 높은 나라인 네덜란드에서는 탈것 전체 수입의 약 60퍼센트가 자전거일 정도다.

환경 운동가나 환경을 염려하는 소비자들이 자전거를 재평가하기 시작한 것이 계기였다. 건강을 고려하는 것은 물론 교통 체증으로 이미 혼잡한 도심을 자유자재로 활보할 수 있다는 실용적인 목적도 추가됐다. 자전거를 끌고 다니는 것 자체가 환경을 배려하는 자유롭고 실용적인 정신의 소유자라는 것도 드러냈다.

환상 상품으로서 자전거라는 상품은 과거에 안주하지 않았다. 도심용과 산악용 등으로 기능별 분화를 거듭했다. 가격도 천차만별이다. 웬만한 자동차 가격을 웃도는 자전거도 등장했다. 자전거가 앞으로 어떻게 진화할지 추세를 살펴보면 환상 상품이 어떻게 발전해 나가는지를 가늠할 수 있다. 다음은 자전거 시장 전문가들이 손꼽는 미래 트렌드다.

복고 디자인

도심 이동 수단으로 자전거에 투자하는 사람이 늘면서 소비자의 연령대도 점차 높아지고 있다. 초기 주 사용자가 20~30대의 보보스(BoBos 사회경제적으로 성공했지만 자유롭고 저항적인 삶을 지향하는 계층)였던 것과는 대조적이다. 신규 시장 진입자들은 지나치게 화려한 자전거나 달라붙는 자전거 전용 복장을 꺼린다. 그런 것은 움직이는 입간판처럼 지나치게 주위의 눈길을 끌기 때문이다. 대신 평상복 차림에도 잘 어울리는 모노톤의 멋진 디자인에 끌린다. 특히 디자인 요소가 중요하다. 디자인은 새로운 분야의 신상품을 만들고 정의하는 데 사용할 수 있는 가장 강력한 도구다. 어떻게 보면 자전거 시장에서 다시 유행하는 디자인 열풍은 복고 트렌드의 일부일 수 있다.

전기 자전거

초창기 자전거와 확연히 달라진 점은 전기 자전거(e-bike)다. 최근 자전거의 활동 범위가 넓어진 것이나 라이더의 체력적 한계를 극복할 수 있게 한 것도 전기 동력 도입 덕분이다. 전기 자전거 시장은 전체 자전거 시장보다 더 빠르게 성장 중이다. 이 시장에서 가장 주목할 만한 부분은 전기 자전거를 상징하는 배터리를 노출하느냐의 여부다. 일각에서는 배터리를 외부에 공개하기보다는 뒷바퀴 허브 인근에 눈에 띄지 않게 감추는 추세가 인기를 끌 것이란 전망을 내놓기도 한다. 전기 자전거의 실용적인 장점은 취하되 외부적으로는 전기 자전거라는 사실을 감추고 싶어 한다는 것이다. 이는 더 두고 볼 일이다.

나만의 자전거

자전거 하면 대량생산된 똑같은 자전거만 연상할지도 모른다. 하지만 최근에는 자신만의 자전거를 갖추려는 소비자가 늘고 있다. 맞춤 양복처럼 맞춤 자전거(custom-built bike) 숍이 크게 증가하는 추세다. 핸들과 바퀴에서 안장, 심지어 벨까지 각자 취향대로 골라 조립하는 방식이다. 맞춤 자전거 숍이 늘면 마치 커피 전문점에서 커피를 주문하듯 자신한테 가장 잘 어울리는 부품을 결합한 자전거를 고르는 사람들이 점차 늘어날 것이다.

비전통적 마케팅을 고민하라

비즈니스뿐만 아니라 투자 세계에서도 모두 통하는 유일한 진실은 오직 하나뿐이다. '타인과 똑같이 하면서 타인과 다른 성공을 기대할 수는 없다.' 경영학과 마케팅 분야에서 차별화를 오랫동안 강조한 이유도 이 때문이다. 다만 차별화는 그렇게 단순한 것이 아니다. 단순히 남과 다르게 해야 한다는 것만이 아니라 대중이 마음에 들어 할 새로운 것도 제공해야 한다. 오늘날 같은 소비자 환경에서는 수많은 기업과 브랜드가 거의 모두 시행착오를 거친다. 더욱이 환상 상품 같은 새로운 종류의 제품이나 서비스를 만들기 위해서는 차별화의 강도가 남달라야 한다.

온라인 광고가 더 효과적일까?

광고 시장의 중심축이 오프라인에서 온라인으로 옮아가고 있다. 이 추세에 가장 앞선 미국의 경우, 대기업 전체 광고비 가운데 40퍼센트 이상을 신생 디지털 미디어에 쓸 정도다. 우리나라는 신문과 방송 같은 전통적 미디어의 비중이 줄긴 했지만 여전하다. 그러나 검색 시장의 80퍼센트 이상을 독점하다시피 한 네이버 광고 수입이 이미 지상파방송 3사 광고 수입 합계를 앞섰다. 우리나라도 광고의 중심축 이동 현상에서 예외가 아니다. 전 세계 광고 전문가들은 2018년쯤부터 미국을 시작으로 온라인 광고가 오프라인을 앞질렀다고 본다.

온라인 광고가 인기를 누리는 이유는 오프라인에 비해 노출 범위가 넓고 원하는 고객에게 더욱 집중할 수 있다는 막연한 믿음 덕분이다. 모바일을 포함해서 온라인으로 콘텐츠를 소비하는 이들이 전통적인 미디어 소비자보다 더 많은 데다가 온라인에서는 보다 직접적으로 광고주가 원하는 시장을 겨냥할 수 있다. 광고주든 소비자든 그렇게 믿는다. 이는 사실일까 아니면 그저 환상에 불과할까? 2015년 관련 연구는 온라인 광고의 위력이 과대평가되었다고 분석했다. 이베이가 세계 최대 검색엔진 구글에 주기적으로 광고를 하다가 중단한 결과 광고 여부가 트래픽(traffic 특정 사이트에 대한 소비자 유입)에 미치는 영향은 거의 없었다.

그렇다고 온라인 광고가 아예 무의미한 것은 아니다. 이듬해 하버드대학과 미국의 대표적 맛집 평가 사이트인 옐프(Yelp)의 공동 연구 결과는 좀 다르다. 연구 팀은 옐프에 등록된 1만 8,300여 개의 레스토랑 가운데 7,200개에 대해서 3개월간 무료 온라인 광고를 실시했다. 여기에는 단순한 배너 광고가 아니라 검색 시 우선순위 조정 등 온라인 광고 패키지를 모두 포함했다. 그리고 3개월 후 무료 광고를 끝내고 광고 전후를 비교했다. 결과는 이베이와는 딴판이었다. 모바일이나 PC를 통해서 무려 25퍼센트 이상 트래픽 증가 효과가 나타났다. 두 결과를 두고 하버드대학 연구 팀은 온라인 광고를 이용해 소비자의 환상을 자극하려는, 환상 상품의 지위를 노리는 기업이나 자영업자는 신중한 고려가 필요하다고 조언했다.

온라인 광고에 대한 지나친 환상은 금물이다. 실제와 허상을 제대로 구분해야 한다. 검색엔진에 무차별적으로 회사나 브랜드 광고를 하는 것은 별 효과가 없다. 최근 검색엔진이 세계적으로 배너 광고를 없애는 추세인 것도 이 때문이다. 옐프도 일반 배너 광고는 없애버렸다. 대신 검색 내용과의 관련성이 무엇보다도 중요하다. 맛집 평가 사이트 이용자가 '태국 음식점'이라고 쳤을 때 소비자 평가에서 높은 순위에 올라가거나 지역이나 가격대, 분위기 등 검색 조건 적합도가 높아야 한다.

다만 회원들이 작성한 리뷰는 생각보다 소비자에게 큰 영향을 미치지는 못했다. 상당 부분이 조작됐거나 왜곡됐다고 믿기 때문이다. 실제로 옐프 이용자 리뷰의 평균 18퍼센트가 가짜인 것으로 판명됐다. 따라서 온라인 광고를 활용하려는 기업이나 자영업자라면 극소수라도 실제 열렬한 이용자를 직접 겨냥해야 한다. 그들의 환상을 자극하는 데 초점을 맞춰야 한다. 온라인 광고로 막연히 허상을 심어 줄 수 있을 거라는 환상은 버려야 한다.

매드맨과 광고의 종말

2007년부터 케이블방송 AMC에서 일곱 시즌 동안 방영된 〈매드맨(Mad Men)〉은 미국 TV 드라마 역사상 최고 가운데 하나로 꼽힌다. 이 시리즈는 모두 합쳐 16개의 에미상을 휩쓸었다. 매드맨은 1960년대 뉴욕 매디슨가에 있는 가상의 광고대행사 스털링쿠퍼(Sterling Copper)에서 근무하는 이들의 이야기다. 미친 사람들이라는 뜻의 매드맨이라는 말도 당시 매디슨가 광고인을 지칭하는 속어였다.

이 드라마가 걸작 반열에 오른 요인 중 하나로 60년대 광고대행사라는 배경이 꼽힌다. 이 시기는 음주, 흡연, 섹스, 페미니즘, 불륜, 동성애 혐오, 반유대주의 등 오늘날 미국 전반을 규정하는 사회 이슈가 만발한 시기다. 현재 관점에서 과거 이슈를 되돌아보는 것이 이 드라마의 묘미 가운데 하나였다. 이런 소재를 통해 현재도 미국 사회의 주요 문제인 소외와 사회적 이동성, 무자비함 등을 깊이 있게 다루었다.

이 시기는 미국 경제뿐만 아니라 광고의 황금기였다. 경제는 전후 최고의 장기 호황을 누렸다. 럭키스트라이크 담배라든가 힐튼 호텔 같은 훗날 미국의 아이콘이 된 상품에 대한 신문과 TV, 라디오 광고가 집중된 시기다. 드라마는 이런 광고가 탄생한 뒷이야기를 재치 있게 풀어냈다. 무엇보다도 드라마의 주인공인 돈 드레이퍼는 '상품 그 자체보다는 누구나 꿈꾸는 섹시하고 마법 같은 이미지를 파는 데 병적으로 집착하는' 인물이었다.(〈Wikipedia〉, 'Mad Men')

미국의 광고 전성시대는 끝났다. 광고 환경이 예전 같지 않아서다. 단지 광고의 중심축이 온라인이나 모바일로 옮겨간다는 뜻만은 아니다. 온라인이든 모바일이든 광고가 없거나 아예 광고를 차단하는 프로그램이 점차 늘고 있다. 새로운 광고 채널의 광고비는 급속도로 높아지고 있다. 신문과 방송밖에 없던 당시와 달리 온라인과 모바일 환경에서는 광고가 제값을 하는지도 확실하지 않다. 세계적 광고대행사 드로가5(Draga5) CEO였던 앤드루 에식스(Andrew Essex)는 감히 광고의 종말이라고 선언한다. 이제 전통적이고 노골적인 광고는 수명을 다했다는 것이다.(『The End of Advertising』, Andrew Essex, 2017) 일론 머스크 또한 이런 주장에 적극 동조해 대중매체를 통한 광고를 하지 않았다. 광고 부서를 만들지도 광고대행사를 고용하지도 않았다. 다만, 최근 전기차 시장에서 후발 완성차 업체의 공세가 거세지면서 자신도 광고를 고려할 것이라는 고백을 하기는 했다.

에식스가 제안하는 신종 광고는 광고 같지 않은 광고다. 사람들의 무의식적 환상을 자극해 그 상품에 빠져들도록 만드는 것이다. 이를 위해서라면 전통적인 광고나 기법에 얽매일 필요가 없다. 블록 장난감 전문 업체 레고와 미국의 인형 온라인몰인 아메리칸 걸(American Girl)은 그들의 잠재 고객을 즐겁게 하기 위해 영화를 제작했다. 이를 통해 꿈을 키운 고객들이 그들의 장난감을 살 것이라는 믿음하에 펴는 전략이다. 단기 효과가 적을지는 몰라도 장기적으로 브랜드와 상품 이미지를 극대화하는 투자다.

씨티은행은 2013년 뉴욕시의 자전거 공유(bike-sharing) 프로그램을 후원했다. 2년간의 후원 후 은행 조사 결과 자신들과 거래하겠다는 고객이 무려 43퍼센트나 증가했다. 에식스의 주장에 따르면 사람들의 삶을 짜증 나게 하는 것보다는 가치를 더하는 브랜드에 소비자는 박수를 보낸다. 앞으로 기업이 고속도로나 다리 같은 사회간접자본 프로젝트를 후원하는 일조차 드문 일이 아닐 것이다.

T-모바일의 비전통적 마케팅

미국의 3위 이동통신사 T-모바일은 2012년 말까지 아예 가망이 없어 보였다. 독일계 도이치텔레콤의 자회사인 이 회사는 3위라고는 하지만 1위 AT&T와 2위 버라이즌(Verizon)과는 격차가 컸다. 두 회사의 시장점유율이 각각 40퍼센트에 달했고 T-모바일은 10퍼센트에 불과했다. 이 회사가 서비스하는 지역은 한정되어 있었다. 무엇보다도 미국인들이 선호하는 애플의 아이폰과는 연계되어 있지 않았다. 당시까지 아이폰 판매는 AT&T가 독점했다. 그 결과 T-모바일은 4조원이 넘는 누적 손실을 기록했다.

이듬해 신임 CEO가 들어서서 공격적인 투자와 마케팅을 시작하자 상황은 급변했다. 자신이 설립한 벤처기업을 매각한 후 취임한 존 레저(John Legere)는 우선 서비스 영역을 넓히기 위해 군소 업체를 공격적으로 인수했다. 숙원 사업이던 아이폰 연계 판매도 시작했다. 이동통신 서비스 고객의 원성을 사던 장기 계약 시스템도 획기적으로 바꿨다. 무료 와이파이나 로밍 서비스를 적극적으로 확대했다. 두 선두 주자를 겨냥한 직설적인 광고도 시작했다.

그러나 T-모바일이 반전의 계기를 잡을 수 있었던 것은 사실상 레저의 소셜미디어 덕분이었다. 그는 300만 명의 팔로워를 가진 트위터 계정의 보유자였다. 산업계의 도널드 트럼프라고 불리는 그는 종종 직설적인 트윗으로 경쟁업체를 공격해 논란을 불러일으켰다. 트럼프와 마찬가지로 그가 의도한 바다. '때로 사람들에게 동기부여를 하는 최고의 방법은 악당을 만들어 내는 것이다.' 그는 트위터를 자신의 리더십 전략의 핵심 요소로 여긴다.

레저가 소셜미디어를 활용하는 방식 가운데 가장 인상적인 부분은 고객과의 소통이다. 그는 필터링이 전혀 없는 직접 커뮤니케이션을 원한다. 이를 통해 소비자의 목소리를 직접 듣고 반응한다. 레저는 회사 콜센터에서 많은 시간을 보낼 만큼 고객의 반응을 중시한다. 종종 불만을 품은 고객의 전화를 다른 누구도 거치지 않고 사장인 자신이 직접 받을 수 있도록 조치했다. 하지만 소비자로부터 의견을 가장 빨리, 가장 많이 접할 수 있게 하는 것은 그의 트위터였다. 큰딸에게 트위터를 배우고 계정을 만든 후 레저는 혼자 있는 시간의 대부분을 트위터 하는 데 보냈다.

2019년 T-모바일과 스프린트의 합병이 확정되자 레저는 CEO직을 사임했다. 그러나 그 기간 동안 그가 이룩한 실적뿐만 아니라 새로운 마케팅과 경영관리 방식은 기존의 경영학 교과서를 완전히 뒤집는 것이었다. 조직이 거대해지면 경영진은 소비자와 접촉하지 않는 것이 전통적 방식이었다. 레저는 소셜미디어뿐만 아니라 유무선 전화를 통해서도 직접 소통했다.

1980년대 스칸디나비아항공(SAS)에 접목해 성공을 거둔 얀 칼슨 CEO의 진실의 순간이라는 방식이 있다. 그는 항공사 직원이 고객과 만나는 15초가 바로 진실의 순간이라고 보았다. 최초의 고객 접점을 어떻게 관리하느냐에 서비스 기업의 성패가 달려 있다는 주장이다. 하지만 그와 회사도 고객 접점을 단축시키려고 애쓰지는 않았다. 소비자가 바로 경영진과 소통하도록 하지는 않았다. 그것은 상당한 에너지와 비용을 쏟는 일이었고 경영진의 관심을 분산시킬 수 있는 일이다. 그러나 레저는 소비자의 반응을 바로 파악하는 데서 마케팅과 경영관리의 영감을 얻고자 했다. 그의 방식은 훗날 더욱 큰 반향을 일으킨 일론 머스크의 마케팅과 경영관리 방식과 함께, 기존 경영학 교재에 새로 추가될 것이다.

오프라인 매장의 역할 변화

전통적인 유통업체가 망하거나 경영난에 처하면서 크게는 유통업의 종말, 작게는 오프라인 숍 상실의 시대를 예고하고 있다. 아마존을 포함해 쿠팡, 네이버 등 온라인몰이 인기몰이를 하면서 결국 오프라인 매장은 사라지지 않겠느냐는 전망이다.

과연 그럴까? 아니다. 오프라인 매장이 없어지는 것이 아니라 역할이 바뀐다고 보는 것이 더 정확할 것이다. 오프라인 매장은 전처럼 매출을 올리는 공간이 아니다. 브랜드에 대한 체험 장소다. 비록 온라인으로 상품을 사더라도 실제 제품을 보고 만져 볼 수 있는 곳이다. 일부 신생 화장품이나 의류 브랜드 등에서는 이미 이런 콘셉트를 활용하고 있다. 단순한 상품 체험만이 아니다. 주로 여성들이 오프라인 매장을 찾는 이유는 그곳 커뮤니티의 일부가 되고 싶어서다. 월마트를 포함해 신세계, 롯데 등 모든 유통업체가 온라인 시장으로 달려가고 있는 상황에서 거꾸로 아마존은 유명 오프라인 매장을 사들이고 운영하는 이유도 바로 이 때문이다. 사람들은 여전히 오프라인 매장에서 상품을 체험하고 그들의 일부가 된다는 것 자체를 좋아한다.

소셜미디어를 활용하라

소셜미디어의 광고 효과에 대한 신화는 넘친다. 이미 많은 마케팅 교재에서 이 신종 매체의 광고 전략을 다룬다. 환상 상품이라면 소셜미디어의 위력은 배가된다. 환상 상품이란 본질적으로 자신의 소비를 과시하고 싶어 하는 대상이며 그 채널은 주로 소셜미디어다. 멋진 신상품을 남보다 일찍 구하거나 봤을 때 그것을 어디서 자랑하겠는가?

소셜미디어 마케팅 전략과 관련해 전문가들 사이에서 가장 많이 회자되는 말은 이것이다. '가라테는 줄이고 유도는 많이 하라.' 여기서 가라테는 전통적 마케팅 기법인 푸시(push) 전략이다. 판촉 행사나 홍보처럼 기업이 고객을 향해 다가가는 접근법이다. 반면 유도로 표현된 풀(pull) 전략은 고객이 기업이나 상품 쪽으로 오도록 유인하는 전략이다. 소비자가 스스로 상품을 체험하고 장점을 파악하고 입소문까지 내는, 소셜미디어야말로 풀 전략에 가장 적합한 분야다.

다만 소셜미디어 마케팅 효과는 지나치게 과장된 면도 있다. 실제 각종 마케팅 연구 결과를 봐도 그렇다. 현재 대표적 마케팅 수단인 페이스북의 좋아요를 대상으로 한 분석에 따르면 좋아요는 굉장히 약한 지지를 뜻할 뿐이다.(〈Harvard Business Review〉, March~Apr, 2017, p.108~115) 728명을 대상으로 한 이 조사에서 연구자는 참여자를 세 집단으로 나눴다. 첫 번째 집단에는 누가 이 제품을 좋아한다더라는 식의 전통적 입소문을 냈다. 두 번째 집단에는 페이스북의 좋아요를 공유하게 했다. 양쪽 모두에게 제품가를 할인하는 쿠폰을 보냈다. 세 번째 집단에게는 실제 친구가 할인 쿠폰을 건네게 했다. 세 번째 집단이 비교 기준이 되는 통제 집단이다. 구매에 해당하는 쿠폰 회수율을 조사한 결과 세 집단은 각각 6퍼센트, 4퍼센트, 5퍼센트로, 페이스북의 좋아요가 친구의 구매를 자극하는 효과는 거의 없었다. 소셜미디어상의 지지 효과는 사람들의 예상이나 기대에는 훨씬 못 미친다.

두 가지 이유를 생각할 수 있다. 첫 번째는 전염 효과(contagion effect) 혹은 면역 효과(immunity effect)라고 부르는 것이다. 처음에는 소셜미디어에 올라온 콘텐츠가 소비자의 구매 행동에 큰 영향을 미친다. 상당히 신뢰할 만한 참고 자료로 활용한다. 하지만 이용자가 늘면서 이 공간을 상업적으로 이용하고자 하는 가입자 역시 증가한다. 정보가 가득했던 곳이 점차 광고가 판치는 곳으로 변한다. 소셜미디어 이용자는 이를 본능적으로 눈치채고 정보에 대한 신뢰도가 낮아진다.

네이버나 다음 블로그, 카페만 해도 이제는 온통 상업 목적의 글로 가득 차 있다. 소비자는 전처럼 그 정보를 소비의 기준으로 삼지 않는다. 소셜미디어 입장에서는 상업용 콘텐츠로 인한 오염이고 가입자이자 소비자 입장에서는 그에 대한 면역성이 강화되는 것이다. 이는 사실 소셜미디어에 국한된 이야기는 아니다. 한때 인기 있는 매체 대부분이 비슷한 경로를 거쳤다. 예를 들어 TV의 간접광고(PPL)는 일상이 되기 전에는 굉장히 강력한 마케팅 수단이었으나 오늘날 소비자에게 미치는 영향력은 예전 같지 않다.

또 하나는 소셜미디어 기업이 수익을 위해 소비자의 구매 행동에 대한 가입자의 영향력을 조절한다는 점도 고려할 수 있다. 페이스북은 알고리즘을 통해 사용자의 새로운 피드에 어떤 콘텐츠가 나타날지를 결정한다. 마찬가지로 이용자가 특정 브랜드에 대해 누른 '좋아요'는 극소수의 친구에게만 노출된다. 알고리즘의 개입이 없다면 평균적으로 1,500명의 친구들에게 전달돼야만 한다.

그렇다면 왜 페이스북은 알고리즘을 통해 좋아요의 공유를 조절하는 것일까? 당연히 수익 때문이다. 페이스북은 돈을 내고 광고할 때만 이 알고리즘을 우회할 수 있도록 한다. 노출 범위에 따라 광고 가격이 결정되는 방식이다. 페이스북은 이런 방식으로 2015년에만 기준 22조 원을 벌어들였다. 소셜미디어의 광고 효과가 지나치게 부풀려진 것이라면 마케팅 수단으로 효과적인 이용 전략이 필요하다.

표적 고객과 시장을 정확히 겨냥하라

단순히 소셜미디어 사용자의 풀 마케팅에만 의존하는 것으로는 부족하다. 소규모 자영업자나 중소기업 가운데는 자칭 SNS 전문가라는 사람들이 수집한 팔로워나 그들이 확보한 하위 네트워크라는 방대한 리스트에 혹하기 쉽다. 흔히 몇 만, 몇 십만, 심지어 몇 백만을 들먹이니까 말이다. 하지만 실제로 그들은 당신 회사나 제품을 더 호의적으로 보거나 구매하지는 않는다. 그 리스트에 돈을 쓰는 것은 공중에 돈을 흩뿌리는 것이나 마찬가지다.

가장 손쉬운 보완책은 소셜미디어의 광고를 곁들이는 것이다. 특히 회사와 제품이 닿고자 하는 표적 고객과 시장을 정확히 겨냥하는 광고가 중요하다. 인스타그램이나 페이스북 같은 소셜미디어는 바로 표적 겨냥이 가장 쉬운 매체다.

호의적인 사용자를 끌어들여라

좋아요의 미약한 영향력을 강화하는 방법 중 하나는 실제로 영향력이 큰 인플루언서를 결부시키는 것이다. 영향력이 크다는 의미는 단지 소셜미디어상에서 유명하다는 뜻은 아니다. 해당 커뮤니티에서 인정받는 가입자라는 뜻이다. 평상시에 화장이 시원찮은 당신 친구가 좋아요를 누른 제품과 화장의 신으로 불리는 메이크업 아티스트가 선택한 제품 중에 당신은 누구의 추천을 더 신뢰하겠는가? 페이스북 광고에 목마른 기업에 그 회사나 제품에 가장 잘 어울리는 사용자를 골라 주는 컨설팅 회사마저 등장하고 있을 정도다.

SNS 계정을 직접 관리하라

직접 하는 소셜미디어와 광고용으로 급조된 계정은 뚜렷이 구분

된다. 적극적인 소셜미디어 사용자라면 금방 구분한다. 어떤 개인이나 기업이 소셜미디어를 마케팅 수단으로 적극적으로 활용하고자 한다면 직접 적극적으로 운용해야 한다. 이를 통해 소비자의 참여를 유도해야 한다.

네덜란드의 KLM 항공은 트위터 계정을 적극 활용하는 것으로 유명하다. 소비자가 트위터 계정으로 불만을 제기하면 반드시 답한다. 담당자를 통해 매 5분마다 규칙적으로 업데이트한다. 독일의 마이뮤즐리(MyMuesli)라는 시리얼 업체는 인스타그램을 통해 자신만의 시리얼 믹스를 올리게 한다. 이들 가운데 반응이 좋은 것을 신상품으로 출시한다. 레고의 소비자 참여는 이제 마케팅 전설이다. 레고는 모든 종류의 소셜미디어를 통해 새로운 조립과 블록 제조 아이디어를 구한다. 아예 이 장난감의 성인 팬을 뜻하는 AFOLs(Adult Fans Of Lego)를 대표하는 대사를 선발해 이들의 네트워크를 운영 중이기도 하다. 이들을 위한 특별 이벤트가 종종 벌어진다.

유명인 이름을 내건 브랜드

2018년 봄 낯선 브랜드의 위스키 3종 세트가 미국에서 출시됐다. 2만 종 이상의 증류주가 4조 원가량 팔리는 시장에서 이는 전혀 신기할 것이 없는 일이다. 대침체기 끝자락이었던 지난 5년간 50퍼센트 이상 성장한 이 유망한 시장에는 매년 거의 1,000여 개의 새로운 브랜드가 선보인다.

이 위스키가 숱한 신규 진입 브랜드와 다른 점은 꼭 하나였다. 위스키 탄생 주역이 2016년 노벨 문학상 수상자라는 것이다. 대중 가수로는 최초로 자신이 쓴 곡의 가사로 상을 탄 밥 딜런(Bob Dylan)이다. 딜런은 이 위스키 브랜드에 자신의 유명한 자작곡 '천국의 문을 두드리며(Knocking on Heaven's Door)'의 제목 일부인 헤븐스 도어만 빌려준 것이 아니었다. 위스키 맛을 결정하는 과정에도 참여하는 등 실질적인 사업 파트너였다.

딜런의 신종 위스키는 발매와 동시에 큰 화제가 되었다. 출시 전부터 그랬다. 2015년부터 시작된 이 사업에 350억 원의 투자금이 몰린 것도 밥 딜런이 참여한다는 사실이 알려졌기 때문이다. 대중과 미디어의 관심을 한껏 잡아끈 덕에 이 브랜드는 처음 출시한 10만 원 이하의 위스키 3종 세트에 이어 30만 원대를 호가하는 25년산 한정판 슈퍼 프리미엄 위스키를 매년 출시할 계획이다.(〈New York Times〉, Apr. 28, 2018, 'Bob Dylan's latest gig: Making Whiskey')

셀럽 전성시대, 유명인을 이용해 상품의 이미지와 브랜드에 대한 환상을 극대화하려는 노력은 갈수록 더 치열해지고 있다. 모든 노력이 성공을 거두는 것은 아니다. 당초 예상이나 기대와 달리 대부분 실패로 끝난다. 여전히 급성장 중인 미국 증류주 시장에서도 성공 사례는 손에 꼽을 정도다. 조지 클루니가 카사미고스(Casamigos)라는 테킬라 브랜드를 키워 이를 주류 유통 다국적기업인 디아지오에 1조 원을 받고 팔았다. 제이 지 역시 90만 원에 이르는 슈퍼 프리미엄 샴페인 아르망 드 브리냑(Armand de Brignac)을 성공적으로 운영하고 있다.

성패를 가르는 핵심 요소는 브랜드에 참여한 유명인의 라이프스타일이 상품의 이미지와 잘 맞아떨어지느냐다. 호방하고 유쾌한 성격의 영화배우 조지 클루니는 테킬라라는 술과 절묘하게 어울리고, 래퍼이자 사업가 그리고 비욘세의 남편인 제이 지 역시 샴페인이 난무하는 화려한 파티를 즐긴다.

밥 딜런은 세계 투어를 수시로 떠나며 여행지에서는 혼자 바를 찾아 위스키를 즐긴다. 헤븐스 도어의 공식 광고 포스터는 턱시도를 입은 밥 딜런이 어두컴컴한 칵테일 라운지에서 한 손에 위스키 잔을 들고 한곳을 응시하는 흑백 사진이다. 이는 결코 우연이 아니다. 물론 사진 속 딜런의 옆에는 그가 만든 철 구조물 조각 라벨을 쓴 헤븐스 도어가 놓여 있다. 딜런의 모습에는 자신이 하고 싶은 대로 하고야 마는 고집스러운 미국인의 초상이 잘 녹아 있다. 동시에 그는 엄청난 문화적 아이콘이기도 하다. 대중가요 가수인 동시에 반항 문화의 후원자, 좌파의 대변자다. 한마디로 르네상스 맨(Renaissance man 다양한 방면에 걸쳐 깊이 있는 지식과 경험을 가진 사람)이면서도 밤늦게 여기저기를 어슬렁거리는 사람이라는 이미지를 갖고 있다.

더욱이 밥 딜런은 가수 데뷔 초기부터 미국 증류주에 대한 노랫말을 자주 썼다. 1963년에는 문샤이너(Moonshiner 밀주업자라는 뜻)라는 노래를 발표했고 1970년에 발표한 코퍼 케틀(copper kettle 구리 솥이라는 뜻으로 위스키 증류기를 의미)이라는 곡에서는 아예 위스키 원액 증류 과정을 섬세하게 묘사하기도 했다.

특정 상품에 유명인의 이미지와 그에 대한 환상을 덧입히는 셀럽 마케팅이 오늘날 가장 각광받는 마케팅 수단이 되었다. 소셜미디어가 마케팅의 주요 무대가 되면서 이 기법은 더 빛을 발하고 있다. 마케팅 전문가들은 셀럽 마케팅을 요정이 뿌리고 다니는 마법 가루(fairy dust)에 비유할 정도다. 대중은 유명인의 라이프스타일로부터 날아와 자신에게 묻는 마법 가루를 정신없이 쫓고 있다. 하지만 아무리 유명인에 눈먼 대중이더라도 금기시하는 것이 있다. 고기를 좋아할 것 같은 연예인이 고깃집 광고 모델이 되면 시너지가 생긴다. 그러나 술 한 잔 편하게 하지 않을 것 같은 방송인이 술집을 한다고 대박이 보장되는 것은 아니다. 더욱이 자신은 이름만 걸고 실제로는 아무런 관여도 하지 않는다면 대중은 호기심 이상의 환상을 갖지 않는다. 오히려 유명인의 라이프스타일에 영감 받은 대중의 환상이 깨져 버리기도 한다. 이 경우는 애써 동원한 유명인이 역효과를 낸다. 제품 품질이나 실용성에 문제가 있다고 여기기도 한다. 이를 감출 목적으로 유명인을 동원했다는 의혹이 생긴다.

밥 딜런은 위스키나 버번을 진심으로 좋아했다. 그의 삶 자체를 위스키나 버번과 떼 놓을 수 없을 만큼 진정성 있는 존재다. 따라서 신상품을 내놓으면서 딜런을 떠올리고 설득해 사업 파트너로 끌어들인 마크 부샬라는 엔젤스엔비(Engel's Envy)라는 위스키 브랜드를 개발하고 매각한, 미국 증류주 시장에서는 꽤 이름난 사람으로 마케팅 천재라 할 만하다.

카테고리 변화를 시도하라

어떤 상품이 어떤 범주에 속하느냐는 환상 상품 여부를 결정하는 데 굉장히 중요하다. 두루마리 휴지는 품질 차이가 있을망정 그 자체로 환상 상품이 되기는 힘들다. 거기에는 어떤 환상도 존재하기 힘들다. 하지만 두루마리 휴지를 담는 소품은 생활 가구의 하나로 환상 상품이 될 수 있다. 기가 막히게 멋진 가구 소품을 찾는 이들이 얼마나 많은가? 이른바 카테고리의 힘이다.

토마토는 어떻게 슈퍼푸드가 되었나?

휴지와 휴지통이나 손수건과 포켓스퀘어처럼 똑같은 것도 소속이 달라지면 달라 보이는 경우가 많다. 채소냐 과일이냐 논쟁이 끊이지 않던 토마토가 좋은 예다. 토마토는 항산화나 항노화 작용 성분 덕에 늘 인류에 좋은 슈퍼푸드 목록에서 빠지지 않는다. 하지만 현대에 와서 몸값이 더 치솟은 것은 과일이 아니라 채소로 분류됐기 때문이다. 비만과 당뇨병 같은 현대병이 확산되면서 당 성분이 많은 과일은 지나치게 많이 섭취하지 말 것을 전문가들이 권하고 있다. 그런 그들도 채소 섭취에 대해서는 지속적으로 늘리라고 조언한다.

토마토가 과일이 아니라 채소로 분류된 것이 엄청난 과학적 근거에 기인한 것은 아니다. 그저 행정상 편의에 따랐을 뿐이다. 과일은 나무에서 달리는 열매이므로 토마토는 채소라고 보는 것이 일반적인 견해다. 하지만 이런 기준에 따르면 수박이나 딸기도 과일이 될 수 없다. 이 문제는 19세기 후반 미국에서 심각한 쟁점이 된 적이 있다. 과일이냐 채소냐 분류에 따라 관세가 달리 적용되기 때문이었다. 이 문제는 대법원에서 판가름 났다. 대법원 재판부는 토마토가 과일이라고 하기에는 충분히 달지 않다는 점과 다른 과일과 달리 식사 후에 나오는 것이 아니라 주로 요리 재료로 쓰인다는 점을 들어 채소로 결정했다. 그 덕에 토마토는 섭취에 아무런 제한을 두지 않는 재료로 남을 수 있게 되었다.

환상 상품을 만들고 싶거나 이미 나온 상품을 환상 상품으로 등극시키고자 한다면 해당 상품의 카테고리를 제대로 골라야 한다. 손수건보다는 포켓스퀘어, 휴지보다는 휴지통, 과일보다는 채소로 분류되도록 해야 한다.

상품이나 기업, 브랜드의 카테고리를 신중하게 선정하는 것은 사실 고객에게 환상을 심어 주는 것 이상의 역할을 한다. 종업원들의 정체성이나 지향점에도 알게 모르게 영향을 미친다. 일본의 한 소규모 의류 디자인 회사는 생활용품 분야로 확장하고 나서 그것을 활용할 수 있는 숙박업과 외식업에도 진출했다. 그리고 자신의 사업 영역과 정체성을 환대 벤처(hospitality venture) 기업으로 규정했다. 이 회사는 전통적 기업과 달리 새로운 시도를 많이 하지만 기본적으로 높은 서비스 수준을 상징하는 참신한 카테고리를 만들어 냄으로써 고객들의 호평을 받았다. 동시에 회사 구성원의 자긍심도 크게 높였다. 그것은 단순한 호텔이나 외식업체, 술집보다 훨씬 더 환상적인 카테고리다.

소비자의 관심을 적절히 배분하라

흔히 세계 3대 피자 체인으로 피자헛, 도미노, 파파존스가 꼽힌다. 피자 시장 가운데서 가장 규모가 큰 미국 시장을 장악하다시피 한 회사들이다. 특히 파파존스의 입지는 좀 특별하다. 1985년 인디애나주 제퍼슨빌에서 첫 점포를 열 때부터 시판되는 피자와는 다른 맛과 품질로 차별화하려 애썼다. 당시 이 피자 체인의 슬로건은 '더 좋은 재료, 더 나은 피자(Better Ingredients, Better Pizza)'였다. 창업주 존 슈내터(Jonh Schnatter), 일명 파파존은 1983년 대학을 졸업하고 아버지가 운영하던 바 믹의 라운지(Mick's Lounge)에서 일을 시작했다. 그 바는 이미 파산 직전이었다. 자신이 가장 아끼던 차인 1971년식 카마로를 팔아서 연명해야 할 정도였다.

슈내터는 아버지 바의 메뉴를 늘릴 생각으로 피자를 추가했다. 기존 청소 도구 자리에 피자 화덕을 설치했다. 다행히 피자 메뉴는 큰 인기를 끌었다. 파파존은 아예 피자 전문점을 열기로 했다. 현재 파파존스는 45개국에서 5,000여 개 점포를 보유하고 있다. 1993년 기업을 공개한 이 회사 주가는 창립 당시에 비해 30배가 뛰었다. 무엇보다도 2016년 한 해에만 40퍼센트가 뛸 정도로 차별성을 인정받고 있다. 회사 지분의 26퍼센트를 가진 피자 억만장자 슈내터는 2005년 자신만을 위한 특별한 선물도 했다. 아버지 바를 살리기 위해 팔았던 바로 그 차를 돌려받는 조건으로 2억 5,000만 원을 내걸었던 것이다. 결국 그 차는 머지않아 원래 주인을 만났다.

환상의 맛 파파존스가 한국에서 안 통한 이유

파파존스가 우리나라에 상륙한 것은 2003년. 미국에서 이 피자를 경험한 유학생을 중심으로 곧 마니아층이 형성됐다. 성장 속도는 다른 피자 체인은 물론 외국 프랜차이즈 업계에 비해 지나칠 정도로 더 뎠다. 15년 동안 여전히 55개 점이, 그것도 주로 서울을 중심으로 문을 열었을 뿐이다. 피자 프랜차이즈는 배달이 매출의 상당 부분을 차지하기 때문에 규모의 경제를 이루지 못하면 배달 서비스에서 절대적으로 불리하다. 여기에는 가맹 조건이 까다롭다는 문제도 있다. 무엇보다도 가장 큰 문제는 미국에서와는 달리 국내에서는 환상 상품으로 자리 잡는 데 실패했기 때문이다. 미국에서 경쟁 상품에 비해 훨씬 높은 평가를 받는 이 피자가 왜 유독 한국에서는 현지화에 실패했을까?

피자 애호가들은 이 피자 체인이 국내 소비자의 입맛이나 취향을 이해하는 데 실패했다고 본다. 이들은 피자가 지나치게 미국적이라고 평가한다. 지나치게 짜고 기름지다. 국내에서는 중년의 건강 염려증 탓에 음식의 염도나 유분을 중시하는 경향이 있다. (피자를 먹으면서 건강을 걱정하다니!) 더욱이 좋은 재료에 대한 이해도 미국과 한국은 판이하게 다르다.

국내 소비자들은 치즈에 전분을 넣어 치즈를 베어 물 때 길게 늘어나는 것을 좋아한다. 치즈 폭포로 불리는 이 현상은 인증샷이나 입소문 대상이 되고 몇몇 피자 체인은 바로 그 점에 초점을 맞춘 광고를 한다. 파파존스 국내 진입 초기 전분을 섞지 않은 이 회사 치즈는 가짜 치즈 논란으로 번지기도 했다. 마요네즈나 식초를 넣지 않은 갈릭

디핑도 국내 소비자들에게는 지나치게 느끼하다고 느끼게 했다. 피자 크기도 경쟁업체에 비해 늘 작다는 불만이 제기됐다. 미국 내에서는 환상 상품으로 등극한 바로 그 이유가 국내에서는 문제가 되었다. 대부분의 환상은 인류 본연의 것이지만 구체적인 환상의 대상이나 디테일은 지역별로 천차만별이다.

사회적 대형 이슈와 겹치면 묻히기 십상이다

관심이 곧 상품 히트의 관건이 되는 시대. 그러나 사람들의 관심에도 한계는 있다. 소셜미디어를 통한 대중의 관심 역시 소수에 집중되는 경우가 많다. 관심이 관심을 불러일으키고 매체는 이를 부채질한다. 따라서 상품에 대한 관심을 끌고자 하는 기업이나 자영업자라면 주의가 집중되는 대형 사안이 몰린 시기는 피하는 것이 좋다. 어떤 연구에 따르면 미국 대통령 선거가 있는 해에 출시한 신상품 인지도는 현저히 낮은 것으로 나타났다. 평균적으로 다국적기업이 내놓은 주요 신상품 인지도가 평상시에는 50퍼센트를 웃도는 데 반해 2008년, 2012년, 2016년의 경우 평균 30퍼센트 초반에 머물렀다.

이유야 짐작할 만하다. 대선은 언론과 소비자의 관심을 집중적으로 잡아끈다. 결과는 입법 활동과 정책, 사람들의 삶에 어떤 식으로든 영향을 미친다. 그에 대적할 만한 신상품은 거의 없다. 선거 관련 광고는 정서적이고 몰입도 또한 높아서 신제품이 소비자의 집단 무의식을 뚫고 들어가기가 무척 어렵다. 반면 그런 장벽을 뚫을 정도로 소비자의 관심을 끌어모을 수 있는 상품이라면 이야기가 달라진다. 경쟁 상품의 인지도가 묻히는 상황에서 오히려 인지도를 확실히 높일 기회가 되기도 한다. 미 대선이 벌어진 위의 세 해에 나온 제품 가운데는 역대급 인지도를 자랑하는 상품도 있다. 아이폰 7, 테슬라 모델 X, 아마존 에코닷(Echo Dot 인공지능 블루투스 스피커)이 그런 예다.

작은 차이에 큰 의미를 부여하라

당신이 여성의 손목과 목, 귓불에서 빛나고 흔들리고 짤랑거리는 금속 액세서리에 대해 무엇을 알고 있든 대부분 틀린 내용일 가능성이 높다. 우선 예상과 달리 전 세계 시장의 80퍼센트는 브랜드가 없는 제품이다. 티파니를 비롯해 몇몇 보석 브랜드를 알고 있다면 시장의 극히 일부만 보고 있는 셈이다. 물론 상위 시장이다. 그것도 최근 20~30년간 브랜드 액세서리가 시장을 많이 잠식하여 나머지 20퍼센트에 해당된다.

부가가치가 높은 브랜드 액세서리 대부분이 생산되는 지역도 당신 예상과는 다를 것이다. 중국을 포함해 아시아 지역일 것이라고 상상하기 십상이다. 실제로는 미국의 아주 작은 주인 로드아일랜드다. 뉴욕과 뉴저지주에 인접한 이곳은 오랫동안 미국뿐만 아니라 전 세계 고급 액세서리 시장의 수도 역할을 했다.

영성을 추구하는 강렬한 캐릭터의 액세서리

오늘날 '뱅글 억만장자'로 불리는 캐롤라인 라파엘린(Coroline Lafaelian)도 이곳 출신이다. 2대째 이곳에서 보석 세공 공장을 운영하는 집에서 태어난 그녀가 아버지와 달랐던 점은 자신만의 브랜드를 고집했던 것이었다. 두 딸의 이름을 딴 알렉스 앤 애니(Alex & Ani)라는 브랜드다.

고집은 보상을 받았다. 브랜드 액세서리가 시장을 잠식하던 지난 20여 년간 알렉스 앤 애니는 티파니 같은 유서 깊은 명품 브랜드만큼이나 빠르게 단골 고객을 확보했다. 품질을 유지하기 위해서 전체 공정을 일관되게 관리하는 것도 티파니와의 공통점이다. 반면 많은 액세서리 브랜드가 하청 생산을 하고 브랜드만 부착한다.

알렉스 앤 애니의 캐릭터는 더욱 강렬하다. 어떤 의미에서 라파엘린은 보석을 파는 것이 아니다. 그녀의 말에 따르면 긍정적인 에너지를 판다. 모든 액세서리는 각기 독특한 의미를 갖고 있다. 인생의 주요 사건에 대한 기념일 수도 있고 음력 관련 조형물일 수도 있다. 종교적 토템이거나 특정 스포츠 팀에 대한 충성 맹세인 경우도 있다. 심지어 2016년 기준으로 5,000억 원에 달하는 전체 매출의 약 20퍼센트가량은 제휴한 단체의 캠페인용이다.

알렉스 앤 애니는 액세서리를 통해 무엇인가를 말하고자 하는 기관들, 자선단체나 시민단체, 심지어 육군 등과도 제휴했다. 영성(spirituality)을 추구하는 액세서리 기업답게 모든 제품에는 그 의미를 충실히 설명하는 뜻풀이 카드(meaning card)가 들어 있다. 이들 가운데는 액운을 쫓아주거나 인생의 주요 고비에서 변화를 갈구할 때 착용하는 제품도 있다. 이 브랜드의 팬 가운데는 아예 모든 제품을 사 모으는 이도 있다.

캐릭터가 강렬한 브랜드답게 판매 채널도 독특하다. 여느 액세서리 브랜드처럼 고급 백화점에만 입점한 것이 아니다. 미 동북부의 기프트숍 체인인 페이퍼스토어(Paper Store) 72개 점에 숍인숍 형태로 진출했다. 이 전략이 주효한 2011년 이후 회사의 성장에 가속이 붙었다. 2017년 미 경제 격주간지 〈포브스〉에 따르면 현재 1조 2,000억 원으로 평가받는 이 회사 지분 80퍼센트를 가진 라파엘린은 자수성가한 여성 18위에 올랐다.

자동차를 사회적 공간으로 재정의한 포드

포드의 럭셔리 브랜드 링컨(Lincoln)은 오늘날 세계적 명차인 메르세데스-벤츠나 BMW에 버금가는 브랜드로 되살아났다. 하지만 얼마 전까지만 해도 격차가 너무 벌어져서 포드 본사가 포기해야 하는 것은 아닌지 고심할 정도였다. 럭셔리 카 시장의 남은 승부처는 중국이었다. 신흥 부자들이 가격과 상관없이 럭셔리 카를 사들이는 이곳에서는 독일 명차의 아성이 그렇게 높지 않을지도 몰랐다.

링컨은 중국 시장에 공을 들이면서 고객의 인간적 맥락을 연구하기로 했다. 그들은 단지 차를 모는 것이 아니라 멋진 경험을 하길 원하는 것으로 보였다. 특히 중국 시장은 자동차 문화가 생활의 일부로 자리 잡은 서구와는 다를 가능성이 높다. 링컨 사업 본부는 중국에서 고객의 일상을 조사했다. 그들이 차를 통해 하고 싶은 멋진 경험의 실체도 규명했다.

중국뿐만 아니라 세계의 소비자 모두 교통이나 이동 수단이란 면이 우선 고려 사항이 아니라는 점은 분명해 보였다. 특히 중국에서는 차 안을 사회적 공간이거나 사업상 고객을 즐겁게 하는 장소로 여기는 경향이 강했다. 이에 따라 중국 시장에서 링컨 브랜드의 마케팅 초점은 고객의 마음속 깊은 곳에 자리한 환상을 자극하는 데 주안점을 두었다. 링컨이란 차는 기존의 럭셔리 카처럼 자신만 즐기는 곳이 아니었다. 적어도 링컨은 동승자에게 자신의 부와 지위, 여유를 은근히 과시하면서도 상대를 배려할 수 있는 공간이라는 점을 강조했다. 그 결과 2016년 중국 시장에서 링컨 판매액은 세 배나 뛰었고 이후 독일 럭셔리 카 브랜드와 맞먹는 브랜드로 안착했다.

불변의 히트 공식을 활용하라

전통적인 경영학에서 특히 전략을 중시하는 하버드대학 경영대학원의 마이클 포터 교수 같은 이들은 차별화와 혁신을 중시한다. 소비자는 제품 구매 시점에서 가장 합리적인 선택을 한다. 그들의 선택을 받으려면 다른 제품이나 기업에 대해 비교 우위가 있어야 한다.

최근 인지 이론과 행동 경제학 발달로 소비자 구매 과정이 그렇게 합리적이지만은 않다는 사실이 밝혀지고 있다. 사람들은 그저 익숙하고 편안한 것을 습관적으로 고를 뿐이다. 그렇다면 기업은 소비자에게 자사 제품이나 브랜드가 익숙하고 편안하게 만들고 그들이 쉽게 제품을 접하고 집어 들 수 있게 만들어야 한다. 축적 우위 경쟁에서는 출혈을 감수하더라도 시장을 선점하는 것이 무엇보다도 중요하다.

미국 세제 시장에서 벌어진 기현상

미국 합성세제 시장에서 40퍼센트 점유율로 압도적 1위를 하는 업체는 P&G다. 이 회사는 축적 우위의 신봉자다. 1970년대 비교적 안정적이었던 세제 시장에 변화의 바람이 불어닥쳤다. 그동안 분말 세제만 쓰다 액상 세제가 등장한 것이다. P&G도 새로운 추세에 발맞춰 에라(Era)라는 신제품을 내놓았다. 결과는 신통치 않았다. 소비자는 신제품과 분말 세제 1위 브랜드인 자사 타이드와의 연관성을 알지 못했다. 액상 세제 시장에서는 세제 전체 시장의 선두 위치를 전혀 활용하지 못했다. 새롭게 확대되는 이 시장에서 P&G는 후발 주자일 뿐이었다.

1984년 P&G는 단안을 내렸다. 에라라는 브랜드를 접고 대신 타이드와의 연계성을 강화한 액상 타이드(Liquid Tide)로 바꾼 것이다. 세제에 표백제를 첨가하는 추세가 찾아왔을 때 내놓은 신제품은 표백 타이드(Tide Plus Bleach), 찬물에서도 잘 녹는 제품은 찬물 타이드(Tide Coldwater), 이 세 가지 제품을 한데 묶은 타이드 팟(Tide Pod)도 출시했다. 모두 소비자에게 익숙한 전통의 합성세제 최강자인 타이드와의 관련성을 강조한 신제품이다. P&G가 탈취제 페브리즈를 당초 파란

색 용기에 담았다가 타이드를 연상시키는 빨간 용기로 바꾼 것도 자사가 이미 보유한 축적 우위를 지속적으로 활용하기 위한 전략이다.

환상 상품은 익숙한 놀라움이라는 히트 상품의 특성을 그대로 공유한다. 여기서 놀라움이 차별화와 혁신이라면 익숙함이란 속성은 약간 의외일지도 모른다. 어떻게 익숙한 것이 환상이 될 수 있을까? 소비자는 새롭고 특이한 상품을 찾아 나서면서도 지나치게 낯선 것에 대해서는 경계부터 한다. 익숙한 듯하지만 약간의 차이가 있는 것, 대개 대중의 환상은 그런 것에서 비롯된다. 환상 상품도 마찬가지다.

페이스북 이전에 마이스페이스가 있었다

페이스북보다 먼저 소셜미디어 업계를 지배할 것 같았던 마이스페이스(My Space)라는 회사가 있었다. 마이스페이스의 실패는 젊은 소비자의 환상에 대한 오해에서 비롯됐다. 2003년 창업한 마이스페이스는 2년 만에 방문자 수에서 구글을 앞질러 미국 최대가 되었다. 초반 소비자의 환상을 자극하는 데 성공한 회사는 이때 치명적인 실수를 저질렀다.

이용자 각자가 개인 스타일에 따라 웹페이지를 만들 수 있게 하면서 마이스페이스는 각기 다른 산만한 사이트의 집합소로 전락하고 말았다. 각 사이트에는 점잖지 못한 광고가 제멋대로 달렸으며 광고 양도 지나치게 늘었다. 더욱이 회사가 멋진 기능은 다 장착시키고 싶어 하는 바람에 이들 사이트는 메시징과 동영상 플레이어, 음악 감상, 가상 가라오케, 자가광고 플랫폼, 프로필 편집 기능 등으로 뒤범벅되었다. 기능은 환상적이었다. 하지만 복잡하고 산만했다.

마이스페이스가 웹페이지와 광고, 기능을 추가할수록 이용자는 점점 더 그 사이트에 발길을 끊기 시작했다. 이 사이트가 편안하고 익숙해서 직관적으로 선택할 수 있는 대상에서 벗어나고 있었기 때문이다. 이때쯤 마이스페이스는 더 이상 젊은 소비자의 환상을 자극할 만한 상품이 아니었다.

반면 당초 동부 대학가의 여학생을 비교·평가 하기 위한 원초적 목적으로 출범한 페이스북은 외형과 분위기에서 일관성을 잃지 않았다. 익숙함이라는 진입 장벽을 드높이 쌓음으로써 세계에서 가장 활성화된 소셜미디어, 즉 환상 상품이 된 것이다.

환상은 편의점에도 있다

2017년 일본 최고 권위 문학상인 아쿠타가와(芥川)상 수상자는 무라타 사야카(村田紗耶香)라는 30대 여성이었다. 편의점에서 18년이나 아르바이트를 한 특이한 이력의 소유자였다. 상을 받은 작품은 『편의점 인간』. 자신의 편의점 알바 경험을 소재로 한 자전적 소설이다. 수상 직후 일본의 어떤 기자가 '편의점 알바를 계속할 거냐'고 물었다. 사야카는 편의점 인간형 답으로 좌중을 웃겼다. "점장님과 상의해 봐야 할 것 같습니다."

수상 이후에도 사야카는 편의점 출근을 계속하고 있다. 주 3회, 오전 8시부터 오후 1시까지 근무하고 귀가한 후에야 다시 소설가로 변신한다. 그의 소설에서 주인공 역시 18년간 편의점 알바를 했다. 연애 경험은 전무하다. '편의점은 소리로 가득 차 있다'라는 문장으로 시작하는 이 소설 속 주인공에게 편의점은 세상의 전부다. 보통 사람에게는 익명성이나 무관심을 상징하는 이곳에서 그는 오히려 위안을 얻는다. 온전하게 세계의 부품이 될 수 있다. 이 소설에 대해 요미우리신문은 "남과 잘 소통하지 못하는 사람에게는 기계적인 규칙이 도리어 구원이 될 수 있다"라고 평했다.

일부 독자에게는 소설 자체가 일종의 복수일 수도 있다. 보통 사람처럼 살라고 강요하는 사회에 대한 역공일 수 있기 때문이다. 사야카의 말을 빌려 보자.

> "늘 보통 사람들을 비추는 카메라가 있다고 생각해 보세요. 그런데 180도로 회전하면서 이번에는 기묘한 사람이 눈에 들어오는 겁니다. … 시선을 바꾸고 입장을 뒤집는 겁니다. 작은 편의점이라는 렌즈를 통해 비뚤어지고 이해할 수 없는 바깥 세계를 비추고 싶었어요."(〈조선일보〉, 2017년 7월 15일, '편의점에서 세상을 쓰다')

사야카는 현재도 편의점에서 시급 1만 원 정도(야간 근무일 경우 1만 1,000원)를 받는다. 사야카와 같은 혹은 그의 소설 속 주인공 같은 사람들이 결코 소수는 아니다.

1989년 5월 서울 올림픽 선수촌에 세븐일레븐이 들어섰다. 국내 편의점 1호다. 2015년 전국 편의점 수는 5만여 곳으로 늘어났다. 예전 구멍가게의 21세기 판이거나 IT 버전이라고 할 편의점은 어떻게 이토록 고공 행진을 거듭할 수 있었을까? 편의점 도입 초기에는 서구적 삶에 대한 동경이라는 성공 요인이 있었다. 인구 약 1,000명당 한 개꼴로 우후죽순 생긴 지금은 믿기 어렵지만 편의점은 비슷한 시기 국내에 들어온 스타벅스나 이전에 진출한 맥도날드와 비슷한 부류의 유통업체였다.

지금의 청년들은 편의점이나 편의점 상품에 대해서 도입 초기와 같은 환상을 품고 있지 않다. 일상에 필요하지만 싸구려 제품에, 한 끼 때우기 적당한 냉동이나 가공식품이 주를 이룬다는 사실을 잘 안다. 더 이상 이국적인 생활 문화를 상징하는 공간으로 여기지 않는다. 대신 혼족을 위한 맞춤형 상품이라거나 생필품 거의 전체를 아우르는 다양한 구색 등 이름 그대로 편리성이 크게 증가했다. 젊은 세대는 오늘날 편의점에서 거의 모든 것을 해결한다. 심지어 밥을 먹고 후식으로 디저트나 커피까지 해결한다.

그렇다고 편의점 출입을 꺼리거나 숨기지도 않는다. 그 반대다. 소셜미디어에는 편의점에 새로 등장한 새 상품과 메뉴 시식, 사용 후기로 넘친다. 편의점이 여전히 젊은 1인 가구에 환상인 것은 편리함 이상의 이유가 있다. 바로 동질감과 공감이다.(《동아일보》, 2017년 6월 5일, '편의점이 바꿔 놓은 우리 사회 풍속도'). 마치 소셜미디어를 통해 서로에게 연결돼 있다고 느끼듯 편의점은 청년들에게 자신의 삶과 같은 라이프스타일을 공유하는 이들이 많다는 사실을 상기시킨다. 비록 그것이 고단한 것이라 할지라도 말이다. 편의점에 들르면 그들이 아늑하다고 느끼는 것도 그래서다.

편의점 아르바이트생은 예전 동네 구멍가게 주인 내외처럼 아는 척하지도 않는다. 익명성조차 복합 만능 생활공간으로서 편의점의 편안함을 더하는 요소다. 젊은 여성 직장인이나 대학생의 경우 밤에 지친 몸을 이끌고 집으로 향하는 길에 골목길 어귀에서 마주한 편의점 불빛에 마음이 놓인다고 토로하곤 하는 것도 그래서다. 편의점은 어느 모로 보더라도 젊은 1인 가구에 환상적인 공간으로 자리 잡았다.

명품이 대표적이라는 이유로 환상 상품을 최상위층 고객을 대상으로 하는 최고 품질 상품으로 단정해버릴 수 있다. 실은 그렇지 않다. 고객 집단이나 품질 모두 마찬가지다. 각각의 세분 소비자 집단은 각기 나름대로 환상 상품을 물색하며 그것은 사회적 기준에서 꼭 좋은 품질의 제품과 서비스와 일치하지 않는다. 명품이나 프리미엄 제품보다 훨씬 더 광범위한 환상 상품 후보군이 시장에는 존재한다. 그래서 편의점이나 편의점 상품조차 누군가에게는 환상 상품이 될 수 있다.

　지갑 사정이 아무리 나아져도 가격에 구애받지 않고 꼭 사고 싶은 상품은 의외로 흔하지 않다. 개인 소비에서 가장 큰 비중을 차지하는 자동차만 해도 그렇다. 나는 20여 년 이상 현대 · 기아차를 애용하다 갑작스레 국산 차와 작별했다. 그동안 구매했던 차는 당시 형편이나 주변 시선 탓에 절충한 것일 뿐 마음으로부터 진정 갈망하던 것은 아니었다. 하지만 오랜 세월 어쩔 수 없는 선택으로 일관하다 보니 이제 자동차에 대한 내 환상이 어떤 것인지 잘 모르겠다. 자동차가 환상 상품인가 하는 생각도 든다.

　개인 차원의 소비만 고민스러운 것이 아니다. 환상 상품이 없다는 점은 우리나라 경제의 핵심적인 문제다. 그동안 우리나라는 선진국이 만드는 대로 파는 대로 따라 하고 쫓아갔다. 제조와 생산 중심 경제를 꾸렸다. 여기서 나름의 실력을 발휘했다. 우리나라 경제의 기적은 세계 최고 수준의 제조와 생산 능력을 단기간에 갖춘 것이다.

　경쟁국을 앞질렀던 우리 역시, 우리와 같은 성장 궤적을 보이는 국가에게 추월당하기 직전인 상황에서 살아남을 수 있는 방법은 무엇일까? 이는 경제와 경영 현상을 대중에게 쉽고 재미있게 전하는 일을 본업으로 하는 나를 오랫동안 사로잡은 의문이었다.

우리나라 경제와 기업 전반에 이는 혁신 문제로 알려져 있다. 선진국, 특히 일본 따라잡기 전략 이후 우리 경제와 산업, 기업이 살길은 혁신밖에 없다는 것이다. 이런 주장을 하는 이들은 주로 생산이나 제조 과정에 답이 있다고 믿는 눈치다.

갑자기 구두를 살 일이 생겼다. 급히 이사한 탓에 상당수를 버렸고 그나마 남은 것은 눈에 띄게 낡았다. 해외 출장이나 여행은 기약이 없고 해외 온라인 사이트에서 사고 싶은 것도 없었다. 눈 딱 감고 국내 사이트에서 좋아하는 디자인의 구두를 싸게 골라잡았다.

품질 자체는 그동안 어렵게 구했던 제품에 크게 뒤지지 않았다. 재료와 디자인, 몇 가지 디테일에서만 약간 떨어질 뿐이었다. 이 사소한 차이에도 가격 차는 엄청났다. 이탈리아산 준명품, 그것도 아울렛에서 구입한 가격의 4분의 1에 불과했다. 개인적인 만족도 역시 딱 그 수준이었다. 왜 그럴까? 품질 면에서 큰 차이가 없는데도 가격과 만족도 면에서 왜 이런 차이가 났을까? 혹시 우리가 만드는 데 문제가 있는 것이 아니라 파는 데 문제가 있는 것은 아닐까?

문득 엉뚱한 문제의식이 하나 떠올랐다. 제조와 생산 분야에서 혁신을 이룬다고 치자. 그 결과 만든 상품을 비싸게 팔고 소비자의 만족도를 배가시킬 수 없다면 우리 경제와 산업, 기업의 도약은 공염불에 불과할 것이다.

책 전반에서 꼼꼼하게 밝혔지만 제조와 생산 분야에서 우리가 지향하는 제품을 일류 상품이라고 한다면 판매와 유통 분야에서는 '환상 상품'이라고 불러야 할 것이다. 그것은 품질이나 가격으로만 승부하는 상품이 아니다. 이미지와 환상으로 통한다. 우리나라의 경제 문제를 여러 각도로 살펴보아도 상품 관점에서는 세계에 통하는 환상 상품이 거의 없다는 것이 최대 걱정거리다.

물론 품질로 일류에 근접한 상품은 등장하고 있다. 하지만 아직 환상 상품에는 못 미친다. 우리가 세계에 팔고 있는 상품 상당수가 소비재라기보다는 중간재이기 때문이다. 소비자는 자신이 실제 손에 쥐는 상품에만 관심을 기울인다. 상품에 어느 나라, 어느 기업의 소재나 부품이 쓰였는지는 아무 관심이 없다. 우리나라의 소프트파워가 커지고 BTS를 포함한 문화 상품 일부가 환상 상품 반열에 올라서고 있긴 하다. 이는 단순히 심리적 자부심이 아니다. 우리 경제의 전반적인 위상에 얼마나 큰 도움을 주고 있는지 점점 실감하기 시작했다. 국가 경쟁력 차원에서 일류에서 한 단계 내려앉은 프랑스가 명품 그룹 LVMH를 거느렸다는 이유만으로도 여전히 누리고 있는 반사이익을 생각해 보라.

우리 경제에 진짜 필요한 혁신은 일류 제품을 만들 제조와 생산 공정의 혁신이 아니다. 오히려 유통과 마케팅에서 글로벌 소비자의 인식 차를 이끌어 낼 환상 상품을 발굴하고 만드는 것이다. 그리고 그것은 국가와 기업만이 아니라 무엇이든 팔고자 하는 사람이라면, 단순하지만 근본적인 성찰에서부터 출발해야 한다. 우리는 제대로 팔고 있는 것일까?

환상 상품

초판 1쇄 발행 2024년 6월 27일

지은이 김방희

펴낸이 김영범
펴낸곳 (주)북새통 · 토트출판사
주소 서울시 마포구 월드컵로36길 18 삼라마이다스 902호 (우)03938
대표전화 02-338-0117 **팩스** 02-338-7160
출판등록 2009년 3월 19일 제 315-2009-000018호 **이메일** thothbook@naver.com

잘못된 책은 구입한 서점에서 교환해 드립니다.

실전 재테크의 귀재들이 털어놓는
진정한 부에 이르는 길

더 이상 돈에 끌려 다니지 않고
돈 문제에 좀 더 자신감을 갖고 싶은 당신에게

240쪽 | 16,800원

우석의 실패하지 않는
주식 투자법 대 공개

**초보자를 위한
투자의 정석**

최근 1년 6개월
수익률 530%
공포와 탐욕을 이겨내고
성공투자의 길로 들어서라!

316쪽 | 17,000원

슈퍼리치가 되는
9가지 방법

**부의 본능
골드 에디션**

〈부의 인문학〉
우석 신화의
신호탄을 쏘아올린
영감 넘치는 재테크 바이블

238쪽 | 18,000원

보수적 투자자를 위한
맞춤 주식 투자법

**가장 완벽한
투자**

초보 투자자도 이기는
단순하고 쉽게
그리고 효과적으로
주식에 투자하는 법

30대 억만장자가 알려주는
'가장 빠른 부자의 길'

일주일에 5일을 노예처럼 일하고
다시 노예처럼 일하기 위해 2일을 쉬고 있는가?

392쪽 | 17,500원

496쪽 | 19,800원

544쪽 | 22,000원

부자들이 말해주지 않는
진정한 부를 얻는 방법

**부의
추월차선**

휠체어 탄 백만장자는
부럽지 않다.
젊은 나이에 일과 돈에서
해방되어 인생을 즐겨라!

아직 '추월차선'에 진입하지 못한
당신을 위한 선물 같은 책

부의 추월차선 완결판
언스크립티드

'추월차선포럼'에서
3만 명 이상의
기업가들이 검증한
젊은 부자의 법칙!

경제적 자유를 앞당기는
120가지 원리와 전략

부의 추월차선
위대한 탈출

엠제이의 육성이 살아 있는
지상 컨설팅 같은 책
추월차선 법칙의 개념 정립부터
실전 적용까지 완벽 가이드